品牌冲冠

采纳品牌营销与战法

朱玉童 / 著

中国商业出版社

图书在版编目（CIP）数据

品牌冲冠：采纳品牌营销与战法 / 朱玉童著 . —北京：中国商业出版社，2020.12

ISBN 978-7-5208-1304-4

Ⅰ. ①品… Ⅱ. ①朱… Ⅲ. ①品牌营销—研究 Ⅳ. ①F713.3

中国版本图书馆 CIP 数据核字（2020）第 200983 号

责任编辑：侯　静　杜　辉

中国商业出版社出版发行

010-63180647　　www.c-cbook.com

(100053　北京广安门内报国寺1号）

新华书店经销

三河市天润建兴印务有限公司印刷

*

710毫米×1000毫米　16开　16印张　288千字

2020年12月第1版　2020年12月第1次印刷

定价：65.00元

* * * *

（如有印装质量问题可更换）

| 序 言 |

互联网时代，品牌还有用吗？还能成为企业的护城河吗？品牌的效用一度被质疑。国内一流的品牌专家、销售与市场品牌专栏专家朱玉童老师这本书，可谓是在当前市场瞬息万变、全程全息全效媒体传播加剧市场迭变的环境之下，关于品牌的扛鼎之作。从理念到方向，从方法到策略，从市场到案例，从战术到动作，朱玉童老师以自身浸淫一线30年、持续成功帮助企业打造品牌、坚持实操与总结的切身经历，通过复盘不断精进，通过其服务的最新细腻翔实的企业品牌经典案例等，提炼、浓缩了个人和采纳公司从业以来的菁华思想和宝贵实操经验。本书既有高度，又非常接本土地气，是一本闪烁思想火花的务实之作。窃以为，本书是企业高层和营销相关从业人员当列为必读的品牌佳作之一。

《品牌冲冠》全书分为上、中、下三部。上部"品牌战略的拉动力"，讲述了品牌的起源、品牌与产品的亲密关系、品牌冲冠步骤。通过平实的语言、丰富的案例，让即使是初入门的品牌经理人也能对品牌世界有一个清晰的认知，学习到品牌冲冠的具体操作方法。中部"营销战略的推动力"，从营销角度解读了营销模式创新、全渠道及商业模式的真谛。下部"新时代新战法的爆发力"，讲述了在IP营销、潮文化、五感营销、颠覆营销等新的营销方式下品牌冲冠的案例，让人大开眼界。可以说本书是助力企业完成品牌冲冠，提高品牌价值与创新能力，最终成为领导品牌的完整理论支撑体系。

在品牌的世界里，只存在颠覆与被颠覆，要么成为领导者，要么被人领导，因此"成为某个行业、某个区域甚至全国、全球第一"是企业品牌战略的核心愿景。相信本书将为企业家、品牌管理者、市场营销人员、品牌营销人员提供更全面的参考与启发。接下来让我们一起开启您的品牌冲冠之旅。

——《销售与市场》主编 彭春雨

| 目 录 |

上部·品牌战略的拉动力

第一章　80%的营销人无法回答什么是品牌　/ 001

第二章　产品与品牌　/ 015

第三章　品牌战略　/ 023

第四章　关于四维分析　/ 035

第五章　品类与定位　/ 049

第六章　品牌金字塔之谜　/ 061

第七章　品牌架构模式　/ 077

第八章　品牌整合营销　/ 083

第九章　比钱更值钱的品牌资产　/ 099

中部·营销战略的推动力

第十章　营销战略地图　/ 105

第十一章　全渠道的秘密　/ 111

第十二章　商业模式及创新　/ 129

下部 · 新时代新战法的爆发力

第十三章　"IP营销"助力品牌冲冠　/155

第十四章　"情感营销"助力品牌冲冠　/173

第十五章　"缝隙营销"助力品牌冲冠　/189

第十六章　"颠覆式营销"助力品牌冲冠　/199

第十七章　"五感营销"助力品牌冲冠　/215

第十八章　"潮文化"助力品牌冲冠　/225

第十九章　整合！重塑！助力品牌冲冠　/237

尾声　/248

| 上部 · 品牌战略的拉动力 |

第一章
80%的营销人无法回答什么是品牌

品牌成为第一如此重要,但是很多经理人却不懂品牌,品牌冲冠从了解品牌的定义开始——

品牌定义的演化

一、品牌的起源

品牌（Brand）最早只是用来指代烙印或标记，并与其他产品相互区别的符号，没有现代营销学上的品牌的含义。

在美国西部电影中，经常出现这样的壮观景象：原野落日，余晖万丈，身手矫健的牛仔，驱赶着黑压压的牛群在广袤的牧场上奔腾，气势磅礴，排山倒海。仅一个得克萨斯州，就有几百万头牛在这里茁壮成长。一个严肃的问题是：这么多的牲畜混在一起，如何区分谁是谁家的牛呢？

于是，聪明的牛仔就想出了一个简单有效的方法：给所有牛打上烙印。让牛受些皮肉之苦，虽然不太"牛道"，但是别无更好的方法。在美国和加拿大，如今的牧场主还保留着一个重要的传统日子——烙印日（Branding Day），这天要在牧场中新生一代的牛身上，烙印代表牧场的标记。

二、第一个现代概念的品牌诞生

说到营销学上的品牌概念的诞生，这里不得不提的就是宝洁。从最开始只打上明显的标记，到专门设计星月标志，此后，品牌概念以及品牌经理制的工作方法，才开始逐步引入到商品世界中。

1867年，宝洁还是一家专门生产蜡烛和肥皂的企业，宝洁在品牌的发展过程中有一件逸事。当时宝洁公司跟其他企业一样将产品堆在码头上，为了防止产品被风吹雨淋，每堆货物上都盖了帆布。客商在订货的时候，打开帆布查验货物。如果客商认同货物，就把货物运走，为了区别于其他公司的货物，宝洁公司的员工提出了一个开创性的建议：**在码头帆布上打一个明显的符号。**

于是宝洁公司率先在帆布上画了一个极大的圆圈和一个五星。随后一件神奇的事情发生了，商品被客商迅速地一抢而空。没打标记之前一堆货物从放入码头到销售出去平均耗时15天；打了标记以后，销售时间缩短到2小时。这件事情引起了其他客商的注意。于是其他客商也在自己的货物上打上了标记。因为大家认为这一定有助于销售。最后，帆布上打标记的产品越来越多，码头上一片混乱。

怎样才能继续保持优势，同时又能够不受其他产品或厂商的影响？

当时有人提出了另外一个想法，即在产品上打上独一无二的标记，别人就不能够简单地模仿。这样就有利于产品的销售和传播。

当时的宝洁公司做出了历史性的决定，不再用公司的名字作为每一个产品的品牌，应该给每一个产品取一个只属于自己的名字，以保持产品的独特性。在这种思想的指导下，世界上第一个真正属于产品的品牌IVORY香皂诞生了，并发明了一个品牌由一个经理人全程管理的品牌经理制，自此以后，品牌的概念在企业经营者的意识中逐渐清晰起来。从此，世界上第一个真正意义上的商品品牌诞生了！

从1867年品牌诞生到今天为止，美国仍然还存在着IVORY香皂，IVORY香皂在全美的市场占有率约为11%。在1962年，IVORY香皂的全美市场占有率高达60%，然后宝洁公司设计了星月标志——月亮的脸配上若干颗星星——印在每一块香皂的包装纸上。这个标志被广泛地誉为世界上第一个真正意义上的商品品牌。星月标志诞生20年后，美国政府推出了商标管理办法。全美大多数产品开始拥有自己的正式注册商标。商标思想从此诞生。品牌概念以及工作方法开始逐步引入到商品世界中。

三、品牌定义逐步形成

曾经在一次企业家的培训会上，我们就"品牌的定义"进行探讨，结果80%的人无法清楚回答什么是品牌，这说明品牌理论亟须在企业家中普及。随着市场经济的进一步发展，品牌成为现代商业中的重要概念。如今"品牌"这个词，我们经常听到，有些企业家甚至整天把它挂在嘴上，我们要打造一个世界级的品牌，打造百年品牌等，但是，我们究竟怎么定义品牌呢？

每个人心中都有对品牌的私密见解，先不说对错，我们先来看看美国市场营销协会给品牌下的定义：品牌是一个"名称、专有名词、标志、标记、设计，或者是将上述综合，用于识别一个销售商群体的商品与服务，并且使之同其竞争的商品与服务区分开来"。

根据这个定义，我们可以知道，创造一个品牌的关键因素是选择适当的名称、标识、设计等，能同其他的产品区别开来的要素，我们通常将这些不同的部分称为品牌要素。与前面的品牌定义还有一个不同的观点，认为品牌不仅仅是一个区别符号，它还具有丰富的内涵。品牌大师奥格威对品牌的独特看法是：

> 品牌是一个错综复杂的象征，它是品牌属性、名称、包装、价格、历史、声誉、广告方式无形的总和。品牌同时也因消费者对其使用的印象，以及

自身的经验而有所界定。

不管是营销协会的观点,还是奥格威的观点,都有一个共同的看法:

品牌不仅是简单的标志和符号,它更主要地表现为一种综合的象征,对生产者和消费者都具有重要的意义。

对生产者而言:品牌是谋求与消费者建立紧密关系的有效手段,是其开拓市场、开展竞争的强有力武器。

对消费者而言:品牌为消费者提供了质量、价值和产品满意方面的保证,是消费者选购商品的一个重要的依据。在消费者心目中,品牌不仅代表着产品的品质,还可以是一种偶像,一种社会地位,或者是一种关怀自己的朋友。

采纳对品牌的定义:品牌是消费者用以区分产品类别的名称、符号,消费者通过对产品全方位的体验和感受而形成的心理印象。消费者以品类思考,以品牌表达,品牌仅仅存在于消费者的心智之中,最终影响到他们的价值观。

在创立一个品牌时,品牌缔造者有很多要素可以选择,目的都是用来识别自己的产品。总的来说,品牌外在表现上是一个识别符号,它首先是产品区别于其他产品的一个符号;其次它将代表一种质量保证;最后它代表某种情感、文化,是一个产品或是企业带给消费者全部感受的总和,所以品牌超越了产品属于精神层面。

因此,品牌是符号、质量保证、情感、文化的总和!

对品牌更深入的理解

一、体验和情感是我们对品牌更深入的理解

所谓体验,主要是对产品或服务的使用价值的体验,比如对产品或服务的质量、功能、设计等的亲身体验,这会让你对这种产品或服务产生一定的情感。

2011年3月,乔布斯在iPad2发布会现场向世界宣告:

深度挖掘用户需求,提供良好的用户体验,让用户与终端设备之间建立更加密切的关系,这才是正确的方向。

好体验可以带来产品的附加价值,如当你在喝青岛啤酒时,体验到的是年青一

品牌金字塔回答了品牌是什么，品牌在哪里，品牌的差异化，代表哪一类目标人群，有什么样的风格个性，等等，是品牌文化的温床，是品牌的基本内涵，没有品牌金字塔，品牌战略就不明确，企业品牌战略都不明确，何谈企业的大发展？

4.内容原则——品牌就是符号，是IP的一种形式，好故事、好内容才能造就超级IP，超级IP才具有真正的商业高价值。

围绕品牌金字塔建设，首先第一步打造品牌符号，也叫Logo。这个Logo的作用是消费者用来识别产品品质是不是连续稳定的（人类喜欢偷懒，通过符号可以快速识别他想要的产品，可以节约他的时间和精力，这是人类与生俱来的天性）。

每个人都有自己的品牌符号——你自己的名字就是你的品牌符号，每一个产品的标志、名称就是它的品牌符号。

把品牌符号化的目的是便于消费者从众多的产品中认识、识别、辨认某一类产品，在他使用后会产生口碑（美誉度），带来忠诚的反复购买和使用（忠诚度）。

当一个品牌符号拥有了知名度、美誉度、忠诚度的时候，这个品牌符号就拥有了品牌资产，就值钱了，才会成为超级IP，才会带来流量、现金流、附加值以及溢价。

人类对符号有天然的好感，人们会乐意记住一些特别的、美好的、有冲击力的、简单的符号。人类从诞生起就喜欢用颜色、用符号来表达自我，这才有了文字的出现、文明的出现。

符号具有很强大的作用，它是由人类喜欢简单的这一天性所决定的。人们一旦认可了一个符号，就很难改变而且会很珍视这个符号，符号就会成为超级IP，超级IP才是有商业价值的。

例如苹果就是一个超级IP，品牌故事：来自《圣经》夏娃偷吃禁果的故事，人类开智；内容：乔布斯通过大胆创新产品不断赋予这个符号好的内容；而乔布斯成功代言了苹果，他的离经叛道、他的胆大妄为、他的非同凡响的大创意，赋予这个符号传奇，于是一个超级IP诞生了，品牌的人格化、故事化、传奇化，造就这个符合时代精神的超级IP，苹果的巨大成功，就是从IP到超级IP的最好的典范。

5.钉子原则——能成为语言钉子的产品卖点、品牌主张（广告语），才能在传播中更好地影响消费者的认知。

我们所说的广告语、产品卖点和品牌主张，必须能成为像钉子一样的语言，楔进消费者的脑海里，才能影响消费者的认知。就像你洗碗、洗衣服、洗澡时不由自主地会哼小曲，这就是钉子的作用，形成人类牢牢记忆的片段。

消费者每天都在接受大量的信息，特别是在互联网媒体碎片化的时代，海量的意。可以说，这个创意提出后，让苹果电脑市场不再局限于设计师这个小众市场，不再是设计师的玩具。它属于敢想敢干的、与众不同、具有时代精神的全球精英分子，于是苹果电脑开始起死回生，成为高端人士的选择，成就了高端市场，使苹果成为非凡创意的代名词！

企业要改变以自我为中心的本我主义，才能真正走向市场，才能从骨子里重视消费者需求，而真正的伟大创意人是不畏强权，以深刻的消费洞察力，以令人震撼的创意打动消费者，让消费者心甘情愿地买单。

3.中心原则——品牌战略是企业经营的定海神针，是一切营销工作的中心。

为什么品牌战略是企业营销的中心呢？

（1）因为营销的目的是赚钱，容易犯"营销短视症"，为了销量，不顾一切，例如一些火锅店为了赚钱，往火锅汤料里投罂粟，让顾客上瘾。类似"营销短视症"比比皆是。

（2）品牌营销终极目的是企业可持续发展、企业获得溢价能力、企业实现差异化经营、企业获得品牌资产、企业在渠道中拥有话语权、企业在消费者心中有美誉度，这些好的结果是企业经营的愿景和使命，是一个企业实现百年基业的核心中的核心工作，它不因某个营销总监、某个CEO、某个股东的改变而改变，因此品牌战略必须是企业营销的核心；营销离开了品牌建设这个核心，就会失去方向，就会失去灵魂，就会存在大量短期行为，就会导致企业发展变形，多少企业因此而倒下。

有些公司以为它们的经营核心是销售业绩，但是业绩很有可能某一天会突然消失。但是如果一个企业拥有强大的品牌，那么即使这个企业从头开始，它还是一样可以东山再起，这就是著名的可口可乐的一句话："即使今天把可口可乐的工厂都烧掉了，明天仍然会再诞生新的可口可乐公司。"因为可口可乐是世界级的"超级品牌"。任何一个投资商都愿意投资它，因为它畅销世界各地。因此只要你有品牌，就会有大把人要投资你，品牌战略是一个企业大厦的战略基础，它一定是营销的核心指南针。

（3）品牌战略为什么要先做品牌金字塔？因为公司所有的品牌发力都是从品牌金字塔开始的！品牌金字塔包括品牌定位、品牌核心价值、品牌形象、品牌主张（广告语）、品牌背书、品牌个性（调性）。

例如麦当劳：品牌定位——美式牛肉汉堡快餐；品牌核心价值——快速、清洁、品质以及价值；品牌形象——快乐麦叔叔小丑；品牌调性——阳光的、有食欲的、温暖的、快乐的；品牌背书——连续多次奥运食品供应商。

导。采纳公司在24年的发展历程中，形成了自己的品牌管理体系，提出领先行业的十大原则，助力企业形成品牌营销的战略思维。

1.聚焦原则——采纳公司一百年就做一件事情，帮助企业聚焦市场的生态变化，不断推进品牌进化升级，从快速到持久地增长业绩，打造品牌也是如此。

达尔文的生物进化论不仅适合生物界，也适合商界。因为品牌是特殊的生命体，符合生物的全部特征，因此品牌也需要根据市场生态的变化而不断地进化！

品牌必须不断地新陈代谢才能持续成长，这是采纳理论的根基。人类很早以前就有了品牌的意识，为了区别每个部落，他们穿不同的服饰，脸上的图腾也都有区别，后来人类到了文字时代，就开始有了不同的名字，名字就是人的品牌！采纳专家就是要通过洞察市场的生态变化，来帮助企业品牌进化升级，而品牌进化升级的目的就是要帮助企业持续盈利。

采纳公司的第一原则就是聚焦原则，通过聚焦来推动品牌进化。

2.唯一原则——永远站在消费者的立场来洞察商业，满足并创造消费者的需求才是评判好创意的唯一标准。

有些甲方公司的经理人存在错误的观念，认为我既然雇请了你，我的好恶就是评判你们作品的唯一标准。有些老板非常强势，他喜欢什么样子，必须整改到他喜欢的样子。

一些客户对采纳的文案、设计经常指手画脚的时候，文案或者设计会问：不知道他们是对的还是错了？怎么判断对与错呢？

我告诉你就用唯一法则！这个客户生产出来的东西不是卖给他自己老板的，要想产品卖得好，必须满足消费者的需求。营销学的基本概念就是从消费者需求出发，因此我们唯一的立场就是永远站在消费者的角度来洞察商业，满足并创造消费者的需求才是品牌好创意的唯一标准。

市场营销的关键词就是"消费者需求"这五个字，用什么样的服务和产品去满足和创造消费者的需求这个过程就是营销。满足是指满足客户现有的、显性的需求，创造是指挖掘客户的潜在需求、隐性的需求。通过创意，很多时候我们是满足了表面的需求，而真正好的创意必须激发出客户潜在的隐性需求，这才叫与众不同的创造力。

当时一般人看苹果电脑就觉得是设计师小众电脑，世界精英阶层把苹果电脑看成设计师的玩具。在乔布斯的带领下，创意人提出了苹果电脑全新的主张："Apple，think different——苹果，非同凡响！"这个伟大的创意，使苹果电脑不仅仅属于设计师，还属于这个时代不同凡响的精英，属于改变世界的不同凡响的大创代的欢乐与激情；身处别墅时，体验到的是身份与地位。

好感受可以为品牌带来情感价值。品牌不仅是企业产品的商标、自身的包装或者产品概念等，还应包括其对应的消费者情感价值的成分，一旦消费者成为你某品牌的"粉丝"，那你就等着收钱吧！

二、品牌消费时代来临

不管是对产品的体验还是感受，品牌最终是根植于消费者的心智之中的。品牌越强势，在消费者心智中的地位越高。比如海飞丝成功抢占了"去屑"的定位，成为去屑洗发水的首选；沃尔沃汽车占据了"安全"最高点，成为安全汽车代名词。随着经济全球化，市场竞争日益激烈，企业的竞争逐渐由产品质量、技术、规模等的竞争转向品牌的竞争。

全球消费已经从"产品消费"进入"品牌消费"时代。

从咨询公司的品牌顾问到品牌总监，从企业的市场企划到公司老总，品牌不断被人谈起，仿佛不谈品牌就会显得落伍。在百度输入"品牌"二字，相关网页就超过1亿个。众所周知，产品本身是没有生命力的，只有产品，没有品牌，或者是只有贴牌的企业更是没有生命力和延续性的。

> 我们所有的工厂和设施可能明天会被全部烧光，但是你永远无法动摇公司的品牌价值；所有这些实际上来源于我们品牌特许的良好商誉和公司内的集体智慧。
>
> ——可口可乐公司CEO　罗伯托·戈伊苏埃塔

> 企业的成果在企业外部，在企业内部只有成本。所以说大火能够烧掉的都是花钱马上就可以重建的，只是多花一点时间。
>
> ——德鲁克

真正烧不掉的成果是什么？那就是在顾客的心智中，左右了顾客选择和认知的载体——品牌。由此可见，品牌是一个企业的灵魂，是一个企业存在和延续的价值支柱。

三、打造品牌的十大原则

很多企业逐渐认识到品牌营销、品牌战略的重要性，但是却苦于没有专业指

第一章
80%的营销人无法回答什么是品牌

信息轰炸不可避免。而人类的特点是喜欢简单，不喜欢复杂；喜欢新奇特，不喜欢平常；喜欢故事、新闻，不喜欢老调重弹；喜欢逆反的、真实的、神秘的；等等。在这样的情况下，如果广告的语言不尖锐，即使你大量反复说也记不住。只有像钉子一样尖锐的语言风格，让其产生共鸣，或者感动、嫌弃、好感、快感等，才可以影响到他，否则只有一点：他会听而未闻、视而不见，导致你大量的广告投放无效果。这就是福特老板感慨"为什么我的广告费50%流失了，但是我不知道流失到哪里去了"的真正原因。

钉子般的语言是怎么产生的呢？一句话：冲突！冲突产生钉子般的语言。通过创造各种冲突，来产生语言钉子。"新飞广告做得好，不如新飞冰箱好"——错句冲突带来语言钉子；"今年过节不收礼，收礼只收脑白金"——送礼的内心冲突制造出名句；"怕上火，喝王老吉"——健康冲突；"你洗了一辈子头发，你洗过头皮吗？"——习惯冲突，真正产生头皮屑的是头皮，所以生产了滋源洗头水，和人们习惯认知产生了冲突获得了巨大成功。

采纳为福森源凉茶提出的"好凉茶，不伤胃"——品类冲突；为同仁堂大伸液提出的"唤醒男人心中的那头狮"——欲望、身份冲突；为安吉尔净水器提出的"好滤芯才是硬道理"——标准冲突；为皇明太阳能提出的"冬季好用，四季才好用"——品质冲突；为全棉时代提出的"真全棉、不过敏"——价值冲突；为塞飞洛皮具提出的"爱就要包容，我的爱、我的塞飞洛"——情感冲突；等等，都是这种经典案例。通过制造种种冲突，创造出客户产品超级热卖的景象。

图1-1　福森源凉茶广告

6. 冠军原则——打造超级大单品可以带动整体销量，但是打造冠军品类，实现品类第一，才是塑造品牌的王道。

很多企业喜欢产品全、系列多，但实际上产品多而全未必是好事。那么做产品规划要做什么呢？首先要对产品进行角色分类：形象产品（一般是高端树立形象的产品）、利润产品（一般是为公司带来较好利润的产品）、走量产品（一般是为公司创造现金流的产品）、阻击产品（一般是和竞争品牌打价格战的炮灰类产品）、补充产品（一般是补充渠道，或者细分市场，或者季节类新的单品）。明确角色才能让各个产品各负其责，配套不同的价格政策，利于销售。

在这五类产品中，最重要的是要选好"超级大单品"，才能带动整体的销售，这是采纳产品规划特别有价值的点。如何选择超级大单品呢？有五点基本原则：

- 有一定的新卖点；
- 有一定销量与增长速度，成长性较好；
- 比较符合市场需求特点；
- 产品简单改造就可以成为市场明星；
- 符合渠道需要的价位。

采纳专家从白象六百多个产品中选择了白象大骨面作为超级大单品来打造，因为在消费者认知中，方便面是没有营养的食品，如果能在方便中加入营养概念，一定会受到消费者的欢迎，"骨胶原的营养在里面"的概念让白象大骨面脱颖而出，取得了辉煌的销售战绩。采纳帮助隆力奇日化确定了夏天选择了蛇胆牛黄花露水、冬天选择了水果护手霜，作为超级大单品，带动夏季及秋冬季产品的旺销。

超级大单品可以以点带面带动整个系列产品的销售，但是把这个品类做成冠军，才有价值，只有冠军品类才是品牌营销的王道。在品牌世界里，永远都只有第一，没有第二！因此必须先卡位，抢占品类第一。例如王老吉已经抢了凉茶品类的第一位，别人再大、再多的广告都难抢过它。红烧牛肉面是康师傅先开发的，因此康师傅红烧牛肉面历经多少年畅销不衰。

追求简单。简单才能容易复制——人类喜欢简单、直接，不用思考直接拿来用的东西！海飞丝就是把去头皮屑定义为产品的特性，所以一提到去头皮屑，人们首先想到的是海飞丝。

7. 区域原则——得区域者得天下，区域为王，区域第一才能全国第一。

经过市场、竞争、自我分析确定要主攻的区域，设定为基地市场，也可以叫根据地市场，集中企业的物力、财力、人力、精力，以"伤十指不如断一指"的思想，以点带面进行区域突破！将根据地市场进一步划分，看看可以首先在哪一点上取得突破，通过加大投入，精耕细作，取得销售额、市场占有率第一，然后再进行第二个点的突破，以此类推，滚动拓展，最终可以取得整个区域第一，这个战略打法也可以叫区域滚动销售法（ars战术）。

例如，青岛啤酒在深圳市场破局，就是先从商超、便利店、关外的酒店开始的，因为竞争对手不重视这些点，青岛啤酒就加大这些点的投入，先取得了这些点的突破，在这些点上取得了销量领先。然后青岛啤酒加大品牌宣传，在采纳专家的帮助下，推出了"青岛啤酒狂欢节""我是冠军"等活动，加大消费者选择青岛啤酒的意愿，利用品牌优势和销售政策的优势再进一步突破其他品牌的防线，利用经销商想多销一个品牌多赚钱的思想，攻下了对手的经销商，使得对手的渠道防线全面崩塌，最终青岛啤酒成为深圳的主力军。

很多企业，因为没有根据地市场，也没有区域市场，就盲目招商扩大市场份额，结局是天女散花，到处撒胡椒面，哪里都做不出规模来，最终的结果，就是整个市场不温不火，导致公司没有效益。特别是一些出口转内销的企业，因为没有整体战略思路，胡乱盲打，到处铺货、撒货、四处出击，最后结局就是要么全军覆灭，要么投入产出比严重失衡，得不偿失。

因此，坚持得区域市场得天下，坚持区域市场第一的法则是多么重要！

8. 体验原则——没有线上线下的场景区别，哪里体验好，消费者就会选择哪里。

互联网时代，由于PC电商和移动电商的巨大发展，导致线下店的生意受到非常大的冲击，一些线下店倒闭的情况较为严重。这些年线下店由于房租高涨、人工成本增加、原材料成本上扬，加之线上销售的冲击，生意确实很难做。

但是仍然有些线下店生意很好，例如名创优品。

名创优品：在大商场开店，产品售价以10元到20元为主力销售价格，产品基本是女性喜欢的生活用品，但是产品品质远超价格。名创优品几年来迅速扩张，成为中国最引人注目的零售品牌之一。

你看即使在互联网时代，线下店仍然通过创新获得了成长。因此可以说线上线下店并没有冲突，人们用"手脚"投票，哪个体验好人们就会选择哪一个。线下如果不想被抛弃，那就要集中力量增强客户的用户体验。我认为，在电商冲击下，被消灭的都是服务不行的，体验不好的店！

深圳鲜语饮品店，每天都宾客满堂，因为鲜语店里每天都是鲜花满满，令人很愉悦地消费。名创优品也是——不仅环境好，产品设计时尚，价格又相当便宜，消费者没必要跑到线上去。未来，线上店将通过AR（现实增强）技术、虚拟现实立体化、AI（人工智能）等技术，让线上店跟线下店一样有着良好的体验，那么线下店又得开始新的体验变革了。

9.整合原则——传播要做到平台化、事件化、新闻化、故事化，才能以低成本获取高效益。

随着新媒体的崛起和移动互联网的普及，广告传播模式发生了巨大的变化，呈现立体、多元、复杂的局面。如果不经过整合，那么信息很难传递给消费人群，再好的创意也会变成"黑暗中送秋波"，心上人看不到的。

要做到整合，首先，要找到信息高度整合、提炼、简洁化。例如，雪花啤酒根据其产品命名"雪花"，推出大型品牌整合传播运动"勇闯天涯"，组织专业和非专业消费者攀登雪山，而且坚持了若干年；"勇闯天涯"四个字就非常简洁明了！其次，目标人群要格外精准，以前的消费者群体区分不明显，现在每五岁就是一个完全不同的人群。再次，要改变单向的传递方式，要和目标人群充分地互动。最后，要能做到持续传递有效的信息。

先搭建一个传播平台（阵地），线上包括PC网站、手机网站、微博微信等自媒体矩阵，并结合行业网站、门户网站、视频网站等进行整合传播。有了这套整合传播体系，然后编辑、创作、拍摄文本、视频、图片等传播素材，这些传播素材形成一个连锁，就很容易带来海量的、低成本的传播。比如采纳客户都市丽人网络传播聚焦于微信，微信有大量粉丝，这样品牌就很容易传播。

传播素材要事件化、新闻化、故事化，很容易引起转发。例如2017年奥斯卡颁奖出现了乌龙事件，都市丽人内衣马上打出系列海报。利用新闻事件，这一系列海报引起强烈反响。所谓新闻化，就是像报道新闻一样写文章，例如红门悬浮门上市，采纳提供的文章标题就是："世界上最悬的门在深圳亮相"，后来各大网站也用了这个标题。所谓故事化，就是要会写故事。"一个男人背后的300位美丽女人"，这是为某个美容口服液写的文章，充满故事性，吸引读者阅读。

通过整合，使得品牌传播声音保持一致化、最大化、低成本，从而在新媒体时代获得好的传播回报。

10.项链原则——成功的营销必须以品牌战略为核心，将产品、渠道、招商、传播、组织管理等要素贯穿起来，把珍珠串成一条项链，才有价值。

成功的营销必须以品牌战略为核心，将产品、渠道、招商、传播、组织管理等要素贯穿起来，把珍珠串成一条项链，才有价值。这个原则也叫匹配原则。我们做的所有营销方案，如果没有形成一个体系，那么将不会最大化发挥营销的作用。

王老吉是广东凉茶，起初口味是比较苦的，重新定位为"预防上火的饮料"之后，接下来匹配产品改变——预防上火就不要这么苦，减少中草药，增加蜂蜜的含量,甜度升高,男女老少都适合。推出全新配方的王老吉,预防上火就不能说清热消火,匹配口号"怕上火喝王老吉",这一系列的匹配改变,使这个产品从小众的凉茶店卖的饮品,变成大众消费的功能饮料。传播方式也要匹配,所以采用了电视广告和大众的选秀节目,所有的策略都是一条线贯串下来。再到渠道、终端都一一匹配,最后成为功能饮料的第一品牌。因此,系统性、匹配性相当关键。

小结语

读了采纳品牌营销十条,等于是把营销学的MBA读完了,采纳所有的营销理论体系、概念、方法全部在这十条里面。它非常简明扼要地把采纳提供给客户的价值和我们要用的东西都说清楚了。

各位在营销中时时牢记,如果违反了以上十条就要提出异议,这是原则。笔者在跟客户交往提供顾问服务时,平常审文案、审项目经理提供的营销方案时,都是用的这十条原则。真心希望你记住、学会,然后实践,将其发扬光大!

| 上部・品牌战略的拉动力 |

第二章
产品与品牌

怎么理解产品与品牌？

什么是产品？

在我们平时的生活中接触最多的恐怕就是产品了，但你真的清楚什么是产品吗？我们来看看对产品的定义：

产品是能够引起市场注意、获取、使用，或能够满足某种消费需求和欲望的任何东西。所以产品可以是实物（电脑、汽车、住宅），服务（银行、广告公司、快递公司），零售店（百货店、专卖店、连锁超市），人（政界人物、运动员、演员），组织（非营利性组织、艺术团体），地名（市、省、国家）或是思想（政治或社会原因）。

根据产品的不同类别和用途，我们以计算机为例来说明产品的五个层次：

表2-1　产品的五个层次

层次	释义	实例（计算机）
核心利益层	消费者通过消费产品和服务来满足自己的需求和欲望	处理数据、文件与便捷
一般产品层	指产品的基本外观，包括对于其功能来说绝对必需的那些属性和特征，但不是显著的特性。这是一个基本的、朴素的、能够圆满实现产品的产品外观	有效地处理数据功能，方便工作
期望产品层	指购买者在购买产品时通过所期望的产品属性或特征	消费者希望是体积小，重量轻，速度快捷，需要有最先进的处理器，至少是17英寸以上的大屏幕纯屏显示器，一年以上的整机维修担保服务
增广产品层	指包括产品区别于竞争对手的其他属性、利益或与之相关的服务	可选择的包括显示器是液晶显示器，无线鼠标键盘，以及几百次的免费服务，等等
潜在产品层	指包括将来产品最终经历的所有各种增加和变化	节约能源，无声全静音运作，人性化、个性化的设计

通过表2-1对产品的五个层次的分析，能够帮助我们更加清晰地了解产品的定义。我在全国各地演讲时，这个问题问倒了无数企业经理。产品就是有形的实体，或无形的服务，具有某种功能，一般基于物质层面。

产品与品牌的亲密关系

产品与品牌虽有着本质区别，但又是相互依存的关系。就像枪和子弹，再好的子弹也离不开枪；同样只有枪没有子弹，枪也不能用。枪和子弹只有相互结合了才能发挥威力，而产品与品牌的关系正如枪和子弹的关系。

品牌是复合多维的，是消费者对产品情感的总和，而产品是消费者可以触摸、感受或看见的事物，产品是品牌创建的物质基础。

品牌的塑造过程就是消费者通过产品进行情感对接的过程。消费者从了解产品到认同，到习惯消费，再到与品牌产生情感，甚至最后到离不开这个品牌，这需要一个漫长的过程，这个过程，是产品与品牌建立关系的过程，也是与消费者建立关系的过程，同时也是品牌与消费者产生情感的过程。

因此，企业在品牌的运作过程中一定要注意产品对品牌塑造的价值和意义，尤其是成长型的品牌，必须明白产品与品牌的关系。

一、产品是品牌的生存基础，品牌是产品的认知升华

品牌很重要，但不能忘了产品是品牌的生存基础，而不是品牌是产品的生存基础。很多企业在品牌塑造过程中受一些理论的影响，误认为品牌是产品的生存基础，品牌比产品重要，正是受这种思想影响，企业在品牌的塑造过程中挖空心思地去塑造品牌的个性，提炼品牌的核心价值，提升品牌形象，等等，而忽视产品的质量和创新。其实二者是相辅相成、相互依存的。

我们必须明白什么样的品牌就有什么样的产品（或品类）相对应，如果不是这样，那么这个品牌就很难做大做强做久。

虽然产品有产品的价值，品牌有品牌的价值，但二者既有区别又是相互的、统一的。产品的价值满足的是消费者基本需求，或者说是生理需求和功能需求，而品牌满足的是消费者情感需求或者心理需求，但消费者只有在认同产品基本需要的情况下，才能与品牌建立感情。因此说，产品是品牌的生存基础，品牌是产品的认知升华。

二、产品是塑造品牌的前提和基础，品牌是产品延续的保障

产品是满足消费者的基本需求的，只有产品被认同，才能不断地塑造品牌。

在上文说过产品主要是用来满足消费者生理需求和功能需求的，而品牌主要是满足消费者的心理需求和情感需求，但只有在消费者生理需求被满足的情况下，心理需求才能得到满足。换句话说，只有在消费者认同产品的情况下，企业才能不断地去塑造品牌。任何一个品牌的塑造，都离不开它所对应的产品，品牌反过来再作用于产品。

比如说喜之郎品牌，是因为消费者透过喜之郎果冻这个产品，并通过对其消费与认同，才开始对喜之郎这个品牌产生情感，这样才有了喜之郎这个品牌，然后又会反作用于产品。

因此说，在品牌的塑造过程中产品是前提、是基础，品牌是产品延续的保障。如果在品牌的塑造过程中产品出现严重的问题，品牌也将面临灾难，即使成熟品牌出现严重的产品问题时也难逃一劫。

在现今的市场环境中，消费者需要的产品往往会有更多的厂家可以提供，而这些产品也很容易被竞争者模仿。但如果企业有了品牌，进行了品牌商标保护，就可以做到独一无二。因为品牌具有的精神价值和产品的关系价值是无法被模仿的，而品牌保护技术更是为企业品牌长久发展保驾护航。

三、产品是消费者与品牌建立情感的载体

品牌就是在产品基础上的一种情感对接结果的总和。产品是消费者与品牌建立情感的载体，没有这个载体，品牌与消费者就很难进行情感对接。

品牌成长的过程就是产品利益挖掘、产品创新与管理、消费者认知和建立情感的过程。要使消费者认同你的品牌，首先得让消费者认同你的产品，那么企业对产品利益的挖掘、诉求，必须是真实的，必须让消费者真实地体验到。

就像小伙追求对象一样，在人家姑娘面前你宣扬说自己很善良、很体贴，姑娘也正想找个这样的小伙，但你实际行动却看不出来你的善良和体贴，或者说你所做的和你所说的正好相反，那么你是很难得到姑娘的芳心的，因为你们缺少情感对接的载体。当然，产品利益可以适当夸张，但不能无中生有，更不能欺骗消费者（除非你有足够的把握让消费者永远也无法知道你的谎言）。

在商品经济高度发达的今天，同样的产品，不同的品牌对消费者而言意义是不同的。消费者会凭借品牌来选择商品。市场上的商品的销售对象大多是"非专业购

买者",而在产品经济高速发展的今天,作为"非专业购买者",如果离开了品牌的指引,就很难对商品的品质做出快速判断和有信心的选择。此时,建立品牌无疑有利于客户快速做出消费决策。

如何将产品打造成品牌

产品是工厂生产的商品,消费者可以触摸、感觉、耳闻、目睹、鼻嗅;产品是物理属性的组合,具有某种特定的功能以满足消费者的使用需求。如车可以代步,食物可以果腹,衣服可以御寒保暖,音乐能够愉悦性情,等等。品牌是无形要素的总和,同时也是消费者对其使用产品的印象,以其自身的经验而有所界定。品牌包含个性、可靠、信誉、信任、朋友、地位、乐趣、服务、资讯、共享的经验等特征。

产品呈现的是事实本身,而品牌所要呈现的是一个人的感受,消费者不仅要买产品的实用功能,人们还要购买对该产品的感受,感受会比事实本身还重要!

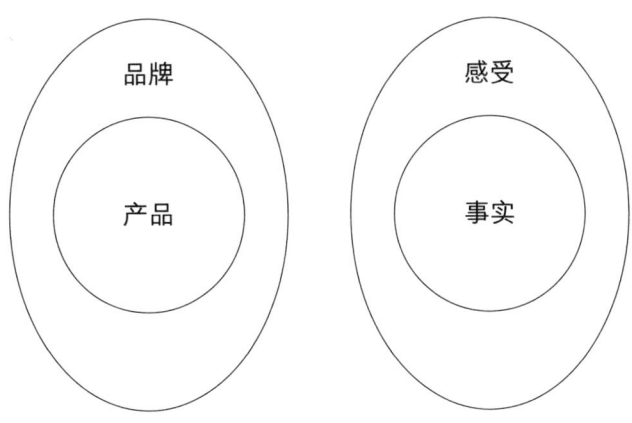

图2-1 产品与品牌的区别

就好比开西餐厅的人都知道:人们到这里来吃牛排,实际是来吃那份超过牛排之外的感受——烛光,褐色木质装修,手感极佳的刀叉,轻柔的音乐……这就是人们需要的附加值,所谓精神享受就构成了品牌。产品是有使用价值的物体,而品牌则是一个"人",品牌有自己的出身、形象、个性,自己的性别、职业、收入,自己的朋友和爱好。

宝马不仅是车（产品），还是财富的象征（品牌）；青蛙牙刷不仅是牙刷（产品），还是一个家庭的情趣生活方式（品牌）；卡士奶不仅是牛奶（产品），还是小资情调、时尚的代表（品牌）。

品牌洋葱图——从产品到品牌的工具规划，通过一层一层地逐步渐进分析规划，可以实现从产品到品牌的飞跃。

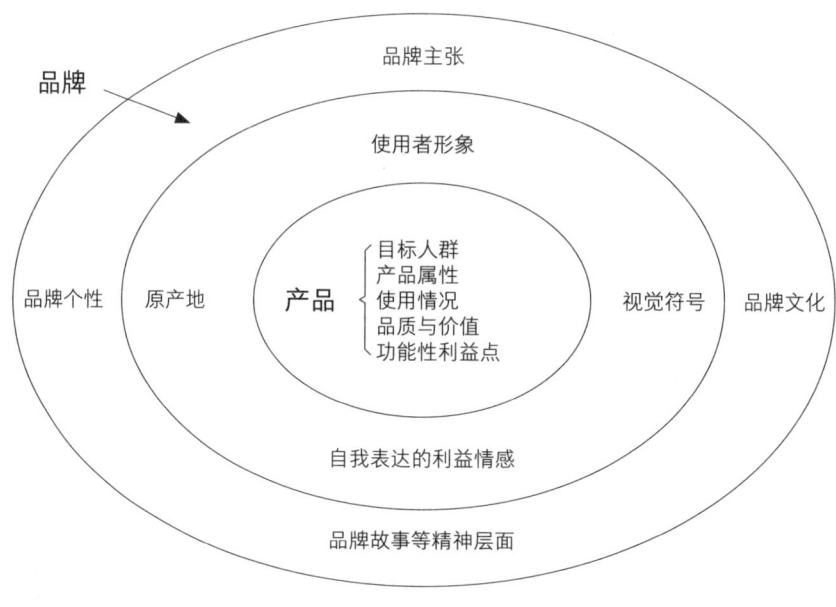

图2-2 洋葱图

案例

隆力奇从产品到品牌的规划

隆力奇作为一个国民品牌，早年通过卖十多块钱的护手霜、蛇油膏等抢占较大市场份额，成为广大中小城市家庭妇女的拥趸。然而一直卖廉价护手霜，也埋下了品牌老化的隐患，对年轻女性的吸引力越来越低。

该如何跳出低端市场，占领年轻群体，来一个华丽转身？我们研究决定赋予产品高价值。

1.首先给隆力奇创造一个战略新品牌：果木肌密。

2.隆力奇新品牌果木肌密洋葱图里的最里层——对产品进行了规划：

表2-2 隆力奇的产品规划

目标人群	80后—90后年轻知性女性护肤
产品属性	本草珍果护肤化妆品
使用情况	效果显著
品质与价值	可信赖、让肌肤保持更年轻的状态
功能性利益点	护肤、嫩肤

3.品牌结构第二层：

聚焦本草果实精华，确定"珍果护肤"的核心战略。将"草本护肤"升级为"珍果护肤"的全新理念，开辟珍果护肤的新品类竞争蓝海。给消费者新的体验和感受，人们发现隆力奇变了，变得更年轻，更时尚，更有魅力了。

4.隆力奇品牌结构第三层的规划内容：

将果木肌密专用于珍果护肤品类，对果木肌密进行了系统的品牌规划，确定"珍果护肤的能量秘密"为品牌定位；以"果木能量，嫩颜新生"的美肤口号，确定了果木肌密草本护肤的战略地位。

根据不同果实的主要功能，确定了果木肌密七大产品系列，并以系统化的产品组合全面进击市场新蓝海。聘请了著名青春派女星江疏影作为代言人，她因为在《致青春》里的出色表现，深受年轻人的欢迎。我们拍摄了微电影——森林深处的故事，引起了年轻人广泛关注，隆力奇也通过果木肌密焕发出夺目的光彩，品牌老化问题迎刃而解。

图2-3 隆力奇广告

5.品牌的核心价值规划：

草本护肤，珍果护肤，果木肌密——珍果护肤的能量秘密，隆力奇不仅仅是护肤品（产品），更是一份珍果护肤的能量秘密（品牌）。

通过这个案例大家可以更清楚地看到品牌和产品的关系，也弄明白了如何通过产品塑造品牌的整个过程。

上部 · 品牌战略的拉动力

第三章

品牌战略

品牌进化论

一、品牌一直在进化

正如生物是不断进化的一样,品牌也和人类成长一样,无时无刻不在上演进化的传奇。

在大自然演进的长河里,许多华丽的物种被抛弃,许多默默无闻的个体依旧默不作声。达尔文在《进化论》里这样说道:

> 自然选择在世界上每日每时都在仔细检查着最细微的变异,把坏的排斥掉,把好的保存下来加以积累;无论什么时候,无论什么地方,只要有机会,它就静静地、极其缓慢地进行工作。

在侏罗纪时期,强壮的恐龙横行,渺小的原始哺乳动物在它们的阴影下苟且偷生。想想《侏罗纪公园》里的主角们被以暴龙为首的恐龙一路狂追的情形。

然而,大型特种也逃不脱灭绝的命运。正如生物是不断进化的一样,品牌也是不断进化、发展的。和人类成长一样,品牌无时无刻不在上演进化的传奇,就像一面旗帜,品牌成为消费者在各自生活中的一种激励、向往、慰藉与满足,在与品牌共同走过的日子,消费者已经把品牌的精髓珍藏于内心深处,这就是许多百年老店持续百年的关键原因。

然而品牌的持续发展绝不是轻松的话题,许多品牌总在短暂的兴盛之后便趋于消亡,尤其是现在市场高度成熟,消费更趋于理性,品牌对于市场及消费者的意义和实际影响,关键是如何以新的视觉和思维来重新审视品牌进化的轨迹和现实落点。

曾经,品牌代表对消费的承诺、满足其对物质效用的需求,以及强化与消费者的概念式沟通等都在现实的市场中不再成为品牌发展的核心驱动力。品牌进化的现实意义只能是与消费者的生活息息相关,这种紧密关联能使品牌和顾客继续保持相通共融的关系。

如此,后消费时代品牌进化现实基点又是什么呢?我们来看看支付宝这些年的进化路径：

2003年10月18日，淘宝网首次推出支付宝服务。

2005年2月2日，支付宝推出"全额赔付"支付，提出"你敢用，我敢赔"承诺。

2008年2月27日，支付宝发布移动电子商务战略，推出手机支付业务。

2008年10月25日，支付宝公共事业缴费正式上线。

2013年6月，支付宝推出账户余额增值服务"余额宝"。

2013年11月13日，支付宝手机支付用户超1亿人，"支付宝钱包"用户数达1亿人。

2013年11月30日，12306网站支持支付宝购买火车票。

2013年，支付宝手机支付完成超过27.8亿笔，金额超过9000亿元。

2014年3月20日，支付宝每天的移动支付笔数超过2500万笔。

2017年5月24日，支付宝宣布推出香港版电子钱包——支付宝HK。

从支付宝的案例可以看出，支付宝品牌的进化是从一开始第三方金融服务平台逐渐演变为融生活缴费、储蓄、投资、个人支付等为一体的新体验，进化成一个与人们生活息息相关，以至于离不开的品牌。品牌进化是基于消费者生活方式的，甚至也可以说品牌能改变人们的生活方式。

由此可见，品牌进化的现实基点必然是为消费者创造一个承载着系统解决方案的新的生活方式，这种生活方式将既能超越顾客的预期，又能最大限度地激发和引爆其潜在的消费欲望，把对单纯产品的物质效用上升到消费模式的层面，使品牌进化有了核心导向和战略灵魂。

二、世界品牌打造全新的生活方式

品牌进化的过程就是不断地为顾客营造和创造一种贴近他们的生活氛围、解决办法和系统方案、情感激励，改变原有生活形态的一系列物质和精神的价值元素的全新组合。

这些价值元素的组合便是一种别样生活方式的呈现，它造成了顾客全新的体验，并以一种全新的视觉、思维方式和行为等来感受和享用，为顾客进行全新生活方式的打造，成为现实市场品牌塑造和建设的关键导向。生活方式不是简单的产品本身的设置和基本组合，它涵盖了三个层面的内容，即价值、形态和生态，没有这三个层面的系统驱动，生活方式下的品牌进化便不能成为确切的现实。

1. 价值驱动下的品牌进化

构造一种消费生活方式，要求的首要元素就是价值，更准确地说是一种泛价值。单纯的产品功用不足以为顾客打造一种生活方式，只有基于价值的泛产品体系才能实现消费群对生活方式的需求。从大的层面讲，价值分为两种，一为理念价值，二为行为价值，只有把这两种价值充分整合，才可能把对单纯的产品使用提升至生活方式的层面，才能真正起到塑造品牌的作用。

理念价值，主要包括对主流消费特征的洞悉和把握，以形成产品价值的核心源泉。

市场消费已由"量的增长"转变为"质的增长"。消费者对产品和服务提出了更高的要求，表现为追求品质，讲究品牌，寻求商品的情感价值。很多品牌抓住了新消费崛起这一机遇，提升产品质量的同时，也在积极适应这些新的消费特点。如低脂健康需求：益力多一改多年大单品策略，引入一款低糖产品，满足对卡路里摄入比较在意的消费者的需求。皇上皇研发的一种广式低脂腊肠，可有效降低产品脂肪含量30%左右。上市的康怡腊肠就是一款少糖少盐的低脂腊肠，销量表现不俗。

这种对消费市场主流特征与趋势的捕捉和把握即为品牌创造的第一个价值层次，没有这种主流价值理念，所有后来的品牌打造将会成为昙花一现。

行为价值，主要表现在以产品为载体强化现实顾客满足的精确度。

2018年天猫与纽约时装周达成战略合作，首次冠名"中国日"搭建秀场，李宁服饰首次亮相国际舞台以"悟道"系列表达中国设计，秀场外消费者可通过在线观看"天猫中国日China Day"页面直播，即时购买秀场产品，通过边看边买的形式强化消费者对产品的感知，真正满足"心动就赶紧行动"的心理因素，正因如此，李宁服饰当天走秀款中部分货品秀完全售罄。

海尔与天猫合作打造5000平方米VR未来商店，VR卖场中陈列冰箱、洗衣机、电视机、空调、热水器等多款海尔家电，消费者可通过移动手机或滑动屏幕体验VR浏览效果，360°全方位获得商品资讯。未来商店将推出家电品类，增强线上购物体验。

这种行为价值的呈现使李宁、海尔的产品名声和品牌形象迅速提升，未来，在科技发展的不断促进下，会不断产生新的购物体验，强化顾客满足的精准度，在为消费者创造新的购买体验和生活方式的同时，品牌价值也凸显无遗。

2. 形态驱动下的品牌进化

单纯的产品只能产生单一的物质效能，即便是特色产品也是如此，只有品牌才能和顾客的生活方式融为一体，因此为顾客创造一种生活形态，才能在现实市场成就真正的品牌。品牌的进化，完全需要以顾客生活形态为驱动，通常顾客生活形态主要有以下两种表现形式。

（1）物质形态：指顾客在实际使用品牌产品的过程中所感受和体验到的从未有过的快感和乐趣，比如福特野马汽车俊俏的外形这一点，竟然让80岁高龄的女士也写信给福特，描述自己得到更多男子的注意。

卡士酸奶的菌种、工艺均出自欧洲，其包装上手绘的一幅马士提夫犬运送新鲜牛奶的场景图案，正是采纳团队由一幅100多年前英国的石版画生发的灵感，它给人一种高端、新鲜、及时的感觉。

图3-1　卡士酸奶广告

（2）情感形态：以情感体验来驱动品牌进化往往较之物质形态更具冲击效应。

众所周知的奔驰、宝马、劳斯莱斯等汽车，尤其是劳斯莱斯，竟在广告中极尽情感体验之能事，把手工制作零部件当作一种人性的关怀引起消费者的情感共鸣，让顾客感受生活在人性关怀下的感动与温暖，这种上升到人性层面的情感驱动最为直接地接近品牌价值的本质，成为品牌进化的核心和主干。

3.生态驱动下的品牌进化

生活方式的营造除了价值、形态之外，还需对生态系统进行挖掘和创建。生态系统作为生活方式的重要组成部分，必将有力驱动品牌强势效应的形成，品牌进化也就得以持续和良性发展。

在挖掘和创建品牌生态系统的模式方面，国内小米品牌就是一个典型例子。

自2010年4月成立起，小米就是一个"话题公司"，如今小米成了一个有活性、有热度的品牌。通过创新型的商业模式，淋漓尽致地采用互联网营销快速拥有了全球过亿MIUI平台用户和开放的技术创新平台，数以千万计粉丝参与的技术创新迭代，打造了涉及硬件、服务、电子、生活等20余个行业和产业的生态链平台，实现了许多企业几十年发展合力才能达到的盈收水平和企业规模。那么小米生态模式到底是什么样的？

每一个大的智能硬件平台厂商，都对生态有追求。一个完整的生态意味着用户在智能家居、智能穿戴上的体验更加无缝、统一。比如小米生态下的产品全部采用小爱同学和米家App控制，而且设备之间互联互通，能联动创造场景。

小米通过投资入股（但不控股）的方式，建立了一个100多家硬件企业的关联体，小米在其中起到协调作用。这100多家生态链企业各自有自己主要的方向，基本覆盖了所有的智能家居、智能穿戴领域。这些公司统一接入小爱同学和米家App，使这两个产品成为最主要的入口。

小米生态链模式最重要的创新其实很简单，就是把硬件产品用接近成本价的方式销售，用这来架构一个移动互联网的平台，然后再在上面做增值服务。未来靠硬件赚大钱不是手机市场主流趋势，硬件将接近成本销售，互联网服务是突破。

中国第一个品牌日

为了扩大自主品牌的知名度和影响力，自2017年起，每年5月10日被设立为"中国品牌日"。企业品牌建设由此进入到国家战略层面。

目前，中国企业品牌还跟中国经济地位不相匹配。从品牌的内涵和导向来看，品牌的发展经历了以产品生产为导向、以产品数量最大化为经营目标的传统品牌阶段，到客户需求为导向、追求市场份额和销售利润最大化的客户品牌阶段，再发展到今天以满足利益相关方、后代期望和诉求为导向，追求企业持续发展与和谐共生为特征的责任品牌阶段。

中国企业要实现三大转变：

1.中国制造向中国创造转变，最重要的是创造可持续性产品和服务，也就是这种产品和服务的创造要么是解决目前社会可持续发展面临的重大问题或者挑战，要么是带来全社会的健康和福祉持续的提升。

2.中国速度向中国质量转变，就是企业的产品生产、产品质量和产品消费等全生命周期要体现对社会的责任、体现可持续性，最大限度地减少因产品全生命周期所带来的经济、社会和环境的负面影响。这是物质创造最值得信赖的质量，也是创新发展最可持续的速度。

3.中国产品向中国品牌转变，在不断创造可持续性的产品和服务的同时，管理好产品全生命周期的影响，做好面向利益相关方的责任沟通和传播。中国企业在成为可持续企业的同时，也能由此形成以可持续性为特征的中国品牌形象。

因而，在中国企业日益融入全球经济发展的大趋势下，中国企业要打造出更多的世界品牌、自主品牌，建设以可持续发展为导向的责任品牌是一个重要方向，也是时代赋予中国企业品牌建设对标先进、弯道超车的新路径。

开启以履行社会责任为基础的责任品牌建设新时代。

（1）树立责任品牌的建设理念。在经济全球化的今天，越来越多的全球企业品牌正在迈向更加负责任的、以满足利益相关方与后代期望和诉求为导向的责任品牌新时代。只有负责任的品牌，才能经受各种考验；也只有负责任的品牌，才能立足于世界经济之林，在全球化的市场竞争中赢得主动权。

"中国品牌日"的设立，让品牌成为热议话题，树立以责任品牌为新起点，以履责内容为目标的品牌建设理念，也是时代发展大势所趋。2019年"中国品牌日"深圳国际品牌周，采纳有幸深度策划，以"深圳品牌 共赢大湾区"为主题，通过两大主场、七大专场和十区特色主题活动展示深圳品牌建设成果，探索品牌发展之路。

图3-2 深圳国际品牌周

同时，采纳为品牌周独家策划了官方吉祥物"鹏鹏"，以及鹏鹏的一系列周边设计，在第三届"深圳国际品牌周"的开幕仪式正式发布，助力品牌周更深远地传播。

图3-3 鹏鹏设计图

图3-4 作者在演讲鹏鹏诞生的过程

（2）狭义责任品牌建设路径。狭义的责任品牌，就是社会责任工作的品牌，就是有的专家提出的将"社会责任工作形成品牌，将社会责任品牌化"。比如公益慈善品牌项目、志愿者品牌项目等，将其构筑为企业品牌的新内容，贡献企业品牌的建设。

（3）广义责任品牌建设路径。责任品牌建设的核心和基础是负责任的经营和管理。这也是大家常常提倡要将社会责任和可持续发展的要求体现在企业研发、采购、生产、销售和售后服务等各个环节中，体现在人、财、物、战略、计划、文化、信息等职能管理中。广义的责任品牌建设就是在上述的基础上，加强与各利益相关方的交流和传播。

企业开展责任品牌建设对内能够形成新的企业凝聚力，提升企业的活力，增强员工的荣誉感、自豪感，塑造企业的软实力。对外可以帮助企业更好地获得各个利益相关方的认可，帮助企业在各个利益相关方的心中打上负责任的良好形象烙印。而当这种感知和认同达到一定程度时，一个体现社会责任和可持续发展的企业品牌也就水到渠成了。

品牌为什么要冲冠

一、未来营销之战将是品牌之战

企业产品参与市场竞争有三个层次：第一层是价格竞争；第二层是质量竞争；

第三层是品牌竞争。

今天的竞争已经发展到了品牌的竞争。品牌意味着高附加值、高利润、高市场占有率，意味着高质量、高品位，是消费者的首选。好的品牌可以为企业带来较高的销售额，可以花费很少的成本让自己的产品或服务更有竞争力。早在40年前美国著名广告研究专家Larry Light就根据他对市场发展的研究大胆地提出："未来营销之战将是品牌之战，是为获得品牌主导地位而进行的竞争。未来的企业和投资人都将把品牌视为企业最有价值的资产。拥有市场比拥有企业更重要，而拥有市场的唯一途径是拥有占据市场主导地位的品牌。品牌及品牌战略已经成为企业构筑市场竞争力的关键。"

品牌到底是如何吸引顾客的？为什么能够成为企业经营的核心？

品牌真正的力量体现在心智预售，在顾客看到你之前，或者是打开手机App之前就已经想好了要选择什么品牌的东西。没有完成心智预售的表现形式就是现场的随机购买，而完成了心智预售的表现形式就是指名购买。

品牌为什么能完成预售？再深挖一层，那就是顾客价值配方！

顾客花钱肯定看重的是顾客价值，但是顾客价值到底是怎么构成的？

用科学的研究方法分而析之，顾客是以产品为载体的，顾客价值由两部分构成，一部分是产品价值，另一部分是品牌价值。

产品价值也可以再分而析之，一部分是内在价值，另一部分是外在价值。

内在价值就是不以他人的看法而改变的、产品固有的使用价值。产品价值是基础价值，但是很容易同质化。除了少数技术门槛高的还没有同质化之外，大部分的产品在顾客那里是没有根本区别的。真正能解决竞争、能够创造超额利润的是品牌价值。

二、品牌是消费者选择产品的标准

据调查，75%的消费者在确定需求后，首先考虑的是品牌，而不是一些具体的功能属性。品牌首先指明了一种产品的来源：生产者，让消费者判断哪一个生产者或分销商是可以信赖的。他们知道哪些产品能满足他们的需求，哪些不能，因此，品牌就成了消费者，尤其是痛恨选择的男人选择产品时的一种简洁的标准。

消费者见过或者消费过某种品牌，并且对它有一定的了解，那么在他们选择产品时就不必再多做思考。所以，从经济学的角度来看，品牌降低了消费者搜寻产品信息的成本。同时，新产品、新品牌的层出不穷，让消费者疲于选择，往往还是"保守"地选择熟悉的品牌。

品牌还能够降低消费者的购买风险。例如妈妈们会更倾向著名进口品牌的奶粉而不会选择国产奶粉；消费者购买手机更多地会去品牌专卖店，而在一些小型的手机终端店或经销商处可能会买到翻新机。

我们在购买和使用产品时，可能会意识到多种风险。

功能上的风险：产品性能不尽如人意。

身体上的风险：对消费者的健康安全构成了威胁。

财务上的风险：并非物有所值，不划算。

社交上的风险：可能导致使用者尴尬，请慎用A货。

时间上的风险：不得不再浪费一个宝贵的周末去寻觅能代替这不管用的东西的产品。

尽管消费者有多种不同的方法来应对这些风险，但是他们会理所当然地采用一种更方便快捷的途径，就是买名牌。另外，产品按它相关的特质和好处可以分成三大类：搜寻类产品、经验类产品、信用类产品。

对于搜寻类产品，可以通过视觉的检查来评价它的特质，如牢固程度、大小、颜色、重量以及成分等，像一般的生鲜类、熟食产品。

对于经验类产品，产品特质不容易直接通过视觉检查来评价，必须通过产品的试用和使用才能对其评价，例如耐用性、服务质量、安全性、方便使用性等。

对于信用类产品，产品特质很少能为人所认知，像保险业，许多人买保险很有可能会选择中国最大的保险公司。

由于很难评价经验类产品和信用类产品并了解其特质和好处，所以品牌对于消费者而言成为判定这些产品的质量及其他特点的一个尤为重要的信号。庄臣公司董事长J.莱汉曾经说过："如果你心中拥有了一个了解和信任的品牌，那它将有助于你购物时能更轻松快捷地做出选择。"因为品牌在消费者心中代表着某个品类或特性，使得消费者产生相关需求的时候可以迅速找到所需产品，直接选购。这样不仅简化了消费者的购买行为，还能极大地减轻消费者的精神负担。一个成功的公司，必定有一款成功的单品，而一款成功的单品必定能塑造一个成功的品牌。

三、产品品牌化是企业保持竞争优势的手段

品牌象征着企业产品或服务的一种质量水平，沃尔沃汽车没人会说它不安全。满意的消费者可能会再次选择你的产品，相反，他们可能会将你的品牌列入黑名单。

在企业兼并或是收购过程中，为获得品牌，不惜一掷千金。

例如，美国食品、烟草和饮料生产商菲利普·莫里斯公司以129亿美元——超过有形资产账面价值4倍的价格，收购卡夫品牌（旗下有卡夫干酪、奇妙酱、

Breyers冰激凌等），商誉估计约为16亿美元。收购达成后，菲利普·莫里斯公司稳固地增加了自身的无形资产。又如，吉利汽车以18亿美元的价格收购沃尔沃轿车公司，拟计划借助沃尔沃强劲的科技及研发实力，研发出高端车型，向高端汽车市场进军。

品牌能够持续带来额外利润，但是这些溢价品牌的培育不仅耗资巨大，而且都几经磨难，对于一个典型的成功快消品公司而言，公司的绝大部分价值来自其无形资产和商誉——有形资产净值可能仅仅占总价值的10%，品牌占无形资产价值的比例可以达到70%。

据统计，中国的大企业平均寿命只有七八年，占中国企业总数80%以上的中小企业平均寿命竟然不到三年，而世界五百强大企业的平均寿命是几十年，像万宝路始于1924年，有90多年历史；可口可乐始于1886年，已经有100多年的历史了；雀巢也经历了150多年的发展历程；西门子和路易·威登的品牌历史更是长达160多年。如同一个生命迹象的发生发展，一般来说，一个产品从投入市场到被淘汰，都会经历导入期、成长期、成熟期、衰退期，但品牌可以超越产品的生命周期而存在。

波士顿咨询集团研究了30大类产品中的市场领先品牌，发现在1929年的30个领先品牌中有27个在1988年依然居市场第一。在这50年时间里，这些品牌所在的企业一定经历了无数的惊涛骇浪，但是这些优质的品牌使它们基业常青。

四、品牌永远不会消亡

品牌显然为消费者和公司都带来了好处，但是最近很多大品牌持续被唱衰。因此有人断言，在互联网时代，品牌营销已经过时，品牌将迈向消亡，互联网时代不再需要品牌，而是要爆品，没有品牌没有Logo标志的网红大行其道，不管多么烂的产品，只要一个超级网红就可以卖火！在我看来，这些论调不过是博人眼球罢了，品牌是伴随商业社会从诞生就开始的商业产物，只要有商品存在，品牌就永远不会消亡。

所有被唱衰的大牌，面临的问题或多或少都是一样的——品牌老化。在国内新一代的品牌像喜茶，最初是开在广东江门的一条小巷里，那个时候还叫皇茶，由于商标原因改名喜茶后，品牌也迎来全新升级，加入"灵感"和"酷"这类元素，设计新的Logo和企业形象，把店开到更多年轻人出没的地方。街边小窗口的皇茶小店，很快变成了市中心商场里清新别致的喜茶店。还与当地插画师联名创作插画，让喜茶人格化，年轻化。

而喜茶经典的旋盖外带杯，也是在那时诞生的。可调的杯盖紧实稳当，不会发生不小心就洒一地的情况。现在的喜茶，50多家店遍布全国各地，深受年轻人的喜爱。

再如奈雪的茶、名创优品、盒马鲜生等新兴品牌不断冲击传统大牌，新潮流、新品牌不断涌现，俘获了更多年轻消费者。留给大品牌转型的时间越来越少，这也是很多企业家们需要注意的：你的产品是不是还被年轻人喜欢？如果不是，你就该思考自己的品牌是不是面临老化的危机！

五、未来只有第一，没有第二

哈佛大学心理学家乔治·米勒博士研究发现，消费者的心智不能同时拥有七个以上的单位，也就是说，消费者只能为每个品类留下七个品牌空间。随着研究的深入，市场营销专家们发现消费者记住品牌的数量更少，连七个都容不下，只能给两个品牌留下心智空间。到如今快速发展的时代，消费者在快节奏的生活方式下，甚至只为每个品类留下一个品牌的空间，从而能够快速进行消费决策。

通用电气总裁韦尔奇意识到了消费者心智容量下降的情况。他上台后砍掉集团规模小、盈利少的弱势品牌，只留下集团强势品牌，并集中集团主要资源对强势品牌进行建设，让它们成为消费者心中的第一品牌。当消费者在选择同类产品时第一时间就想到通用电气，通用电气的营业额持续上升，韦尔奇也因此获得"世界第一总裁"的美称。其实早在韦尔奇任职通用电气之前，20世纪60年代的通用电气执意进军电脑行业，大家都觉得赢定了，因为通用电气财大气粗，拥有各种资源。但结果是通用电气失败了，因为在IBM已经占据极强心智位置和行业份额的电脑行业，通用电气无法做到第一，甚至第二。未来必然是只有第一，没有第二，赢家通吃的市场格局，如何实现差异化，让品牌冲冠，成为某个品类的第一，显得尤为重要。本书将在接下来的章节为您详细论述品牌冲冠的关键步骤。

| 上部 · 品牌战略的拉动力 |

第四章
关于四维分析
（品牌冲冠第一步）

何为四维分析？

《孙子兵法》开篇为"计篇"，计就是分析的意思，《孙子兵法》上说："故经之五事，校之以计，而索其情。"意思就是要通过五个方面的分析，而且要不断对比分析，搞清楚对方的情况。品牌冲冠最重要的第一步也必须是正确的分析——那么问题来了：怎么分析？分析哪些内容较为有效呢？

我个人比较喜欢的是四维分析：通过对行业分析、用户分析、竞争者分析及自身分析，找到一个蓝海市场，或者找到一个差异化的路线，或者找到一个消费痛点，等等，都是对接下来的品牌战略规划非常有用的信息。

首先，通过收集资料了解行业现状，对行业面临的问题及发展趋势有所预判，并找到企业机遇。其次，做用户分析，了解品牌用户是谁？了解他们的消费偏好和价值观，才能精准把握品牌对用户的利益点。再次，洞悉竞争对手商业模式、竞争对手优劣势、竞争对手近期动态，企业及时给出竞争战略。最后，结合以上行业分析、用户分析、竞争者分析，找出自身品牌优势，一个品牌的定位便有了初步方向。

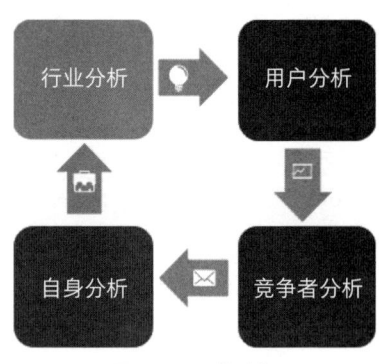

图4-1　四维分析

行业分析

一、行业分析对于品牌战略的重要性

收集行业资料来了解行业发展现状，并对行业现阶段面临的关键问题及未来发展趋势有所预判，为品牌找到新的机遇，才算是对品牌战略规划有意义的行业分析。一个完整的行业分析应该包括行业发展历程、行业宏观环境分析、未来几年行业发展趋势及机遇。这几年大数据的发展对行业趋势分析越来越直接有效，还有很多宏观报告，都能指出行业的发展机遇。采纳就是紧紧跟踪消费品十三个行业，获取十三个行业的趋势报告。

二、分析行业发展历程

行业发展历程比较容易理解。通过大量收集资料，最后总结出自本行业萌芽以来至今的发展历程，也可说是行业发展周期。

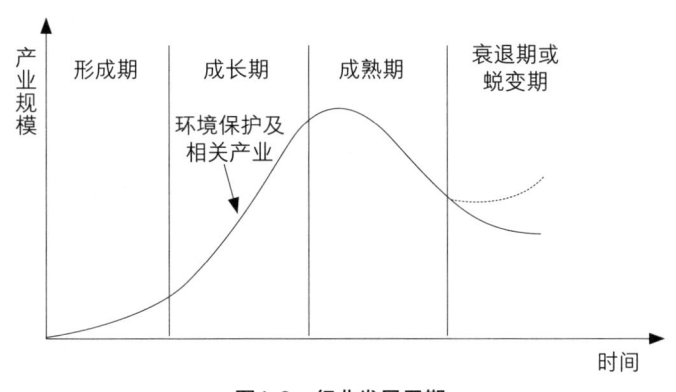

图4-2 行业发展周期

三、分析行业宏观环境

可用PEST分析对行业发展进行宏观环境分析，通常是从政策、经济、社会和技术这四个方面来分析公司外部环境。

1. 政策环境：主要包括政府政策、法律等，比如该行业相关法律有哪些？对企业有何影响？

2. 经济环境：主要指一个国家的国民收入、消费者收入水平等，决定着企业未来市场能做多大。

3. 社会环境：主要包括一个地区的人口、年龄、收入分布、购买习惯、教育水平等。

4. 技术环境：指外部技术对公司发展的影响。

四、分析行业未来几年发展

结合行业宏观、微观环境以及用户的消费行为变化去预判行业发展趋势，往往在行业历程的转折点诞生行业机遇。比如2016年以来，由于进口奶粉安全事故频发、奶粉限购及"全面二孩"政策，国产奶粉开始出现恢复性增长。通过对奶粉行业综合分析，我们在服务君乐宝乳业的时候就认为作为国产奶粉品质代表，其市场战略应该继续深耕三、四线城市，但是品牌传播战略可逐渐向一、二线城市推进，必要时进入香港市场销售，不断拔高品牌价值感，这一做法是对的。

无论是对于一个品牌营销从业者、一个初创企业老板，抑或是万千普罗大众，只要是想在某个行业做到第一的人，对于一个行业洞察的深度，足以影响你在这个行业能够走到怎样的位置。尤其是对于一个需要在行业冲冠的品牌，能够提前做好对行业变化的预判工作，找到机会点，才能保证一个品牌的商业模式能够更好地顺应市场，冲向第一！

用户分析

一、消费者物理属性

对于消费者的分析，与对身边人的密切观察有关。每个人都是消费者，接触形形色色的人，多留意他们的生活习性与消费习惯，会发现他们是截然不同的，就如同穿优衣库与穿LV的人肯定不是同一种人。

但是仅仅从性别、年龄、收入水平等人口统计学特征去描述用户是远远不够的，笼统的用户标签实际上并没有解决目标用户的定位问题。用户基本属性只能解决基本的用户画像问题，在很多调研报告中经常以人物标签来生动地形容一个消费者的物理属性。

最近我们在做一个奶粉的项目，通过企业内部访谈和市场调研，我们发现这个品牌的奶粉目标用户是三、四线城市的年轻妈妈，但是仅仅知道这个是不够的。

二、消费者精神属性

首先，我们可以根据个人经验得出三、四线城市年轻妈妈的基本用户物理属性，她们受教育程度可能不太高、年龄偏年轻化（25—30岁）、经济条件一般。但是仅仅知道这个不足以支撑项目后续的需求，比如传播怎么做？做什么内容会受到目标用户追捧？如何定价？如何开发更合适的产品？这些都与深度分析用户有关。

在知道用户基本物理属性后，还应该知道她们是怎样的人、文化偏好是怎样的、消费价值观是怎样的。这些精神内在的驱动力在很大程度上决定她们选择怎样的产品，喜欢怎样的传播内容。我们在做这个项目的时候，需要为客户制订全年的传播计划，所以必须了解目标用户喜欢的偶像、最近在追的剧、喜欢的内容，以及她们怎么安排自己的休息时间。

通过研究，我们了解到三、四线城市女性对鸡汤类、搞笑段子、健康养生等泛娱乐内容关注程度较高，而一、二线城市女性对房产、经济、科技等垂直领域关注度更高。

三、四线城市的女性更喜欢接地气的短视频，喜欢那种短时间刺激大脑的节目，为此获得片刻的欢乐，所以三、四线城市的女性，如果抛开经济条件来说，她们的幸福指数大多比一、二线城市女性高得多。所以短视频与轻松的传播内容在后续传播上可以是首选的方向。

她们接受内容的渠道更习惯用手机浏览器、搜索引擎和现有的微信公众号，或许手机对于她们更多是生活的便利，而不是全部依托于手机，所以在下载垂直专业App上，她们很少花心思。这也就决定了后续传播媒介的选择，可以以电视广告、微信微博广告及浏览器搜索广告区域为主，其他垂直母婴平台为辅，作为媒介传播载体选择方向参考。

三、用户消费场景描述

在品牌研究领域，对于用户消费场景描述，可以围绕用户在消费该产品前后所发生的生活场景进行。我们把用户场景描述理解为：在何种情况下用户消费该产品，以及消费产品所产生的行为描述。

举例说明：在地产领域，对于一个目标用户在某个空间生活状态详细描述，可以细化到早、中、晚及周末，他们去了哪个空间，做了什么样的行为。这些客观消费者事实描述，对于消费者研究也同样重要。

表4-1 用户消费场景描述

物业形态	人群/时间	工作日上午	工作日下午	晚上	周末全天	适合商业场地/区域
写字楼	办公白领	早餐/商务午餐	商务会议/下午茶	看书充电/休闲好友聚餐/办公聚餐/美容美发美甲	—	便利店/早餐摊/咖啡馆/书吧/餐厅
写字楼	企业主	商务午餐	商务会谈	下班休闲饮酒/商务会餐	商务休闲会谈	餐厅/茶室/威士忌吧/清吧
写字楼	企业客户	—	商务会谈/寻找安静适合洽谈之地	商务晚餐		餐厅/茶室/咖啡馆
公寓	单身公寓	早餐/午餐	外卖/下午茶	外卖/单人晚餐	外卖/单人简餐/好友聚餐	便利店/可一人食简餐店/外卖店
公寓	家庭式公寓	—	—	家庭刚需晚饭	家庭聚餐/家庭简餐	刚需型餐饮店
周边住宅	家庭成人（女性）	刚需超市购买	课程培训（花艺，茶艺课程）	茶饮店/甜品店/书吧（等候时间）	家庭登山/就餐/休闲	超市/便利店/课程空间/书吧/美发店
周边住宅		—	—	课程培训	登山/看书/手工艺术培训	共享培训空间

四、用户决策要素

在知道用户是谁、用户喜好、用户消费场景后，我们更不能忽视的是用户为何消费该产品？决策要素是什么？我们得知道目标用户为何而买单？

还是拿刚刚提到的奶粉来举例，我们想了解三、四线城市女性在购买奶粉时最看重哪点，根据决策要素甚至可以调整品牌定位及产品定位输出，根据艾瑞咨询报告，我们了解到"品牌声誉"是用户较为关注的决策要素，其次关注的是奶粉的食品安全和营养成分。

这个数据直接影响到做该项目传播时，是该侧重品牌形象广告还是侧重效果广告的投放；是先输出品牌定位，还是以产品活动来拉动品牌。当然，影响到策略部分的不仅仅靠用户单薄的分析，还需要结合品牌现状来定策略方向，但是用户决策要素对于一个品牌该对用户说什么至关重要。

通过项目实践及对大量复杂的原始信息做梳理和归类，一个较为完善的用户分析，将是从用户的物理特征、用户的精神特征、用户消费场景描摹和决策要素这四个维度还原一个立体的目标用户画像，从而让品牌更精准地把握用户需求，并完成差异化的市场定位。

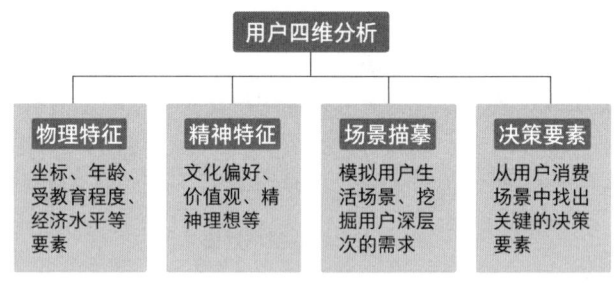

图4-3 用户四维分析

用户分析这个问题解决了，一个品牌策略也开始有了更明晰的方向。

竞争对手分析

一、品类竞争，已进入白热化时代

毫不夸张地说，近几十年来，几乎每个品类产品的选择数量都有了惊人的增长。只要是接触过营销的人都知道，每次重新定位都要以心智中的竞争为起点，重要的不是你想做什么，而是你的竞争对手允许你做什么。

在市场竞争日趋白热化的今天，不了解竞争市场情况，不认识竞争对手，就意味着没有获胜的机会。企业应当通过一切可获得的信息来查清竞争对手的策略，包括产品策略、渠道策略、销售策略、促销策略等，发现其弱点，帮助企业制定恰如其分的进攻战略，扩大自己的市场份额。

我们回过头来看看，在20世纪50年代，买车意味着要在通用、福特、克莱斯勒的车型中做出选择。如今，你依旧可以在通用、福特和克莱斯勒中选择，但你也可以从讴歌、阿斯顿·马丁、奥迪、宾利、奔驰、三菱、日产、保时捷、劳斯莱斯、萨博、土星、斯巴鲁、铃木、大众和沃尔沃中选择。

20世纪70年代早期，市场上有140种车型，如今则超过300种，其中日本品牌车型随便就能数出十几个。最大的不同是，以前本土公司在国内市场相互竞争，如今市场已经全球化，所有公司在全球各地相互竞争。所以，重新定义竞争对手，在"茫茫大海"中找准竞争对手，对于一个企业的定位及长远发展至关重要。

二、如何找准对标竞争对手？

竞争从不同的视角来看，竞争对手是不一样的。以TCL电视为例，传统的界定竞争对手的方式其实是从产品出发，如TCL电视竞争对手可能是创维、海信。

但是如果从顾客需求出发的话，同样满足顾客看电视看视频需求的，TCL的竞争对手就是腾讯视频、小米电视这类互联网视频平台或互联网电视了。

所以，我们一般可以从四个不同层次考虑对竞争对手进行判决和评估。

1.品牌竞争者：以企业相似的价格向相同的顾客提供类似的产品或者服务，只是不同的品牌而已。这类竞争者通常是直接竞争者，在市场的各个层面均存在着不同程度的竞争关系。例如，对海尔家电来说，TCL、海信、松下、索尼等都是直接品牌竞争对手。

2.行业竞争者：是指把制造同类产品的制造商均视为竞争者。

3.形式竞争者：是指把所有能够满足相同需求的企业或者产品均视为竞争者。如对铺地材料来说，木质地板、地毯、地砖等均为竞争者。

4.一般竞争者：是指进一步把所有能够争取的顾客一定销售额度的企业均视为竞争者。例如，对汽车制造商而言，会把地产商、旅行社以及高档耐用产品制造商视为竞争对手。所以，从不同的维度划分的竞争对手可能也不尽相同，主要看本品牌当前最主要的切入发展方向是什么，从而找到对标竞争对手。

三、竞争者分析框架

分析竞争对手的目的是了解对手，洞悉对手的市场策略等。我们可以用竞争对手分析的三个层次来说明，能准确地确定竞争对手，这是分析的最低层次，能分析出对手状况则是第二层次，最高层次是通过竞争分析制定策略后能够引导对手的市场行为。确定了竞争对手并收集到足够数据后，我们就要对他们进行深度分析了。

最初竞品分析肯定是从收集大量行业资料开始，从行业报告及市场发展现状，找到对标的竞争对手，从而精准地收集竞争对手"最新情报"。接下来针对目标竞争对手做包括但不限于产品策略分析、品牌策略分析、传播策略分析、渠道策略分析、价格策略分析等，根据分析资料整理成竞品分析报告，对现有品牌策划的方向提供了标志性意义。

对于一个品牌营销从业者来说，根据不同项目需求所做的竞争对手分析内容会不一样，针对具体问题有针对性地进行竞争对手分析，通过大量线上线下调研总结出精练的分析报告，是一个品牌策划者必备的能力之一。

以采纳接触的惠发食品项目举例，惠发食品需要做品牌延伸，打造出一个高端的速冻食品品牌，从品牌定位的梳理，到产品价格与取材的提升、渠道升级以及包装升级等各方面去重新塑造一个全新的品牌，所以前期必须做大量的竞品分析工作。对于这个全新品牌定位的塑造，我们需要知道市场中同类竞品的定位诉求及诉求方式，以下对速冻行业市场份额较大的安井丸之尊、海欣鱼极、三全私厨进行分析。

表4-2 竞品品牌定位分析

品牌名	定位	核心价值	广告语
安井丸之尊	高端火锅食材	好原料、好味道	吃少吃好，安心才好
海欣鱼极	家庭享用中高端海鲜	新鲜、健康、取材天然	鲜美极了
三全私厨	高端速冻水饺	营养、原料高品质、美味	吃点好的，很有必要

不难发现：速冻行业品牌中较为高端的产品系列，大家都在强调产品的好吃、新鲜，停留在产品给用户带来的利益功能点。面临消费者思维的变化，他们对粗

糙、直接的广告开始不为所动,倾向于更感性、更关心其内心感受的广告。所以在惠发食品推出高端速冻食材时,需要迎合目标白领女性人群,不仅从产品利益点上出发,还要能够表达食物对于用户生活带来的改变,用关心的口吻来和目标用户对话,也就找到了惠发高端食品品牌的广告诉求方向。

同时,惠发高端食品面对的目标用户是谁,该入驻哪种渠道更有市场潜力,也至关重要,所以需要对竞品渠道现状进行分析。

表4-3 竞品渠道现状分析

品牌名	渠道	核心消费人群
安井丸之尊	大型商超、电商平台、高端酒店	以家庭火锅消费人群为主
海欣鱼极	以KA卖场、出口、电商平台、连锁餐饮为代表的B端市场	家庭海鲜餐食消费人群、餐饮业老板
三全私厨	商超渠道、电商平台	主打白领人群

根据分析得知:竞品开拓渠道几乎是C端与B端双管齐下,它们面向人群略有重叠,且面向客户层涉及广泛而不集中,所以,如何面向特定的用户群,实现品牌与用户精准而有效的沟通,这个沟通还包括我们接触产品的包装形式、广告语、自媒体宣传内容。

所以竞品分析的方向有多种,涉及产品策略、渠道策略、价格策略、传播策略及竞争力分析等,没有一个竞品分析模型是放之四海而皆准的,这样也就失去了调研的针对性,所以具体在某个项目中需要做怎样的竞品分析,就看现阶段项目的需求而定了。

自身分析

一、何为自身优势?

了解企业自身所具有的能力和优势,利用自身的优势去发展、去竞争才能收到好的成效。人们总是对专注于一个产品或一项服务的企业印象深刻,视它们为专家。如找到"客户很需要、对手没做到、自己很擅长"的作为企业或一个品牌的优势。

比如，一个百年企业的老字号，这样的"头衔"本身就是一种优势，是新兴的企业所不具备的。再比如，一个企业具有良好的社会声誉，或者有着良好的客户关系等，或者企业所处的地理位置具有交通方便的特点等，这些都算是自身的优势。

如果是老品牌要进行品牌优势盘点（如图4-4所示），它是通过品牌核心价值，对企业自身的通路、顾客、形象、价格与政策、产品与产品管理及商誉与传播进行盘点。

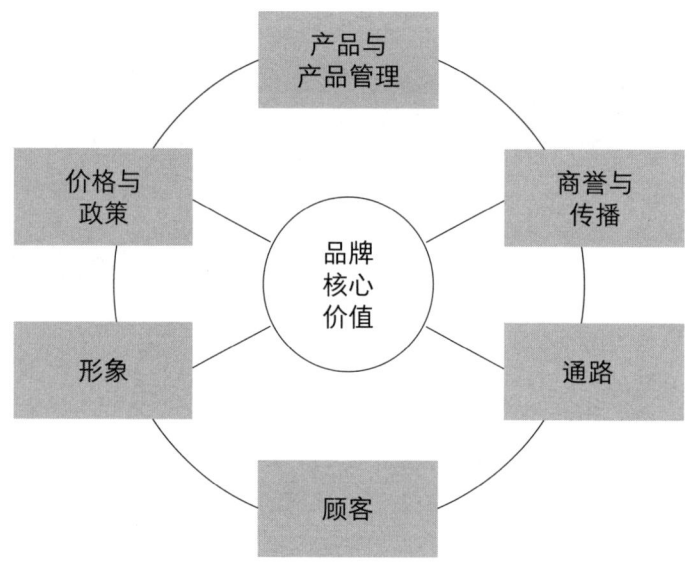

图4-4　品牌优势分析

二、如何发现和寻找优势？

寻找优势其实就是找出自己在同行业其他企业中的不同之处，把这个不同之处放大便可以成就一个企业的优势。这种优势不一定要面面俱到，在某一方面脱颖而出，往往便能获得超越竞争对手的超额收益。

还可以直接用SWOT分析方法（如图4-5所示），SWOT分别代表分析企业优势、劣势、机会和威胁。其中，优劣势分析主要着眼于企业自身的实力及其与竞争对手的比较，而机会和威胁分析将注意力放在外部环境的变化及对企业的可能影响上。但是，外部环境的同一变化给具有不同资源和能力的企业带来的机会和威胁却可能完全不同，因此，两者之间又有紧密联系。

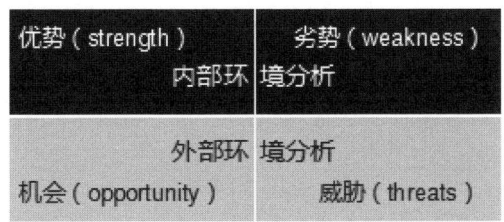

图4-5　品牌SWOT分析法

以采纳服务的麦轩老婆饼为例，在食品行业中，一方面，产品同质化严重。市场缺少有创意的、有文化的产品，缺乏品类领导地位的品牌。另一方面，随着消费者从质量、价格型开始向生活品质型转变，消费者不再简单追求口感，而是追求更多附加属性的特色品牌。如何占领消费者心智，在同质化产品中脱颖而出，满足消费者日益升级的消费需求是食品行业亟须解决的问题，同时也是麦轩面临的问题。那么采纳是如何为他们破局，在红海中开辟出一片蓝海的呢？

三、如何利用优势？

1.细分市场，找到市场空缺

麦轩采取细分市场战略，找到市场空缺，满足消费者潜在需求，聚焦"酥皮"这一品类，改变消费者对品类认识的偏差，从企业需求出发，制定了"聚焦文化+品位"的定位策略，占领了"酥皮老婆饼"品类，并在产品、品牌、传播上进行了基于"新港式"文化+"酥皮"品类的系统打造。

图4-6　麦轩·新港式酥皮老婆饼形象

2.赋予产品功能之外的文化价值

麦轩锁定了"酥皮老婆饼"品类，并以中西结合的"新港式"文化进行输出。

"新港式"文化：传承传统香港文化的精髓和精华，颠覆以往陈旧老套的概念，用现代时尚手法将传统进行完美演绎，融合西方先进工艺及流行元素，提出"创意老婆饼+"概念，实现口味多样化、文化多元化、包装时尚化、产品丰富化等。

图4-7 麦轩·新港式酥皮老婆饼包装

3.优势需要聚焦传播

麦轩通过"线上+线下+终端"的三维互动，以"老婆饼"为主线围绕渠道开发，分三个层次，构建麦轩立体整合传播。

预热期：老婆饼亮相，以互联网为传播的载体，搭建平台网络炒作，让消费者产生品牌认知；引爆期：老婆饼开抢，利用热点，试销深度引爆；销售期：老婆饼开吃，经过第一、第二阶段的市场升温，消费者对品牌有一定认知，此刻开始进入传播延续期，以提升销量的日常传播为主。

采纳通过对麦轩"酥皮"这一细分品类的定位，抢占消费者心智，在同质化的红海中，为麦轩开辟了一片新蓝海。

小结语

四维分析是品牌冲冠最重要的第一步，它能帮助我们更好地找到适合自身的蓝海市场或差异化路线，或者找到一个消费痛点等，这些都对后面的品牌战略规划非常有用。那么如何做好四维分析呢？

行业分析：看行业发展历程，分析行业宏观环境（政策、经济、社会及技术），判断行业未来发展情况。

用户分析：判断消费者属性，明确用户消费场景及决策因素。

竞争对手分析：首先找准对标竞争对手，分析出竞争对手的状况，最好能制定策略引导对手的市场行为。

自身分析：不仅要找准优势，还要善于利用自身优势，并为这份优势开辟新的蓝海市场。

| 上部·品牌战略的拉动力 |

第五章
品类与定位
（品牌冲冠第二步）

品类与战略

一、品类的概念

对品牌有所了解的人应该知道，一个完整意义上的品牌包含两部分：品牌名和品类。在营销中，名字是与消费者心智接触最为紧密的部分，所有的营销和传播活动都与品牌名有关，糟糕的名字足以葬送一个新品类的前途，而很多品牌在竞争中的劣势都与品牌名有关，然而，这一直未能引起企业的足够重视。

品类时代的营销，以成为潜在消费者心智中品类代表为目标，通过把握商业发展趋势，发现品类机会，成为消费者心智中的品类代表，并推动品类发展，不断进化，最终主导品类，创建真正的强大品牌，真正做到"品牌冲冠"！

20世纪中叶以来，随着可口可乐、麦当劳、英特尔、奔驰、宝马、IBM、微软等品牌在全世界攻城略地，如何创建强大的品牌逐渐成为全球企业新的关注焦点。中国也不例外，企业家越来越认识到品牌的重要性，创建世界级品牌成为众多中国企业的首要目标。可口可乐是全球最具价值的品牌，但是可口可乐的品牌价值也在缩水，为什么会这样？因为可口可乐这座冰山在融化，在过去六年可口可乐的人均消耗每年减少3%，而可口可乐的品牌价值取决于可乐品类。要建立一个品牌，首先要从品类的角度去思考，然后再来考虑品牌。

品类就是基于消费者需求与认知所形成的产品类别，类别不仅仅是根据产品属性进行分类，更重要的是基于消费者心理和认知形成类别，是存在于消费者心智之中的价值定位。例如，你想吃快餐，快餐就代表着一个品类，然后你会去想吃什么快餐呢？快餐可能让你首先想到麦当劳（美式汉堡）、肯德基（美式炸鸡）、真功夫、嘉旺（中式快餐）这些知名快餐品牌。

有一句话这样说：消费者购买品类，却以品牌来代表和思考。品类是打造品牌的捷径，它能快速地打开一个市场，获得消费者的关注和认同。强势品牌往往成为一个品类的代表，一个成功的品牌背后必定有个伟大的品类。简言之，"品牌的背后是品类，品牌就是品类代言人"。星巴克品牌是"咖啡"这一品类的代表；劳力士品牌是"高级瑞士手表"这一品类的代表；红牛品牌是"能量饮料"这一品类的代表；王老吉品牌是"凉茶"这一品类的代表。

品类构建的几个关键点：

1.确定品类的成员身份： 所谓品类成员身份就是同竞争产品相比，它能帮消费者通过使用这种产品达到什么样的目的，即对消费者的承诺和利益点。"脑白金"告诉消费者"送礼就送脑白金"，硬是把一个保健品卖成大众的礼品。

2.明确产品品类的等级结构： 一种市场品类可能在许多情况下都不能完全饱和，举个例子，比如美乐淡啤酒（Miller Lite）、惠泉淡啤酒，当人说到喝什么酒的时候，就会首先问白酒、红酒、啤酒或其他。待确定品类后，才会谈到喝什么品牌的酒，淡啤酒属于啤酒品类中的子品类，而啤酒又属于酒产品品类的一种，所以淡啤酒、啤酒、酒都是人们记忆存储中的节点，它们相互形成等级式的联结关系，这种联结意味着比较低一级的产品是比较高一级产品的一个分支。

3.当市场品类没有达到饱和或企业认为市场上有空缺，品类构建无疑是好的机会： 比如说，"海尔"创造出"小小神童"夏季洗衣机品类，王老吉在饮料中又创造出"预防上火的饮料"这种品类，采纳为白象方便面创造出了"大骨营养方便面"这个品类。这些差异化的品类都取得了极大突破！

二、品类创新的黄金方法

1.品类分化开创新品类

品类创新还来自品类分化，同样的需求，不同的满足方式。消费者的需求不变，产品物质层面的属性也没有本质改变，利用技术和工艺创新，在原来品类的基础上升级或加减，推出细分品类满足消费者。比如啤酒不断涌现出的生啤、冰啤、无醇啤酒等新品类，层出不穷。品类分化有时仅仅改变产品的外在形态，甚至仅仅改变了包装，致使消费场所变了、消费方式变了，也就成了新品类。

2.新概念并非都是新品类

社会快速发展，人类不断面临新的问题，也不断诞生新的概念。每个新概念都为创新品类建立了基础：不含脂肪、健康、有机、低碳、低糖、无醇、无氟、便携、速冻……

但是有时候新概念也并非都能诞生新品类，因为新品类首先都是与顾客心智认知特点相吻合，只有充分了解顾客心智特点，并且能够从顾客的角度思考，才有可能诞生新品类。很多企业拥有开创新品类的思想，但是却很少有企业真正开创了新品类，就是因为大多数情况下，企业所开创的新品类，仅仅是所谓"大创意"而已。

国内曾经有一家白酒企业推出了一个叫"纯净酒"的新品类，声称这款酒经过高科技处理，不含甲醇，非常健康，然后这个新品类很快就在市场上消失了，因为"纯净酒"的概念，违背了人们对白酒的认知，单纯的高科技概念无法进入消费者心智。

3.开创"市场中有，心智中无"的新品类

采纳品牌服务了一个福连升的案例，真正做到了开创"市场中有，心智中无"的品类。采纳品牌经过线上结合线下调研，发现中年人群最关注的是休闲与健康功能，而且市场上现在有儿童鞋、老年鞋、女人鞋、青年休闲鞋，但是在用户心中，没有第一时间能联想到中年鞋的品牌！福连升做健康休闲中年鞋，将会与市场上的竞品明显区分开来。未来，福连升将围绕精准目标用户，打造一个全新服务中年人生活方式类的品牌。

图5-1 福连升品牌广告

同时，采纳提出了"人到中年福连升"的文化主张，鼓励人到中年恰逢美满的转机，并围绕此主张展开一系列关心中年人的品牌传播。

4.锁定一个对手

新品类要么与老品类平起平坐，要么广泛替代老品类。这也就说明一个成功的新品类必须要有明确的竞争对手。

品牌定位理论

一、品牌定位理论

品牌定位是指企业在市场定位和产品定位的基础上,对特定的品牌在文化取向及个性差异上的商业性决策,它是建立一个与目标市场有关的品牌形象的过程和结果。换言之,即指为某个特定品牌确定一个适当的市场位置,使商品在消费者的心中占领一个特殊的位置,当某种需要突然产生时,比如宝洁公司的洗发水"飘柔",它就挖掘出了人们内心的想法——想让头发更飘逸、柔顺,从而定位成功。

定位理论,由美国著名营销专家艾·里斯与杰克·特劳特于20世纪70年代提出。里斯和特劳特认为,定位要从一个产品开始。那产品可能是一种商品、一项服务、一个机构甚至是一个人,也许就是你自己。

定位理论的核心"一个中心,两个基本点":以"打造品牌"为中心,以"竞争导向"和"消费者心智"为基本点。定位最新的定义是:如何让你在潜在客户的心智中与众不同。所以定位的主战场是占领消费者的心智,基本方法是通过操控和重新关联已经存在的认知,在顾客心智中建立自己想要的位置。那么,如何进行品牌定位呢?

1.品牌定位首先是要针对某一目标市场或人群,不应大而全;
2.品牌能满足消费者对产品功能和情感的两大需求;
3.品牌定位是挖掘消费者心中所想并与产品相关联;
4.通过品牌定位,创造出品牌独特的文化与个性。

二、品牌定位与品类的区别

一个成功的品牌定位,是品牌找到适当的市场位置,使商品在消费者的心中占据一个特殊的位置,更多侧重于用户心智定位。

而品类是在于一个品牌的产品,在整个产品类目中属于什么类别,更多侧重于产品本身的功能利益定位分类。品牌定位与品类有着紧密联系又有本质区别。

1.是先塑造品牌还是品类?

从企业角度出发,品牌定位比品类更广,一个品牌只有一个品牌定位,围绕一个企业品牌定位,可以延伸多个品类;从用户角度出发,他们心智是先选品类,再找对应品牌,如果你想喝水,首先考虑的是喝矿泉水还是茶,还是运动饮料,其次再考虑喝什么品牌。

2. 品类与品牌共存亡

品类和品牌的关系有时候就像品牌是寄生在品类里面，品类是一个大家庭，而品牌是家庭中的一分子，如果品类消失，那么品牌也一定会随着品类消失，这种感觉就像是"皮之不存，毛将焉附"，这恰恰说明品类的发展对品牌的影响之大，回头看看品牌走过的路，或者那些消失的品牌，不难发现这一关系。

大家熟悉的胶卷品牌柯达，数码相机的强力冲击，令胶卷品类消失，柯达随之离开我们的生活。再看自行车品牌凤凰和永久，伴随着自行车品类的用户逐渐减少，消费者的关注度下降，最熟悉的凤凰和永久也是黄花落地的忧伤。类似的品牌和品类太多，回头看历史的通道可能已经塞了满满的品牌。

3. 品牌第一与品类第一冲突吗？

很多人认为创建品牌重点有两个，第一个是把自己所在的品类升级为更大的品类；第二个是让自己的品牌主导这个大品类，成为领导品牌。其实，做行业第一品牌与做品类第一品牌之间并无过多冲突，显然，后者是实现行业第一的必经过程。你可以发现娃哈哈在成就行业第一品牌的过程中，创造了很多的品类第一，正是因为娃哈哈专注于如何打造品类或者细分品类的多个第一，才造就了娃哈哈饮料行业的第一品牌。

企业在成长期时，往往通过细分品类或品类的第一品牌打造，来取得阶段性成长，建立信心积累品牌资产。但在多个细分品类成就第一的过程中，企业很快会发现行业第一品牌并非遥不可及，当品牌成为行业第一时，就会在越来越多的细分品类上取得突破，使品类第一成为"家常便饭"，正像娃哈哈2013年年初推出的格瓦斯一样，虽然这一细分品类被秋林公司做了十年，但娃哈哈一进入便使这个细分品类风起云涌、广受关注。

三、品牌定位方法及案例

品牌定位的目的在于创造鲜明的品牌个性，塑造独特的品牌形象，从而满足目标消费者的需要。品牌定位是一项颇具创造性的活动，没有固定模式。因为假如存在固定模式，品牌之间的差异性就会大大减少，品牌的影响力也会随之减弱，品牌存在的价值将大打折扣。据不完全统计，常见的和近年来出现的品牌定位策略有数十种之多，其中不少可以单独使用，也可以相互组合，以达到更好效果。以下简要介绍一些最常见的品牌定位策略。

1. 加强定位

加强定位就是指在消费者心目中强化自身形象的定位。当企业无法从正面打败对手，或在竞争中处于劣势时，可以有意识地突出品牌某一方面的优势，给消费者留下深刻印象，从而获得竞争的胜利。

七喜汽水告诉消费者"不是可乐"。

电梯广告常看到的广告画面："酒店之外，就住小猪。"

采纳的经典案例——厨之道，定位为：非传统·全净化油烟机，颠覆了油烟机使用体验的旧时代。突出厨之道本身的优势，从而在市场分一杯羹。

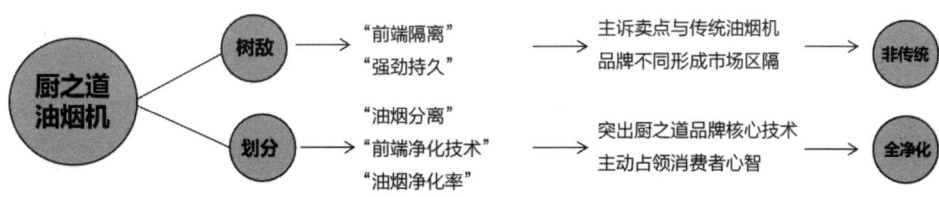

图5-2 厨之道油烟机定位

2.比附定位

比附定位即通过与竞争品牌的比较来确定自身市场地位的一种定位策略，其实质是一种借势定位或反应式定位。

借竞争者之势，衬托自身的品牌形象。当几乎所有的汽车厂商都在追求把小汽车设计得更长、更低、更美观的时候，金龟车显得既小又难看。若用传统方法推销，势必要想方设法掩饰缺点、夸大优点，如把照片拍得更漂亮，去宣传金龟车特有的质量优势或其他。但金龟车却将品牌定位在"小"上，并制作了一则广告："想想还是小的好。"（Think Small）其定位获得极大成功。在比附定位中，参照对象的选择是一个重要问题。一般来说，只有与知名度、美誉度高的品牌做比较，才能借势抬高自己的身价。

3.空档定位

任何产品都不可能拥有同类产品的所有竞争优势，也不可能占领同类产品的全部市场。市场总是存在一些为消费者所重视而又未开发的空档。善于寻找和发现这样的市场空档，是品牌定位成功的一种重要选择。一般来说，市场空档主要有以下几种：

（1）年龄空档。年龄是人口细分的一个重要变量。企业可以根据产品的竞争优势，寻找被同类产品所忽视的年龄段，为自己的品牌定位。例如君乐宝奶粉除了婴儿1段、2段、3段奶粉外，有儿童奶粉，还有中老年奶粉，就是典型的年龄空档定位。

（2）性别空档。现代社会，男女地位日渐平等，性别角色在很多行业中的区分已不再那么严格。对某些品牌来说，塑造一定的性别形象，有利于维持稳定的顾客群。如西装要体现男士的潇洒高贵，纱裙则强调女性的柔美端庄。

（3）使用量上的空档。消费者的消费习惯各不相同，有人喜欢小包装，常用常买，方便携带；有人喜欢大包装，一次购买长期使用。利用使用量上的空档，有时候能收到意想不到的效果。小罐茶是近年在使用量上的空档定位做得最具代表性的案例。

我们可以轻松地说出"西湖龙井、安溪铁观音、武夷山金骏眉"等茶叶品类及核心产区，却很难想起哪家茶企的品牌名称，这就是茶叶行业"有品类无品牌"的现状。中国茶叶有上千种，主流只有八大名茶。小罐茶把整体份额比较高的品种做了筛选，最终筛选出普洱茶、大红袍、西湖龙井、铁观音、黄山毛峰、茉莉花茶、福鼎白茶、滇红八个具有代表性的茶，并用"产地—工艺—包装—体验"四大标准，缔造现代用茶。采用统一的标准、统一的小罐、统一的重量，真正在使用量上做到茶行业全新的品牌定位，"小罐茶，大师作"，让用户闭着眼睛就能买到好茶。

（4）高价市场空档。市场可以依据商品的价位划分为高价市场和低价市场。采纳服务的安吉尔案例就是高价市场很好的代表，安吉尔，专注于健康饮水事业。近几年，由于市场受到消费者追捧，导致安吉尔竞争压力越来越大。通过对目标消费人群的行为分析，采纳发现：这部分人群对于健康饮水问题十分重视，他们关注自身及家人的健康问题，对净饮水产品的需求度也非常高。另外，消费需求也逐渐趋向高端化，并且伴随着消费者的情感诉求。

通过分析表明，高端领域是国内净饮水行业的一大机会点，采纳为安吉尔提出抢占高端的品牌战略，锁定高端消费人群，体现高端的产品品质；专注"净饮水"行业，继承20多年的品牌历史；利用"专家"形象打造一种身份，体现在净饮水领域的专业性。

ANGEL 安吉尔
高端净饮水专家

图5-3 安吉尔净水机广告

4.功能定位

功能定位的实质是突出产品的效用，一般表现在突出产品的特别功效与良好品质上。产品功能是整体产品的核心部分，事实上，产品之所以为消费者所接受，主要是因为它具有一定的功能，能给消费者带来某种利益，满足消费者某些方面的需求。如果产品具有与众不同的功能，那么该品牌即具有明显的差异优势。

例如，采纳服务全棉时代卫生巾。全棉卫生巾的价值很多，如"柔软性""亲肤性""吸湿性""舒适性"等。消费者调研中发现，女性私处天生敏感，且经期比平时更敏感，如果使用"化纤材质"的卫生巾，很容易产生过敏症状，只是大部分女性都不知道是使用的卫生巾引起的，以为是天气热或卫生习惯问题。其实使用全棉的卫生巾就能有效避免过敏问题了，医生更是建议孕妇及新生儿使用全棉日用品。所以，基于全棉时代的"不致敏性"功能结合用户需求，采纳提出了全棉时代卫生巾产品定位"真全棉，不过敏"。

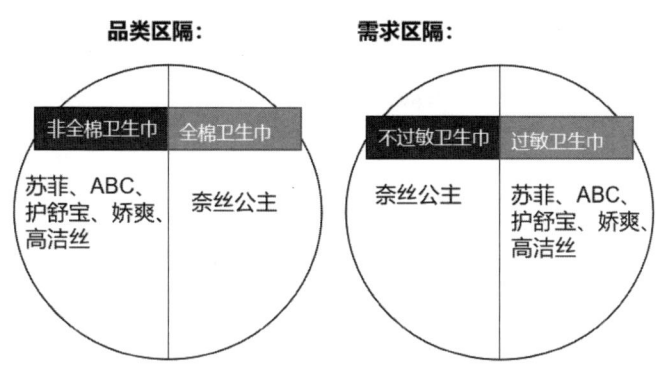

图5-4 奈丝公主卫生巾定位

5. 外观定位

产品外观是产品的外部特征，是产品的基本属性之一，会给消费者留下第一印象，而第一印象常常是消费者接受或拒绝产品的重要依据。如果选择产品的外观作为品牌定位的基点，则会使品牌更具鲜活性。如采纳服务的鹿小井项目，它的核心优势是颠覆传统液洗认知，外观呈现颗粒状，区别于传统液洗洗护模式，所以我们给鹿小井的定位是非化学颗粒净高端洗护。

6. 情感定位

情感是维系品牌忠诚的纽带，它能激起消费者的联想和共鸣。情感定位就是利用品牌带给消费者的情感体验而进行定位。海尔以"真诚到永远"作为激发顾客情感的触点，博得顾客青睐；"……妈妈，我能帮您干活啦"的真情流露引发消费者的内心感触，使纳爱斯雕牌更加深入人心；百事可乐发展出了以"It's Pepsi, for those who think young"（百事，为心态年轻的人而存在）为主题的广告宣传活动，激发人们的青春活力,使它拥有越来越多的消费者。

有效的品牌建设需要与根深蒂固的人类情感建立恰当而稳固的联系。伟大的品牌都知道必须尊重顾客的物质与情感需求。

7.文化定位

品牌的内涵是文化,具有良好文化底蕴的品牌具有独特的魅力,能给消费者带来精神上的满足和享受。文化定位就是突出品牌的文化内涵,以形成品牌的个性化差异。尤其是在酒业、咖啡业具有文化底蕴的产品,挖掘其背后的文化内涵来做定位,会更受用户欢迎。

采纳近年服务的项目中之源,是河南本地酒企江典酒业,采纳接到项目后迅速反应:只有创新才能拯救江典酒业!经过大量前期调研,我们发现市场上中高档白酒品牌都诉求于身份感、尊贵感,对消费者的精神文化需求缺乏关注。而江典酒业恰恰具有一个得天独厚的文化优势——《道德经》文化(江典酒业所在地三门峡是老子《道德经》的发源地)。将江典酒业打造成市场上绝无仅有的"老子道德经文化酒",以《道德经》的普适性延展全国,就是采纳为江典酒业找到的破局之路。

图5-5 江典酒业广告

明确定位后,如何将《道德经》文化与白酒完美结合?采纳开始为江典酒业重新规划品牌价值体系。首先创立了全新的品牌名"中之源",中原地区之源、"中和"智慧之源、《道德经》文化之源!看似简单的三个字,直观精准地诠释了老子

《道德经》文化酒的文化精髓、文化起源、文化发展。再通过确立"品质、智慧、传承"的核心价值等完成品牌金字塔构建,为江典酒业彻底穿上《道德经》文化的外衣。

8.消费者定位

消费者定位是把产品和消费者联系起来,以某类消费群体作为诉求对象,突出产品专为该类消费群体服务,从而树立独特的品牌形象。例如,"太太口服液,十足女人味""百事可乐,新一代的选择"。广东的客家娘酒把自己定位为"女人自己的酒",这对女性消费者来说就很具吸引力。因为一般名酒度数较高,女士多数无福享受,客家娘酒宣称自己是"女人自己的酒",就给人留下了一个相当于"XO是男士之酒"的强烈印象。

9.USP定位

USP(Unique Selling Proposition),中文意思为"独特的销售卖点",即一个产品只提供一个卖点,这个卖点是独一无二的。USP定位策略的内容就是在对产品和目标消费者进行研究的基础上,寻找产品特点中最符合消费者需要的、竞争对手所不具备的、最为独特的部分。

采纳之前服务的白象方便面,将USP定位发挥到淋漓尽致。当时的白象集团是一个在三、四线城市卖低价方便面的二、三线品牌,采纳认为要想获得盈利首先要摆脱低价面的标签,转向中高价面,进军一线城市,跻身一线品牌阵营。那么,要怎么做呢?

图5-6 白象方便面广告

方便面因为食用方便而大受欢迎,也正因为只注重其方便性而忽略了营养需求,而随着人们生活水平的提高,消费者对食品的"营养"更加关注。采纳经过调查走访发现,提起"骨头"大家都有一个普遍的共识:用骨汤煮的面一定非常滋补、营养、美味。而近年流行补钙，骨头中的多种成分，都非常适合人体骨骼健康成长。大骨中的骨胶原作为骨头中的一种重要成分，对预防骨质增生、保护骨骼、保持皮肤弹性、延缓衰老等都有显著效果。

此时的市场上还没有出现以营养和大骨作为主要诉求点的方便面，于是采纳决定将大骨作为卖点，创建方便面新品类——大骨面，将大骨面定位为"营养型方便面"，从而将"营养型方便面"的根深深埋在消费者心中。

为了便于消费者理解大骨面的营养，并使其与其他方便面有所区分，采纳便以骨胶原作为主要卖点构建了三层式USP：

（1）两根大骨汤熬制，"熬"相较于"煮"更能充分将大骨营养从骨头中提炼出来；

（2）不仅吃面更有汤香；

（3）大骨的骨胶原成分得到充分的提炼，骨胶原营养在里面。

结合公关、广告、体验、促销等传播推广活动，尤其是那句"大骨熬汤营养在里面"的口号和两根大骨的广告片在央视的播出，让上市后的白象大骨面市场表现强劲并迅速成为营养型大骨面的领军品牌。

| 上部·品牌战略的拉动力 |

第六章
品牌金字塔之谜
（品牌冲冠第三步）

何为品牌金字塔

品牌金字塔介绍

有关品牌金字塔应该如何构建，包括什么元素，各门派都有自己的说法，所以也从来没有一个标准的规范。很多公司都有自己的一套"品牌金字塔"或者是"品牌屋"（brand house），但是作用都一样：让公司有一个清晰的价值定位，它是品牌战略实施前的最重要规划，因此品牌金字塔也就是品牌战略规划。

首先，我们应该先弄清一个完整的"品牌金字塔"应该包含哪些元素，这也是采纳在做品牌分析时常用到的理论工具，如图6-1所示。

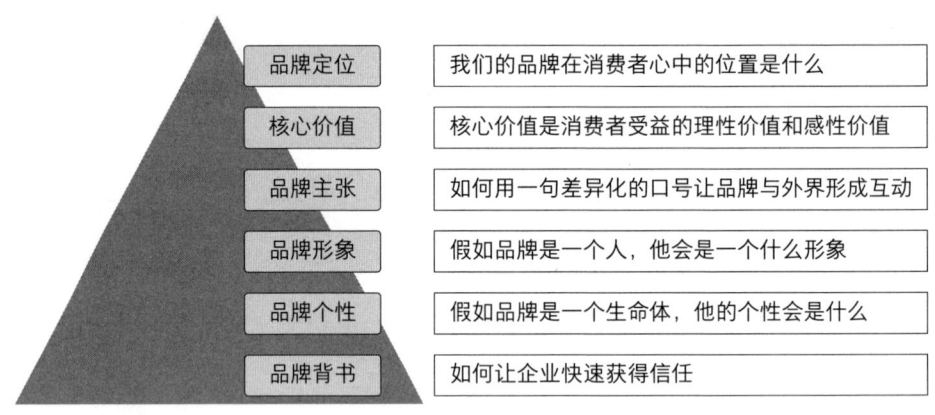

图6-1　品牌金字塔

品牌定位

每个品牌都需要回答一个最重要的问题，即如何简单地说出产品的差异，给消费者一个选择你而不是其他品牌的理由，这就是给品牌定位。在第五章中已经详细介绍了品牌定位的概念，在这里便不赘述，接下来讲讲如何提炼品牌核心价值。

品牌核心价值

一、何为品牌核心价值

品牌核心价值是品牌最具独特性的精髓所在，代表着品牌对消费者及社会公众的利益（价值）承诺。品牌核心价值是一个品牌的终极追求，它成为品牌识别的最大特征，品牌的所有营销行为必须围绕品牌核心价值展开。

二、如何提炼品牌核心价值

提炼品牌核心价值的首要原则是高度的差异化。当今社会，消费需求越来越趋向个性化，没有一个品牌可以成为万金油，对所有的消费者都产生吸引力，一个品牌的核心价值如果能触动一个细分消费群就已很了不起。

（1）品牌核心价值提炼的原则之一——理性价值与感性价值结合

提炼规划差异化的核心价值主要方法：理性价值与感性价值结合。在提炼核心价值时，由于都习惯于盯着功能型的理性价值，而在产品同质化的时代，在理性层面很难挖掘差异。感性价值包括情感型价值和自我表达型价值，实际上，消费者价值观、生活态度、审美情趣都可以成为提炼自我表达型核心价值的源泉。

采纳服务的案例海汇新能源电动汽车，从理性价值来讲电动汽车带来的是新能源与电动发力功能的创新，从感性价值来讲是一个企业对于社会环境重视的责任，代表着一个企业积极进取、引领行业潮流的大智慧。

■ 海汇新能源—核心价值

创新：创新精神驱动企业、行业、社会发展进步，造福世界
智慧：以智慧驱动企业持续自我进化，以智慧引领社会、行业朝生态化发展
进取：海汇人的学习精神、成长精神
责任：以创造更加美好的生活为愿景的社会责任、人文责任

图6-2　海汇新能源汽车核心价值

（2）品牌核心价值提炼的原则之二——有利于获得较高溢价

品牌的溢价能力是指同样的或类似的产品能比竞争品牌卖出更高价格。品牌核心价值对品牌的溢价能力有直接而重大的影响。一个高溢价能力的品牌核心价值与品牌识别有如下特点：首先，功能性利益有明显优于竞争者的地方，如技术上的领先乃至垄断、原料的精挑细选、原产地，像沈永和黄酒始创于清朝康熙年间，拥有百年酿酒工艺。其次，在情感型与自我表达型利益方面要突出"豪华、经典、时尚、优雅、活力"等特点。

品牌主张

一、什么是品牌主张

品牌主张是指企业向消费者所传达的核心认同和价值观。品牌是一种市场承诺，表现出品牌的一贯立场，表明品牌极力满足人们的某种需要，让人们看到了它存在的价值及其精神内涵。可以说，品牌主张在品牌的塑造过程中有着十分重要的地位，是把静态品牌活化与人格化的一种关键策略。品牌主张一经确立，企业的一切传播和营销活动便必须围绕其展开。

二、品牌主张的特点

1.标语式

品牌主张必须言简意赅，让诉求对象一听就明白。所以，它一般是一句话或一段口号。如用中文设计最好不超过15个字。例如采纳最近服务的案例鹿小井，为了充分体现产品无化学添加的优势，提出了简单朗朗上口的主张——"非化学，更放心"。品牌主张越简明，消费者就越容易识记。

2.个性化

品牌主张也应当像人一样，或者像一个政党，其所表达的思想和纲领必须具有鲜明的独特性。采纳最近服务的项目海汇新能源，其中风之猎人系列，从对行业、竞争、消费、自身的分析发现：市面上的A0级纯电动汽车产品都在强调产品功能价值以及高性价比，而缺乏在消费者情感上做呼应和感知。所以，海汇·风之猎人是在对消费者输出高性价比的纯电动汽车，同时挖掘出消费者的情感价值，以此和其他竞争产品品牌形成区隔。

将风之猎人自身定位为新派，同时也将竞争对手区隔成保守派。新派是产品比竞争产品更能满足消费者需求、时代需求的潮流态度。新派，代表个性、新鲜、热爱创新、勇于挑战、引领风尚。野趣，有个性、敢于挑战常规、敢于尝鲜。所以基于风之猎人的个性，我们提出的主张是"风之猎人，有点野"。

图6-3　风之猎人广告

3.多样化形式

毫无疑问，品牌主张想表达的思想很多，但又不能破了规矩，只选择一句话来说。所以，最好的办法就是把最想说的话或消费者最爱听的话讲出来。在此，我们提出四大品牌主张以供企业选择（功能、质量、情感、理念）。

（1）功能主张：品牌主张进行产品的功能诉求。如"农夫山泉，有点甜""康师傅方便面，香喷喷好吃看得见""M&M巧克力，只溶在口，不溶在手"。

（2）质量主张：品牌主张进行产品的质量诉求。如"乐百氏纯净水，27层净化""时速60英里时，在劳斯莱斯汽车里只能听到钟表声"。

（3）情感主张：品牌主张进行社会或人物的情感诉求。如"娃哈哈纯净水，我的眼里只有你""雅戈尔西服，男人应该享受""孔府家酒，让人想家"。

（4）理念主张：品牌主张进行企业理念或消费理念诉求。如企业理念："真诚到永远（海尔）""全心全意小天鹅""太阳最红，长虹更新""让我们做得更好（飞利浦）""为顾客创造价值（LG）"。

三、品牌主张创作方法

1.直接告知特点、好处

如果能找到别人都没发现的用户痛点，那么就可以直接把产品带来的好处展示出来，快准狠地戳中痛点。比如，在无人机作为消费品尚不被大众熟知的阶段，大疆无人机推出了plantom系列产品，就巧妙地写出了"会飞的照相机"这样的定位语，利用"照相机"这样一个大众已经熟知的物品作为对标，同时加上定语"会飞的"，会让用户在脑海中对其两个重要功能形成印象，知道这个产品可以拍出不同寻常的鸟瞰照片。

案例：

  百度一下你就知道（百度搜索）

  原装进口全世界（天猫国际）

这样的做法要注意几点。首先，在这句话后面最好搭配一些支撑这个"好处"的产品属性，增强说服力；其次，使用对比、对仗、谐音等文案修饰的方法，读起来朗朗上口，来增强传播性；最后，这类广告语适合大规模投放，快速地抢占消费者的心智。

2.给出行动方案

当品牌获得初步成功，知名度高，处于行业领先位置时，就可以把"品牌即品类"的定位理论拎过来，稳固自己的成功。这种做法，可以降低消费者的风险担忧，建立信任感，帮助消费决策。

案例：

  小饿小困，喝点香飘飘（香飘飘）

  经常用脑，多喝六个核桃（六个核桃）

  饿了别叫妈，叫饿了么（饿了么）

  饭后嚼两粒（益达）

  累了困了喝红牛（红牛）

3.建造信任牌坊

采纳服务的飞宇门窗，通过对飞宇品牌自身分析，可以看出飞宇不只是生产产品，它为消费者考虑得更多，它是一个有历史、有积淀、有信仰、有智慧的门窗品牌。为此，提出"门窗世家"核心概念，区别于其他门窗物理层面的竞争。另外，飞宇门窗，拥有三代传承历史。第一代是以陈仪、陈刚先生父亲为代表的老一代手工匠人，他们师承鲁班，秉承一颗匠人的初心。第二代以陈仪、陈刚先生为代表的现代门窗世家传承者，他们立足于打造"中国智造"的民族品牌。而第三代以陈飞宇先生为代表的门窗行业新生代传承力量，他们致力于融合先进的技艺打造精品门窗。飞宇在行业内率先打破行业桎梏，深挖品牌独有的匠心精神，将匠人精神与产品功能完美结合，从情感层面树立高价值，通过建立情感共鸣，构筑一个可信赖的品牌。采纳认为紧抓区隔点，产品从消费场景着手，提出"门窗世家 呵护到家"的品牌主张。

图6-4 飞宇门窗广告

案例：

　　榴梿比萨创造者（乐凯撒）

　　连起来可绕地球十圈（香飘飘）

　　坚果销量第一品牌（三只松鼠）

4.直接喊出定位

因为特别直接，缺乏戏剧化表达，缺乏创意，显得比较乏味，这是最基本、最简单粗暴的方式。以采纳服务的安吉尔净水机为例。近年安吉尔品牌影响力逐日下降，陷入行业内其他品牌的同质化竞争。经过前期策略推导后，采纳认为安吉尔作为20多年老品牌，完全有资格喊出高端定位，帮助安吉尔树立全新的品牌形象，甩开同质化竞品的定位阻挠。

案例：

　　东阿阿胶

　　品牌定位：滋补国宝

　　广告语：滋补国宝，东阿阿胶

5.数字说话

数字有利于增强真实感,更容易让人信任。这个数字可以是销量,可以是使用人数,可以是历史,也可以是其他任何可表达品牌优势的数字。

案例:

台塑王品牛排

品牌定位:高档牛排

广告语:一头牛仅供六客

加多宝凉茶

品牌定位:凉茶领导者

广告语:全国每卖10罐凉茶,7罐加多宝

6.典型场景

选择定位关键词所应用的若干经典场景来具体表达。采纳服务华商书院时洞察到,华商女性班针对的群体,是一群不仅仅满足于基本功能需求,更多的是向尊重、优雅、自我实现的精神需求层面发展的女性,爱情、事业、家庭失衡导致的不安是她们面临的普遍现象。外界的压力、内在的危机、高速发展的时代、迅速消逝的青春……使她们不得不主动进化;同时,她们又有享受炫耀的另一重心理表现,规范和身份成为影响她们的关键因素。在总体策略的指导下,定位也跟随场景顺势而出:中国女子学堂。结合华商书院培训业的特点,最后,确定了贵族丽人的广告语:贵族丽人,闪耀一生。

案例:

江中牌健胃消食片

品牌定位:日常助消化用药

广告语:肚子胀、不消化,用江中牌健胃消食片

金茅台

品牌定位:高端宴请用酒

广告语:贵人来,金茅台

7.借势对手

为了把不出名的传播出去,和人们心智中已存在的强势认知关联是巧妙做法。采纳服务的美联英语,作为一个本土的非英语母语国家的、仅有3年历史、实力较

弱的英语培训机构，我们不禁要问：美联拿什么去与竞争对手比拼？

英语培训因其特殊性，一直被英语母语国家培训机构牢牢占据：EF、WSE凭借几十年的历史、全球网点和全球研发实力，一直强调其"全球性、专业性、权威性"，这个撒手锏几乎所向披靡。经过周密全面的调研分析，我们发现：美联是更本土的培训机构，它更懂中国文化，更懂中国消费者，更懂中国人学英语的压力、难题和困惑。因此我们提出的解决策略就是：强调我们的针对性、独特性，做"更懂中国人"的英语培训机构。

虽然在权威性、综合实力、专业性上，我们不如EF、WSE，但我们更本土、更灵活，更懂中国人学英语的困惑、压力，所以我们更有针对性、更实战、更高效地解决"中国人"学英语的难题。因此，美联的品牌定位"更懂中国人"的英语培训机构就自然而然地诞生了。

案例：

> 思远双N
> 品牌定位：非大学职业教育
> 广告语：不上大学，就读双N
>
> 胡庆余堂
> 品牌定位：江南药王
> 广告语：北有同仁堂，南有庆余堂

8. 唤起生理感受

通过广告语瞬间激发某种生理感受，引发联想，最好能用一个名词、形容词，把这种感受具象化。

案例：

> 牛奶香浓，丝般感受
> 康师傅方便面，好吃看得见
> 农夫山泉，有点甜

9. 唤醒心理情感

心理情感可从两个角度唤醒，一是个人的自豪感，二是人际情感。采纳服务一个百年老店同仁堂项目，就是很好的代表。采纳认为：人的行为方式始终以自我价值体系为基点。只有能引起大众认同和情感共鸣的有价值的品牌，才能焕发持久生命力，否则只会沦为一个空洞而毫无意义的概念，被时代抛弃！

在这一行为指导下，采纳深入剖析行业各大品牌现状，以消费者角度洞察商业价值。多番市场调查后发现保健酒产品消费者多为30—39岁社会中坚阶层。除考虑保健酒基本养生功能外，他们更关注的是保健酒为其带来的健养补肾功能。在市场竞争日趋激烈的情况下，采纳毅然选择直击消费者精神需求，采用"钉子"营销原则，通过创造欲望冲突，大胆提出"唤醒男人心中那头狮"的情感诉求品牌主张。

案例：

——唤醒个人自豪感——

Because you're worth it（巴黎欧莱雅，你值得拥有）

你本来就很美（自然堂）

A Kodak moment（就在柯达一刻）

支付宝，知托付

10.表达理念态度

可以是企业、品牌主体思考和行动观念，也可以从市场角度，表明品牌的行动方向。

案例：

原来生活可以更美的（美的）

因您而变（招商银行）

我们不生产水，我们只是大自然的搬运工（农夫山泉）

为发烧而生（小米）

全家就是你家（全家便利商店）

便宜一样有好货（全联福利中心）

Let's make things better（让我们做得更好）

Keep walking（尊尼获加）

品牌形象

一、何为品牌形象

在品牌形象论之前，大家谈到的是产品USP理论。到了20世纪60年代，竞争日趋激烈，市面上生产类似商品的企业也在增多，就不可避免地造成了一个问题——产品同质化。产品同质化之后，企业就找不到自己的USP定位了。这时候，企业就只好另寻出路。

因此，描绘品牌形象比强调产品具体功能重要得多。既然产品上没有差异了，那就在形象上、情感上差异化吧。所以这个时候诞生了——品牌形象论。奥格威的品牌形象论讲的是：广告最主要的目标是塑造品牌形象而非短期效益。每一品牌、每一产品都应发展一个形象，每一广告都应该是对品牌形象的长期投资。

消费者购买的不只是产品，更是心理的满足，广告应该为品牌赋予情感。百事可乐跟可口可乐产品上没有区别，那就塑造一个年轻的品牌形象；优乐美的奶茶跟香飘飘没有区别，那就塑造一个浪漫爱情的形象。

二、品牌形象的作用

1.使产品脱颖而出

举个例子，当你看到耐克的"对钩"时，你立刻知道这是什么品牌，甚至是什么定位。这就是品牌的力量，并通过不断的迭代延续，能够强化品牌的辨识度。

2.刺激用户购买产品

个性鲜明的产品更能够引起消费者的关注，这种关注正是产生购买意愿和购买行为的基础条件。SK-II被称作"神仙水"，神奇的功效和形象给女性消费者留下了深刻印象，当她们无意浏览时，个性的标识能够唤起她们心中的已有印象，产生兴趣，引导她们了解产品，并产生购买行为。

3.最大化的传播能力

米家生态就是成功的典范，小米手机的MIUI论坛为小米收获了庞大的忠实粉丝，在他们心中树立了"极简、实用"的品牌形象，之后无论是小米手机的发布还是周边手环、平衡车、净化器的发布，消费者总是和小米的固有印象联系起来，节省了小米很大一部分的广告支出。

三、品牌形象打造的三部曲

围绕着用户体验，可以将品牌形象划分为三个层面的内容，包括感官形象、体验形象和传播形象，分别对应着外部形象、核心体验和传播策略，围绕着这三方面打造品牌形象。

第一步，从企业内部提取品牌基因，将其概念化，成为一种可以用语言描述的符号。品牌基因是产品品牌的核心内容，通常包括了产品的使用价值（核心）、产品的特点（功能）、风格形象（外部），等等。比如：特斯拉电动车的科技感，NIKE鞋的轻便舒适，哈佛大学的精益求精。结合企业目标和市场环境，设计差异化品牌形象。

第二步，围绕用户的体验形象（体验形象是形象的核心，用户通过对产品的使用，对产品的功能、性能、质量以及在体验过程中得到的服务进行体验从而产生认同感），对产品的核心功能或特色进行相关的设计，综合品牌基因和用户的需求进行内核的打造。

具体实施过程：设计者需要充分地了解用户的需求，通过设身处地的思考，将产品从千篇一律的竞争品中脱离出来，对产品的核心进行设计。MIUI在问世前就是充分以50万论坛用户的需求为出发点，设计出了当时最贴近用户需求的MIUI系统，这样独特的发展之路为小米沉淀了一大批忠实粉丝，成功地打造出了"发烧"手机的极客品牌形象。

第三步，在完成核心构架的基础上，我们需要围绕着产品的感官形象（感官形象是人们对形象的感知印象），对产品的展示形象有一个全方位的设计，包括产品的Logo、Logan、外形界面等，使用户在众多的产品浏览中，快速想起本产品的特色和功能。

笔者认为能否创造一个吸引潜在顾客的品牌形象是制胜的关键。在采纳服务卡士活菌奶的时候，提出创建新品类，把卡士活菌奶定位为"高档佐餐饮品"，但这还远远不够，还需要为卡士寻找一件华丽的外衣，树立高端品牌形象。当时市场上牛奶的包装都是以牛、牛奶、草原等场景图案为主，包装同质化严重，又无亮点，卡士作为"高档佐餐饮品"必须要设计出一款具有差异化的包装，能够在众多产品中脱颖而出。

采纳了解到卡士活菌奶的菌种、工艺均出自欧洲，在翻阅大量有关欧洲材料后，一幅100多年前英国的石版画让采纳团队的眼睛为之一亮：一辆马士提夫犬拉着的送奶车，将高山牧场的鲜奶送至贵族家中，给人一种高端、新鲜、及时的感觉。这正与卡士酸奶的品牌价值相符。于是便以此为原型，手绘了一幅马士提夫犬运送新鲜牛奶的场景图案，作为卡士的品牌形象标识，并通过差异化的欧式包装，彰显卡士品牌欧式、高端的形象。

如今，卡士依然走在高端奶市场前列，马士提夫犬送奶场景的品牌标识也一直沿用至今，成为卡士独一无二的标志和宝贵的资产。

品牌个性

一、何为品牌个性

品牌个性就是品牌的气质和特点，也是品牌形象的内核。品牌个性是品牌所具有的独特气质和文化内涵，是在品牌定位的基础上创造人格化、个性化的品牌形象。它代表特定的生活方式、价格观与消费观念，目的是与目标消费者建立有利的情感关系。品牌个性塑造最终目的是：提升消费者对于品牌的好感，激起消费者的购买欲望。此时的产品或品牌已不仅仅是某种具有自然属性的商品，而是一种有生命、有个性的东西，是消费者生活中的一个知己好友。

表6-1 品牌个性

品牌	行业	品牌个性
哈雷	摩托车	爱国的、自由的
雀巢	食品	温馨的、美味的
LEVI'S	牛仔裤	强壮的、结实的
招商	银行	灵活的、关心的
美的	家电	美好的、创新的

二、为什么要塑造品牌个性？

品牌个性是品牌核心。消费者接受一个品牌从根本上是接受品牌独特鲜明个性。成功的品牌是让消费者一看到首先想到其个性；好的品牌个性应该包含以下四方面内容：

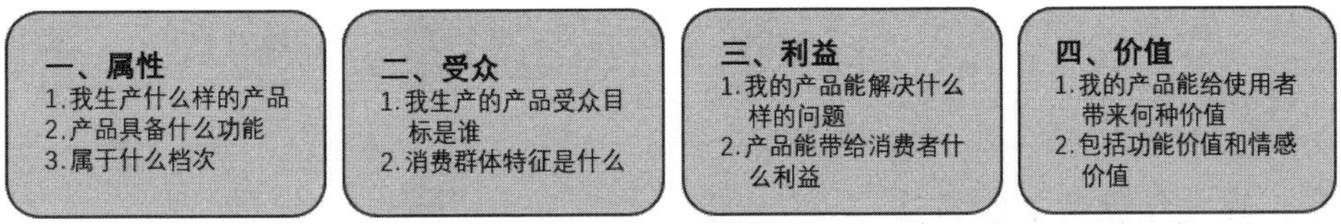

一、属性	二、受众	三、利益	四、价值
1.我生产什么样的产品 2.产品具备什么功能 3.属于什么档次	1.我生产的产品受众目标是谁 2.消费群体特征是什么	1.我的产品能解决什么样的问题 2.产品能带给消费者什么利益	1.我的产品能给使用者带来何种价值 2.包括功能价值和情感价值

图6-5 品牌个性塑造

品牌个性如同人的灵魂。一个没有灵魂的品牌不可能对消费者产生持久的魅力。虽然产品和服务为消费者提供了基本的功能性价值和附加价值，但是他们选择品牌的理由常常超出产品和服务本身，需要有一定的情感价值。

三、品牌个性的塑造策略

1. 根据品牌定位来确定品牌个性

品牌定位其实就是产品的最终购买者定位，也就是你希望谁来购买你的产品。因此你必须关注这个群体的性别、年龄、受教育程度、收入状况、生活习惯、品位和个性特点等。只有确定了品牌定位，才能确定品牌个性。

2. 保持品牌概念与产品概念的一致性

首先让消费者认知你的产品，同时要保持品牌概念与产品概念的一致性。比如斯沃琪集团旗下的雷达表，是高科技的象征。卖点和推广则表现在高科技制表工艺和材料坚固上，如"表面为硬度仅次于钻石的蓝宝石水晶，紧贴手腕"，"白色表带由高科技陶瓷材料制成，坚硬耐磨、永不褪色"。因此雷达表的品牌个性是坚韧、可靠、永不磨损，而活泼动感显然就不合适了。

总结：品牌个性是品牌最有价值的东西，它是最不易被竞争品牌模仿的"法宝"，也是品牌建设中的灵魂和方向。所有的品牌归根结底就是要赢得消费者的心。挖掘消费者深层次的情感需求，在品牌个性中放大到极致，从感性和理想角度引发消费者的情感共鸣，塑造自己鲜明独特的印记，品牌才会显示出很强大的生命力。

品牌背书

一、何为品牌背书

品牌背书是指某一品牌要素以某种方式出现在包装、标号或者产品外观上，但不直接作为品牌名称的一部分。品牌背书即品牌权威认证，通过大众熟悉或信任的机构、单位、人物的证书、奖项和推荐，能帮助企业快速获得信任。同时，负面的反馈影响也降到最低。

二、建立品牌背书的方法

1. 权威机构

通过各种权威机构组织所颁发的奖杯、证书、认证标志来表明品牌所获得的某种资质或能力。最常用的是工商局所颁发的中国驰名商标,某某省、某某市著名商标。其次是各类行业协会所颁发的,产品质量、功能、工艺、外观等认证。

2.权威典籍

如果你的产品或品牌跟一些权威出版物有关联,那可谓是得天独厚,直接拿过来用就是。比如东阿阿胶就借用《本草纲目》来做背书。

3.权威媒体

利用权威媒体在人们心目中的优势地位和势能,证明自己的品牌是有实力、值得信赖的。比如,央视上榜品牌、××××战略合作伙伴。

4.市场表现

诉求销量/销售额/增长速度,比如,阿芙"全网卖出三瓶精油就有两瓶是阿芙"。比如,香飘飘,杯子连起来可绕地球10圈。比如,三棵树漆,打广告说"连续五年销量翻番",诉求增长速度领先。

三、品牌背书应用案例

相信大家在逛超市的时候都会发现,尤其是在快消品的包装呈现上会有不少图标,出现类似世界级认证、中国级认证等字样,选择用户普遍认知的权威机构及奖项才能更有说服力。并且在后续品牌主画面上会呈现品牌背书,加强用户对品牌的信任度与辨识度。

比如采纳近期服务的江波音响项目,江波有着15年企业文化与技术的沉淀,采纳将其塑造为"行家级汽车音响升级服务商",同时他们拥有陈志良这样一位在汽车音响改装行业甚至是世界上最有影响力之一的调音大师,调音技术高度在行业内是竞争对手不能匹敌的,所以采用陈大师作为品牌背书。作为首席技术顾问要参与江波品牌的所有大型活动,如公司年会、全国招商会、品牌战略发布会、大型赛事、全国调音会等,为"大师级"概念背书,彰显江波在行业内的品牌与技术高度。

图6-6 江波汽车音响

而且在行业内,江波荣获了汽车改装服务至尊名店、十大汽车音响改装店称号,这些行业权威认证也可作为江波音响的背书,全方位展示江波全新的"大师级"的品牌形象,继而通过传播活动,将江波汽车音响大师的形象在行业内做高调宣传。

| 上部 · 品牌战略的拉动力 |

第七章
品牌架构模式
（品牌冲冠第四步）

品牌的架构犹如人的骨架，人没有骨架就不是人，只是一副皮囊。品牌没有骨架，就不是品牌，只是零散的品牌元素。

品牌架构就是回答一个企业需要多少个品牌，品牌之间是什么关系这两个问题。品牌架构是公司不同的业务层次对品牌的选择及使用，即通过对组织、产品、服务等诸多方面品牌化的整合在不同的市场传递清晰的品牌信息。

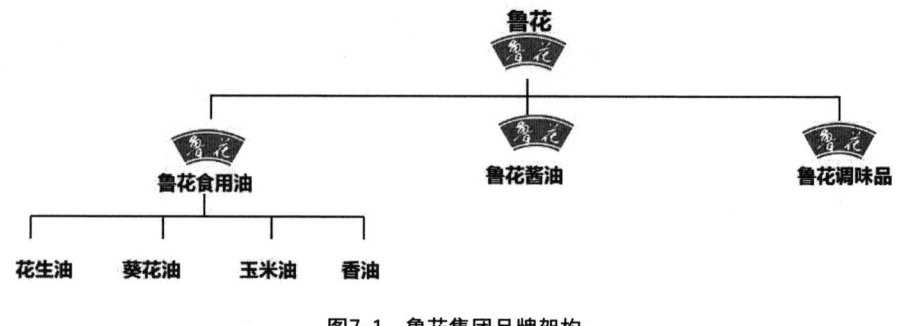

图7-1　鲁花集团品牌架构

五种品牌架构模式

一、单一品牌架构模式

顾名思义，单一品牌指的是企业的各系列产品采用同一个品牌。比如"鲁花"从食用油到酱油以及调味品使用的都是"鲁花"这一品牌。

单一品牌架构优势：

1.企业可以集中资源，全力打造集团品牌，对一个品牌的宣传同时可以惠泽所有产品，降低传播成本。

2.有利于新产品的推出，如果品牌已经具有一定的市场地位，新产品的推出无须过多宣传便会迅速获得消费者认可。

单一品牌架构劣势：

1.各系列产品都与同一个品牌进行捆绑，如某一系列产品出现问题将严重影响品牌旗下其他产品。

2.无法对旗下各系列产品进行区分，消费者容易混淆。

3.不利于全方位发展，如各系列产品跨度太大，可能会引起消费者心理不适。

二、主副品牌架构模式

有别于单一品牌架构的单调性，主副品牌架构更具层次感。通过主品牌为副品牌背书迅速获取消费者信任，而通过副品牌可对不同产品进行区分，突出不同特性以及内涵，满足不同层级消费者的需求。

大众汽车集团通过旗下的"宾利、保时捷、兰博基尼"等品牌布局超高端市场，"奥迪"品牌布局高端市场，"大众、斯柯达"等品牌布局大众市场。依托于大众汽车集团主品牌下的各个副品牌，通过不同的定位与差异化价值体现，已使得大众汽车集团涵盖了整个私人汽车消费市场。

主副品牌架构的优势：

1.共有一个主品牌，可相对聚焦，降低传播成本。

2.有利于新品推出，可借助主品牌影响力带动新品销量。

3.可针对不同层级消费者制定不同副品牌，满足各层级消费者需求。

主副品牌架构的劣势：

1.受公司主品牌定位约束，副品牌自身灵活度低。

2.无论是主品牌或是副品牌出现问题，都将对整个品牌架构造成冲击。

三、母子品牌架构模式

母子品牌是一个很容易和主副品牌混淆的概念。因为，母子品牌也存在母品牌和子品牌两层或更多层的结构。不同的是，主副品牌模式，还是以主品牌为主，副品牌为辅；而母子品牌，则是在推广中以子品牌为主，母品牌为辅。母子，很形象地说明这一点——子品牌在聚光灯下，母品牌在背后"托"着它。

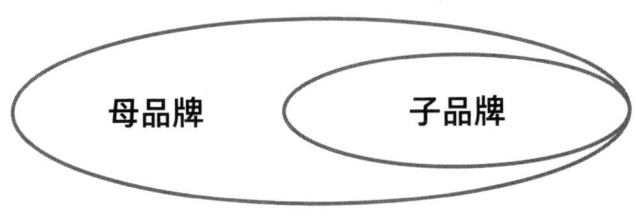

图7-2　母子品牌架构模式

四川高金食品就是最典型的母子品牌模式。四川高金食品所有子品牌宣传中，子品牌都占据舞台中央，无论是庄园黑猪还是巴蜀公社，而"高金食品"这个母品牌，占据的比例很小很不醒目。母子模式的优势是：可以使长期积累的主品牌价值得到最大的释放，为企业进入新的领域提供好的基础。但是其建设难度同样巨大，因为：旗下众多的子品牌，其个性彰显要强于主副品牌模式，所以，母品牌和子品牌之间的关系更加微妙。母品牌必须能承担起"托"起子品牌的责任，同时，又不喧宾夺主，而是为"托"起子品牌创出一个独立的舞台。没有科学的分析、决策，形成长期的品牌战略并坚持住，是很容易产生混乱的。

四、独立品牌架构模式

母公司旗下每一系列产品都拥有一个独立不相关的品牌，且与母公司名无任何联系。如无深入了解，普通消费者根本无法得知其品牌间的关系。"肯德基""必胜客""小肥羊"都是消费者所熟知的品牌，但其实很少有人知道它们都同属于百胜集团。

图7-3　百胜集团架构模式

独立品牌架构的优势：

1.各品牌根据自身特色优势来定位，专业性更强。

2.各子品牌相互独立运作，互不影响。

3.一个品牌失败对企业及其他品牌的负面影响程度降到最低。

独立品牌架构的劣势：

1.开发新的独立品牌是极其昂贵且困难的，需要十分强大的人力、物力、财力作为支撑。

2.对企业品牌管理水平要求极高。

五、复合品牌架构模式

有时候因为企业自身体量大或者产业结构复杂,以上任何一种单一的品牌架构模式都无法满足需求,这时为针对不同目标市场,便诞生了由采用2种或2种以上品牌架构模式组成的复合品牌模式。

复合品牌架构优势:

1.各品牌定位更加精确。

2.可覆盖不同类型目标市场。

3.品牌应用不易产生冲突。

4.市场风险相对较小。

复合品牌架构劣势:

1.品牌建设成本高。

2.品牌建设时间长。

3.企业品牌管理难度大。

案例

复合模式,助力中集车辆集团市场全覆盖

中集车辆集团虽然主要产品都是车辆,看似并不复杂,很多人可能一拍脑袋就决定使用"单一品牌架构模式"或是"母子品牌架构模式",但经过采纳的深入梳理发现问题并没有这么简单。

问题一:中集车辆集团旗下产品品牌众多,有中集车辆、通华、华骏、考格尔、凌宇、瑞江、东岳等品牌,若使用"单一品牌架构模式"需考虑更换品牌后的市场接受程度。

问题二:中集车辆集团旗下各品牌产品质量参差不齐,差距较大。若使用"母子品牌架构模式"可能会因为低端产品的质量问题而影响到高端产品的口碑。

品牌架构重组

针对中集车辆集团产品多、质量参差不齐的特点,采纳认为复合品牌架构模式与中集车辆集团最为吻合。将中集车辆集团旗下产品分为三个层级,针对性地采用不同产品品牌(主品牌、第二品牌、区域品牌),掌控不同层级目标市场(高端市场、中端市场、低端市场)。

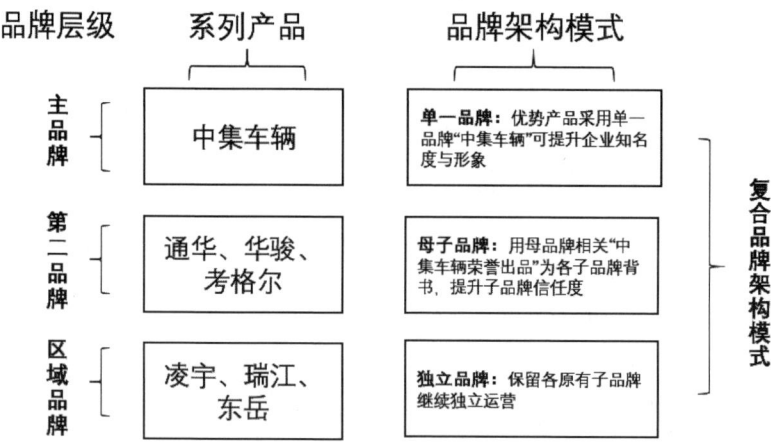

图7-4 中集车辆集团复合品牌架构模式

中集车辆集团通过灵活的品牌架构应用，令旗下各系列产品物尽其用，避免资源的浪费以及口碑互相干扰，进一步强化了品牌影响力，覆盖整个市场，提升市场占有率。

图7-5 中集车辆集团

| 上部·品牌战略的拉动力 |

第八章

品牌整合营销
（品牌冲冠第五步）

关于整合传播

一、现代整合营销定义

整合营销是以消费者为核心重组企业行为和市场行为，综合协调地使用各种形式的传播方式，以统一的目标和统一的传播形象，传递一致的产品信息，实现与消费者的双向沟通，迅速树立产品品牌在消费者心目中的地位，建立产品品牌与消费者长期密切的关系，更有效地达到广告传播和产品行销的目的。

二、不是谁都能做好的IMC

关于整合营销传播（IMC）的热议始于20世纪90年代初，并迅速风行于西方广告界和营销界。在所有的经典营销理论中，IMC出现得最晚，它是由美国第一代整合营销传播学者，全球公认的"整合营销传播之父"——唐·舒尔茨提出的，他在1993年出版的《整合营销传播》（与海蒂·舒尔茨合著）开创了整合营销传播理论，具有里程碑式的作用。

唐·舒尔茨认为："整合营销传播是一个业务战略过程，它是指制定、优化、执行并评价协调的、可测度的、有说服力的品牌传播计划，这些活动的受众包括消费者、顾客、潜在顾客、内部和外部受众及其他目标。"

整合营销传播一方面把广告、促销、公关、直销、CI、包装、新闻媒体等一切传播活动都涵盖到营销活动的范围之内；另一方面则使企业能够将统一的传播资讯传达给消费者。所以，整合营销传播也被称为Speak With One Voice（用一个声音说话），即营销传播的一元化策略。

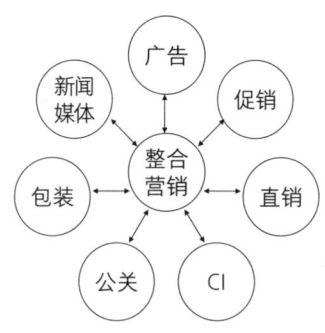

图8-1　整合营销

整合营销传播的思想是以通过企业与顾客的沟通，满足顾客需要的价值为取向，确定企业统一的促销策略，协调使用各种不同的传播手段，发挥不同传播工具的优势，从而使企业实现促销宣传的低成本化，以高强冲击力形成促销高潮。其实了解IMC，只需要几个关键词就能有个大概的认知。

关键词一：所有接触点

IMC认为，消费者与企业的所有接触点都可以作为信息传递的渠道，也就是说所有影响消费者购买行为的方式都可以成为渠道，都可以成为IMC的一部分。所有接触点的实质是用户与产品（或品牌或企业）的关系，包括用户如何接近产品，了解产品，使用经验、感受及态度等。

2018年下半年，心相印纸巾"会告白的纸巾"活动，根据自身产品特点，布局多种传播渠道，打通所有接触点。

（1）扎根双微，牢牢锁定话题头部阵地。

（2）抖音、小红书，引领时尚风潮直指告白纸巾。

（3）线下活动打造沉浸体验，流量集中直达高潮。

（4）爆款"告白"H5刷爆朋友圈。

关键词二：信息流

整合营销传播理念中，把影响消费者行为作为营销目标。而影响消费者行为所依赖的是信息，所以IMC认为，运作信息是营销中最核心的工作。

营销的三元素：货物流、钱流和信息流，在之前的所有年代，人们更关注的都是钱货交易，俗称"卖货"。而从IMC开始，信息流的运营被当作"卖货"下更本质的工作重视起来。

关键词三：传播一元化

传播一元化（"用一个声音说话"），这里最容易遭到断章取义，不少人拿了一句广告语或者一个形象，用在包装上、电视广告上、终端上、户外广告上，觉得这就是"用一个声音说话"了。这是对整合营销传播的最大误解。IMC传播一元化的真正要求是："每一条信息都应使之整体化和相互呼应，以支持其他关于品牌的信息或印象。"传播信息是经过规划的一个整体，而不是单调地传播同样的形象、同样的内容，传播不分语境，就像人说话口无遮拦。

关键词四：互动

这可能是最重要的关键词了，互动是IMC的精髓所在，也是它最领先的地方。消费行为研究把购买分成了三个行为阶段，即"认知、情感、行为"（跟大脑三层结构非常吻合），基于这三个阶段总结出不少经典的消费者反应层级模型。其中最为人熟知的就是AIDA模型,即注意、兴趣、欲望、行动,在传统的营销中使用很多。

> 采纳案例

壹点壹客 | 高端生日蛋糕红海突围

壹点壹客作为2010年广东省首家规模最大的欧式蛋糕电商品牌,在经历价格战、促销战、渠道战之后,依然面临着整个电商烘焙市场同质化竞争的发展困境,于是,壹点壹客携手采纳,期冀寻找到突围发展的新契机。

1. 整合营销,红海突围

采纳直面壹点壹客发展困境,根据其自身产品特点,采用整合营销手段,誓要助力壹点壹客红海突围。

(1)布局多种传播渠道打通所有接触点:蛋糕的受众主要为年青一代,根据年轻人的阅读习惯,在众新媒体平台优酷、腾讯、爱奇艺、微博、天猫等投放线上广告。根据年轻人的出行习惯,在公交站、地铁站、报纸投放线下广告。

(2)信息流或传播一元化,根据各渠道精心准备传播内容。

优酷、腾讯、爱奇艺:相继投放"壹点壹客情怀视频宣传片",一周时间视频点播量超800万次,微信留言数千条,微博话题阅读人数近1000万人。

线上天猫旗舰店、百度关键词、今日头条、深圳大V生日会口碑宣传。

线下地铁通道广告一起同步推进,"以366个生日码,找寻深圳同城同日生的另一个你",短短3天,就有5万人参与了活动。

打造深圳专款生日蛋糕国内首个城市生日蛋糕——I LOVE深圳,并投放地铁报纸整版广告。

图8-2 壹点壹客广告

虽然因为传播渠道不同而选择不同的传播内容，但每条内容却始终紧扣"生日"这一主题，达到传播一元化的效果。

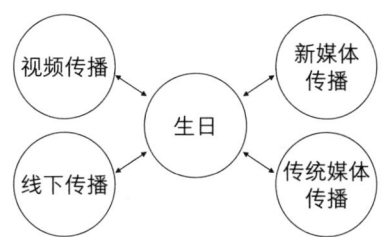

图8-3　壹点壹客整合营销

2.互动——打破消费者最后的心理防线

不能简单地认为只有对话才是互动，互动可以是情感的共鸣、价值观的认可、好奇心的诞生，等等。而壹点壹客正是通过"壹点壹客情怀视频宣传片""生日会口碑传播""以366个生日码，找寻深圳同城同日生的另一个你"等一系列行动来与消费者进行更深入的互动，借此来打破消费者心理最后的防线。

3.采纳为蛋糕插上翅膀，壹点壹客拿下高端生日蛋糕消费市场

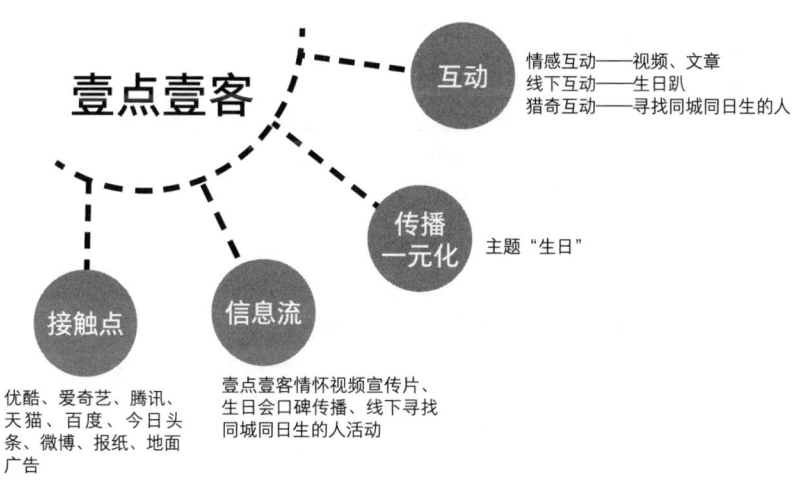

图8-4　壹点壹客整合营销

采纳助力壹点壹客将原本只是做蛋糕的壹点壹客打造成了一个有文化、有情感、有温度的跨领域的超级IP文化产业链，最大化地实现了企业战略和品牌价值。成功抢占高端生日蛋糕消费市场，构建生日文化超级IP产业链，在营销的战役史上留下辉煌的一页！

现代整合营销传播内容趋势

一、"真实"成为品牌表达新趋势

"真实的影像力量",可以说是过去一年品牌表达的年度关键词之一。与以往只追求画面效果的广告片不同,现已有越来越多品牌愿意抛去华丽的影像表达,转而通过更生活化的画面去讲述贴近个体内心的故事。

从某种角度来说,这也意味着广告开始更贴近人们的生活,从形式向内容转变,品牌尝试借助对真实世界的再现与对理念的认同来构建与消费者的深入对话。

1.我说"我的故事"

当赵又廷来到一间老上海风格的房子,看到各种有着古老历史的家具不禁有感而发。他第一次住爱彼迎的感受还是很拘谨的,毕竟认为是在别人家。渐渐地他就找到了其中的舒适和自在。从第一次的拘谨到每一次像在家一样自在,完美诠释了一个普通人的心路历程。此时观众们看到的不是明星赵又廷,而是一个个"自己"。真实情感的还原重现更能引起消费者的共鸣。

京东发布的《时间中的她》选择去讲述退休后开始电商创业的商户、热心公益的员工、家电专卖店店主这三组故事,尝试用普通人的视角来还原时代的变革与发展,进而触发与消费者之间真切的对话感。

无论是明星代言人还是普通素人,在品牌广告片中,都成为忠于自我的表达者。一个个代入感十足的故事,一幅幅生活化的画面,这种生活化、真实化的叙述方式更能引起消费者的共鸣,实现品牌理念的有效传播。

2.纪实影像营销的崛起:纪录片与VLOG

从异军突起的那一刻起,《舌尖上的中国》不仅捧红了众多的美食,更是点燃了国产纪录片市场,给众多品牌提供了另一个传播的角度——纪实。《风味人间》《一百年很长吗》《我在故宫修文物》《很高兴认识你》等一众品牌纪录片的涌现足以说明:纪录片这一影像叙事方式逐渐脱离了小众的定位,得到了品牌的认可。

与传统广告片不同,纪录片往往使用写实的叙事手法,将大量镜头对准消费者看不见的幕后,既满足了消费者对于未知领域的好奇心,同时也在故事的铺陈中不断强化品牌态度与理念的表达。毋庸置疑,今年的品牌们更偏爱真实的影像表达,深究其背后原因,可以发现这与消费者观念变化紧密相关。

尽管"泛娱乐化"的大潮尚未退去,消费者还是会为明星、电影、电视剧、综艺等娱乐产品买单,但根据B站与中国社会科学院联合发布的2018年度弹幕显示"真实"位列第一,消费者对真实情感的诉求正在进一步强烈。

随着科技的发展影像创作门槛不断降低、创作主体日趋多元化，整个影像市场呈现百花齐放的现象，而消费者早已对套路化的品牌广告片产生审美疲劳，他们更期待看到一些不一样的东西，更平民化、更接地气的VLOG因此应运而生，简单的真实恰恰具备触动内心的力量。

二、影响者营销升级，成为"明星"和"广告人"的KOL

伴随影响者营销不断进阶，入局者众多，影响者营销市场已成一片红海，为抢占更多资源，明星、大V、小V、VLOG博主，互相厮杀。《新消费内参》创始人王静静曾在2018 FINS时尚博主与新媒体大会上表示：如今新媒体内容流量已经进入下半场，对于整个市场而言，下半场最大的机会则在于重度垂直特别细分的赛道里。而那些手握粉丝与流量的头部KOL们，也在不断寻求转型。

1.成为"明星"的KOL

2018年第21届男足世界杯期间，百度App推出一系列活动，并邀请视频博主Papi酱成为"首席内容官"，Papi酱从非球迷的女性视角解读世界杯，并且发布了首支原创"单曲"，歌词里植入了百度App的世界杯活动玩法。一天多的时间里，Papi酱出演的这支视频全网播放量超过了3000万，互动量20多万人。在Papi酱2018年的成绩单里与之合作的品牌多达155个，通过代言、品牌联名、线下社群活动等方式，早已为Papi酱建立了一条"商业护城河"。

过去一年像Papi酱这样以个人形象与品牌达成合作的博主并不在少数。KOL营销兴起之初，更多的是作为明星代言的补充，明星致力于帮助品牌扩大知名度，而KOL则专攻垂直圈层中的口碑营销与带货。当带货能力成为品牌评估明星商业价值的一项指标时，依托社交媒体而生的博主们也开始走向台前，博主通过长期的经营，与粉丝关系从最初的形象或专业认同进阶到情感、价值认同的紧密连接，而这一链接正是追求品效合一的品牌所需要的。

2.成为"广告人"的KOL

当众多的KOL按照品牌商的意志以类似形象代言人的方式走向品牌营销的台前时，我们发现，也有不少头部主播已经开始从创意源头就介入品牌的营销。比如因《奇葩说》走红的姜思达，凭借个人独特的魅力成为品牌眼中的宠儿，从2019年的SK-II春夏访谈、欧莱雅素人实验等项目开始，这些作品都是姜思达的团队从创意源头就开始介入的。由KOL介入营销策划的好处在于，KOL更了解自己的粉丝属性，明白粉丝最需要的是什么，直击粉丝痛点。姜思达团队甚至可以承包从创意到执行再到后期修片的全链路服务，为品牌提供全案营销方案。

在KOL的发展与转型中，越是处于头部的KOL，越是不甘于只做品牌的传播渠道，而是更倾向于成为有强大影响力的商业合作伙伴，品牌与KOL的联名合作也渐渐常规化。成为"明星"或"广告人"的KOL当然并不能全面代表当下的影响者营销局面，但概括来讲，影响者营销最主要的发展趋势是个性化和定制化。

从消费者角度出发，厌倦随波逐流，彰显个性已经成为越来越多人的追求，个性多元消费需求日益攀升。因此更个性化，具有表达精神的博主将受到消费者的青睐。对应到品牌角度，个性化意味着定制化，即要求KOL能够与之一起共同创出更具创意且更高质量的品牌内容。不论是自建还是寻求第三方合作伙伴的支持，专业的内容团队和商业团队在影响者营销中是不可或缺的一环。

三、文化IP年轻化，打造有影响力的中国文化符号

随着国家发展以及民族自信回升，传统文化逐渐被重视。为了迎合当下潮流，故宫博物院、敦煌研究院……这些典型文化IP正开始转型，以更年轻化的姿态渗透到大众的日常生活中。

1. 数字化：文化IP的创新表达

互联网的蓬勃发展，为文化IP的新生提供了天然土壤。但IP数字化，不是简单的内容搬运和二次呈现，更加多元的数字化表达形式和更加深度的数字化融合程度，是包括故宫等在内的文化IP所关注的重点。

故宫与网易游戏联合推出的国风手游《绘真·妙笔千山》即是一个典型例子。在此之前，文化IP与游戏的合作方式相对单一，更多以皮肤设计或游戏特别版本的形式存在。而《绘真·妙笔千山》则是文化IP与游戏的深度融合，以游戏为载体，以文化为内涵。双方的合作预示着：在跨界合作中，文化IP开始深度介入内容生产的上游，甚至成为内容本身，带给用户沉浸式体验。

不仅仅是游戏，影视、音乐、漫画等泛娱乐表达形式，也成为文化IP的延展之地。《如果国宝会说话》用影视重现的方法，将冷冰冰常人难以触及的国宝带入普罗大众中来，"古画会唱歌"项目用音乐延伸IP情感价值，"故宫回声"主题漫画通过时尚流行方式圈定一大批年轻群体……打破认知壁垒，更生活化、年轻化，或许将是文化IP的下一个创新点。

2. 深度合作：文化IP的商业化进阶

2019年1月，"天猫新文创"首站落地故宫，"让消费者把故宫文化带回家"意味着文化IP与天猫等电商平台的结合，开始从卖产品阶段步入全面商业化阶段。

故宫IP所衍生的口红等文创产品在成功获得消费者认可的同时，也获得资本的认可，资本的介入以及平台的商业化整合运作能力都将为文化IP的焕新带来更多可能。

2019年春节，天猫"国潮行动"联手故宫文化IP推出"枣有心意"大礼盒，强势介入中国最隆重的节日，重新定义中国年。不只于国内，此前天猫也曾与颐和园合作亮相纽约时装周，全面的商业化运作不仅助力国产文化IP的焕新，更有利于走向世界。

文化IP全面商业化不是简单的"广而告之"，也不是简单的卖货。借助游戏、音乐、社交、影视等产品、小程序、H5等丰富多样的创新形式，以内容体验的形式产生更广泛、更深远的IP效应。以IP构建为核心的文化产业，将有助于打造更多有影响力的中国文化符号，也是民族自我觉醒的需要。

传播创意

一、更好地将内容传播给合适消费者

1.不同的媒介有不同的特点

不同的媒介有不同的特点，因此适用的传播类型也不同。报纸、广播、书籍、杂志、电视、电影等适用于大众传播，信函、电话、电报、传真等适用于人际传播，内部报刊、闭路电视适用于组织传播，灯箱、广告牌、布告适用于公共传播，互联网既适用于大众传播、组织传播，也适用于人际传播。媒介选用得当，在传播过程中可收到事半功倍的效果。

2.不同的传播内容应选择不同的传播媒介

传播媒介的选择没有绝对性，应根据当下所需灵活应用，也可以多种媒介同时使用，以达到更好的传播效果。

表8-1 传播内容与传播媒介

传播内容	传播媒介
内容简单	广播、电话、信函
专业性强	报纸、书籍、杂志
内容丰富	电视、电影、互联网

3.不同的受众有不同的特点

受众是传播的目标和对象，传播效果取决于受众接受信息的多少和对信息的理解程度，因此应对受传者进行全面细致的考察。

根据受传者的文化程度进行匹配：对文化水平高、喜欢思考的知识分子，宜采用书籍、杂志、报纸；对文化程度不高的农民和生产一线的工人，宜采用电影、电视、杂志、连环画。

根据工作性质进行选择：对经常加班的出租车司机和从事简单劳动的农民，宜采用广播；对从事复杂劳动且时间比较紧张的公司白领，宜采用互联网。

根据年龄特征进行选择：对于中老年人，宜采用广播、报纸作媒介；对于青年人，宜采用电视、互联网作媒介；对于儿童，宜采用电视，如果能拍成动画片的形式，效果会更佳。

4.选择媒介的四项基本原则

除了上述的具体策略，如何选择恰当的媒介，使公关传播更有效和更经济，还可根据以下原则来进行选择或核验。

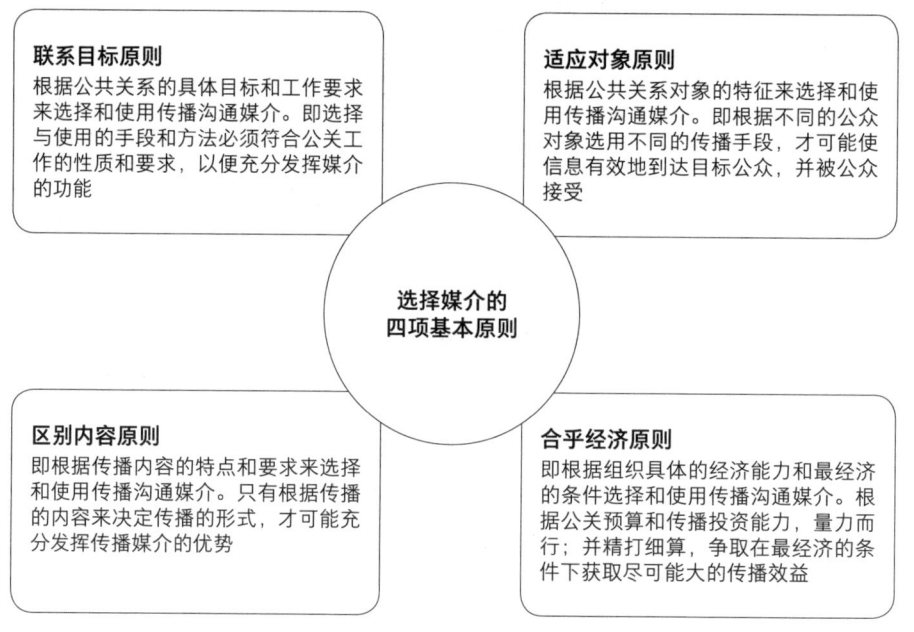

图8-5 媒介选择的原则

二、互联网时代传播，刷屏比拿奖更重要

在互联网媒体到来之前，并不太需要传播策略，媒介就这么几种，内容一般也只是电视商业广告（TVC）与海报（KV），通常创意制作完成创意也就结束了，

接下来将会交给媒介公司，通过合适的媒介告知大众。但现在品牌传播越来越需要策略支撑，因为传播内容多了，传播媒介也多了，我们需要思考如何更好地将内容传播给消费者。

一个案例做得成不成功的标准是有没有刷屏，而不是有没有获得广告奖。所以现在成功广告的标准变了，以前好创意是好广告，现在好传播才是好广告，那我们就大概总结一下传播方法论。

1.制造话题

好广告都是好话题，在想创意之前就应该想到，这个创意是不是能够被传播，不管最后是否能够被传播，在想创意时都应该有这个意识。好广告应该是个好话题，要在你的创意中植入话题因素。2018年新东方年会上一首改编歌曲《释放自我》真的是全程高能，通过对公司、对领导、对同事的吐槽，大胆的歌词话题性十足，瞬间引爆网友热情，频频转发刷屏。

2.建立连接

品牌与消费者就像伫立在河的两边，互相观望，彼此认识而已。而品牌内容则是品牌与消费者建立连接的方式。建立连接让品牌与消费者互相靠近、磨合，在价值观上达成默契，让消费者成为品牌内容的传播者。

3.快速试错

互联网的一大特点就是快。一个活动、一场策划、一篇推文如果在4个小时内都没有得到正面的反馈，那品牌应该开始考虑调整计划方向了。可能一个在标题突出的传播点不太受关注，而内容里一个无心的点却受到了追捧，那么赶紧倾斜资源追过去。消费者的及时反馈让传播变得更加有价值，而在传播中，需要项目人员随时盯着事件走向。

4.迭代更新

信息传播最大的特点之一就是能够根据消费者反馈，快速地迭代更新，调整方向。在每一次传播完成后，做一次从策略到创意的系统性复盘非常重要。整体看一下最开始是如何制定策略的，在执行过程中是否验证了这些策略，它们对吗？消费者什么反应？是目标消费者吗？消费者关注的焦点是我们期望的吗？如何继续跟进，应该如何做？

新媒体传播的玩法

在许多营销人眼里,新媒体的出现,让内容、渠道和人都发生了巨大变化:内容越来越同质化,渠道越来越失控,消费者越来越难取悦,传统的营销策略和节奏渐渐失效。

新媒体时代和传统媒体时代做营销的区别,在于你必须更懂内容、渠道和人这三者之间的关系,更懂得内容传播的规律和技巧,因为这是一个"人人自带流量"的时代:每个人都有自己的社交账号,每个人都能辐射一群人。

在新媒体时代,用户的心理诉求和认知模式发生了哪些变化?洞察三个趋势,理解四个关键词,才可能做出自带传播力的营销。

一、新媒体时代,用户变化的3个趋势

1.趋势一:精英思维淡化,平民的才更可爱

传统媒体时代,是渠道为王;互联网时代,是内容为王;而新媒体时代,是"用户喜欢的内容"为王。传统媒体时代,信息的过滤权掌控在少数人群(记者、编辑)手里,他们在很大程度上决定着用户能看到什么信息,不能看到什么信息。

而在新媒体时代,信息过滤权开始放开,人人都是内容的生产者、传播者。高冷的内容也许从专业角度拥有很高价值,但那些亲民、有趣的内容更容易获得大众的喜爱,并能借助大众的传播收获可观的流量。

传统媒体时代,人脑的认知模式是"线性的、高卷入度的",新媒体时代,认知却是"非线性的、低卷入度的"。在新媒体信息环境下,再优质的营销内容,用户也没有精力去逐字逐句地"欣赏"了。他们更喜欢那些与自己关联度高、参与度高的内容。在这个时代,"接地气"第一次超越了"高大上"。

2.趋势二:人人都是戏精

传统媒体时代,用户通常扮演倾听者的角色,信息呈现"单向"传播模式。在新媒体时代,由于人人都自带传播渠道,信息呈现出复杂的"多向"传播模式。

在这个"人人都是戏精"的时代,用户自我表达的欲望也越发茁壮,"重在参与"不再只是一个口号,如何调动用户的积极性一起参与进来,将是传播成败的关键。

唯品会在抖音上推出的活动"挑战有意思"就成功引起无数用户的追捧,"不

服来战"这极其拉仇恨的文案却是成功的关键，在这个彰显个性的网络时代，面对同是素人的活动，"服"是不可能的，极具挑衅性的文案成功勾起网友不服输的倔强，纷纷投身到这一活动中来。

3.趋势三：信息过载，过目即忘

不同于传统媒体时代信息量有限，用户对于看过的大多数信息都会习惯性选择记忆待用。在新媒体时代，用户的大脑不再依赖记忆行为本身。在面对信息过载带来的认知负荷时，用户不会努力去记忆那些他们认为重要的信息，他们更倾向去屏蔽、遗忘那些他们认为不重要的信息。如此一来，营销必须降低用户消化、储存信息的成本，才有机会在用户的心智中扎根。

"旅游之前，先上马蜂窝"，虽然简单，看起来技术含量不高，但贵在有用。"马蜂窝"这一后起之秀凭借这一简单但有用的文案成功挤入旅游网市场。

二、新媒体时代，营销获得传播力的四个关键词

了解了新媒体时代的传播逻辑，以及用户的认知模式、内容偏好后，营销人还必须避免"叫好不叫座"的情况，毕竟，谁也不希望用户在看完内容后称赞"这个广告真棒"，而不是"这个产品真棒"。在新媒体时代，满足以下四个关键词的内容，更有圈粉的可能。

1.使用强相关的"刺激因素"

自媒体时代，营销人很容易陷入喧哗的眼球争夺战之中，人人都知道，想要吸引用户的眼球，就离不开"刺激因素"。蹭热点、标题党、打擦边球都属于寻找"刺激因素"的行为。然而，如果刺激因素使用不当，往往只能引起用户对刺激本身的兴趣，而忽视品牌或产品想要传递的信息。

说起"刺激因素"用得好的品牌，就不得不提起"鬼才"杜蕾斯，蹭热点、标题党、打擦边球，无孔不入的杜蕾斯每每使用"刺激因素"都能得到很好的传播，且不会让用户忽视其自身产品。

2.让用户成为"精神股东"

海尔热水器曾发起"Young，青春的模样"设计师大赛活动，活动由海尔热水器提供设计素材供消费者下载，消费者只需将设计作品上传至活动邮箱就能完成报名。海尔热水器将通过公开投票的方式进行最佳创意的评选，选出的作品也将正式下线生产。

社交网络的出现，得以让营销人拆掉阻隔在品牌和用户之间的墙，并且通过交流，获得他们的信任，建立起品牌的号召力和忠诚度，把他们变成企业的"精神

股东"。

3. 发动Meformer的力量

罗格斯大学一项研究表明，社交网站上的用户一般分为两派。一派是Informer，即信息分享者，这类用户偏爱分享社会新闻或干货知识类的信息，约占用户总数的20%。另一派则是Meformer，即自我信息者，他们分享的内容多是与本人有关或发生在身边的内容，这部分用户占据了用户总数的80%。

这也可以解释，为什么在新媒体传播环境下，那些"接地气"的内容更容易获得可观的流量。在确保营销诉求清晰的前提下，尽可能地发动Meformer的力量，能给营销带来更好的声量。

2019年年初星巴克推出的"猫爪杯"上线开售不到1分钟1000只杯子就被抢购一空。这销售速度着实惊人，深入研究会发现，星巴克在"猫爪杯"开售之前就已经做足了功课，在各互联网平台频频刷屏。"猫爪杯"此番刷屏正是Meformer的功劳。

"猫爪杯"主要受众为18—25岁年轻女性，因此星巴克为"猫爪杯"注入了"单身"+"希望受宠"+"我就是萌萌的它"概念。借假修真、借物抒情，是一种触发年轻女性"求关爱、求表达、求独享"的情绪表达，进而借助年轻女性之手刷爆互联网。

4. 后真相时代，缩小情绪颗粒度

"后真相"（post-truth）是《牛津英语词典》2016年的年度词汇，指客观事实对公众意见的影响，不如情感或个人信念的影响大。在新媒体时代，人人都有生产、传播内容的权利，那些能够触动用户内心情感按钮的内容，在传播上具有极大优势。在新媒体时代，用户情绪的颗粒度可以很小，不仅是愤怒、悲痛、感动这样宏大、剧烈的情绪可以打动他们，更多时候，抓住用户一些微小的情愫，更容易俘获他们的内心。

家居品牌HOLA特力和乐曾推出一部主题为"千万不要相信，想你想得睡不着的人"的短片，上一个镜头是女主抱着男主说"你不在的时候，我想你想得睡不着"，下一个镜头却是女主在铺满HOLA用品的大床上呼呼大睡。

比起那些宣扬男女真挚动人感情的广告，这种带点吐槽、调侃性质的广告更容易引发用户情绪的共鸣，毕竟每个人对自己的伴侣都有一个吐槽清单，这种情绪虽然谈不上宏大，但却更亲民，让人更有分享的冲动。

数字当前,传统企业如何做好品牌营销

数字营销是使用数字传播渠道来推广产品和服务的实践活动,从而以一种及时、相关、定制化和节省成本的方式与消费者进行沟通。数字营销包含很多互联网营销(网络营销)中的技术与实践。数字营销的范围更广泛,包括很多其他不需要互联网的沟通渠道。因此,数字营销的领域就涵盖了一整套元素(A whole host of elements),如手机、短信/彩信、显示/横幅广告以及数字户外广告等。

一、数字营销目前的五大现状

1.信息流

过去那种简单粗暴的销售式广告,已经不能为现在的营销环境所接受,它们的效果将会变得极差。而真正的、贴近客户需求的、带有社交属性的原生内容将会更加受到整个营销界的欢迎。信息流广告就是其中一种。信息流广告规模在2016年达到325.7亿元,同比增长89.5%,未来几年增速将仍保持在50%以上。

2.视频/短视频

由于各短视频平台的崛起,拍视频看视频已然成为当下年轻人的一种日常行为习惯。以视频为载体的内容营销将是未来广告的主要趋势。视频广告往往比其他广告更有效,因为他们可以以最有吸引力的方式捕捉观众的注意力,并留下包含视觉和声音的印象。视频内容有能力创建令人信服的广告,可以提高品牌知名度、与特定产品的关联度。

3.互动/可玩广告

目前更高互动形式的广告也有良好的发展态势,比如可玩广告(playable ads),或者互动式效果广告,就是类似穿插于App的活动入口,接入互动小游戏,获得优惠券、代金券等福利的广告形式。让消费者成为广告的参与者而不仅仅是接受者,强调用户体验和交互,才是当下的主流。

4.移动再营销

随着智能手机等移动设备的普及,大家在移动终端上花的时间越来越多,早已超过了PC,这将是一个历史性的转折,预示着移动营销已经真正成为全球营销的主流。另外,相较于PC端,移动端再营销仍然处于发展阶段,存量空间较大,有较多待发掘领域,移动再营销势必会成为下一个移动广告推广的利器。

5.集中化

移动流量向头部集中,比如国外的Facebook、Google,国内的腾讯、今日头条、抖音、微博等。能否成功在头部平台着陆,将是数字营销是否成功的关键所在。

二、数字营销未来发展的四大趋势

1.新兴市场

2018年新兴市场增长持续走高,印度、泰国等正在爆发智能设备的人口红利,俄罗斯、巴西、东南亚在中国创新模式的带动下,出现了大量Copy产品,如头条模式、直播模式、共享模式等,为数字营销带来新的机遇。

2.整合

广告主已经不满足于单一的营销方式,只负责卖货的效果广告主不再只追求量化结果,也注重品牌影响力,培养消费者品牌认可度,一向只"叫好不叫座"的品牌广告主开始在转化率上投入更多精力。广告主为追求最大化的回报,效果广告与品牌广告之间的界限将越来越模糊,整合将势在必行。

3.无界

传统媒体时代传播渠道有限,品牌往往会修建边界,牢牢把控已掌握的传播渠道,将其他企业拒之门外。但数字时代已然不同,传播渠道五花八门,此时再修建边界拒绝合作,将只会在自我封闭中慢慢消亡,因此企业之间的跨界合作将成为营销常态。

4.扩张

在更加开放、透明的生态中,数字营销生态链中的企业都期待着从本业到异业的扩张,进入一些没有涉足过的领域。一来释放企业的增长压力,二来降低错过风口的风险。

未来数字营销生态越来越靠近互联网倡导的创新、开放理念,相信数字营销也将会往这样的方向继续发展。

| 上部·品牌战略的拉动力 |

第九章
比钱更值钱的品牌资产
（品牌冲冠第六步）

何为品牌资产？

当我们评估一个企业时，往往会说，某某品牌价值多少亿元，这就是对品牌资产价值的评估，它所代表的是品牌的市场占有能力。事实上，品牌资产是消费者、产品服务、品牌沟通共同影响的结果。

它由如下几个要素构成。

1. 品牌知名度

知名的品牌往往在世界各地都是受欢迎的，根据艾伦伯格（1988）的研究，在大多数情况下，某品牌在一个地区非常受欢迎，那么在别的市场也同样受欢迎，没有在这个区域非常流行而在别的区域不受欢迎的品牌。可见知名度就是一种心理份额，高知名度的品牌就能在消费者心中占领制高点。品牌资产的管理就是要不断提高品牌在目标消费者中的知晓度，占领制高点。

2. 品牌认知度

品牌在传播时，最重要的目的就是简单直接地向消费者表达我是谁，我能为你做什么。消费者通过这种对品牌的认知，来决定自己的购买选择，在选择过程中，消费者比较倾向于买自己熟悉的产品，那些著名品牌如宝洁在这方面表现突出。

3. 品牌联想

如果这世上没有联想，连颜色都会只剩下黑白，更别提现在花样百出的品牌了。品牌主们通过让消费者对品牌建立联想，让品牌形象、品牌个性与品牌价值在消费者心中融为一体，当这份联想符合消费者所需，便会通过购买来满足需求。正面的品牌联想，是促进销售的利器，负面的品牌联想，对于一个品牌来说将是致命的。

4. 品牌忠诚度

影响消费者对品牌是否忠诚的因素有很多，要时刻分析消费者的行为、需求、心理发生了怎样的变化，针对这些变化采取相应的措施。

5. 其他资产

品牌的商标、专利等知识产权保护及品牌所带来经济利润的资源（如客户资源、管理制度、企业文化、企业形象等）。

第九章
比钱更值钱的品牌资产

Orion啤酒精准演绎品牌资产：

说到日本冲绳也许大家都会想到阳光、沙滩、清澈的大海还有带着淡淡咸味的微风。但是日本的民众一提冲绳还会想起一款啤酒，那就是Orion。成立于1957年的Orion是冲绳的本土品牌，连名字都是向当地民众征集而来。"Orion"翻译成中文就是"猎户座"。

赤道最南边的星座与冲绳这个最南边的热带岛屿正好契合。60多年来，"Orion"啤酒的标签包装不断随时代变换，唯一不变的就是冲绳人对它的认可以及它所承载的那种冲绳特有的风情。

"每逢夏天，日本传统的'烟花大会'大家穿着'浴衣'，喝着'Orion'啤酒与亲友度过美好时光。"这是现实存在的情景，也是"Orion"啤酒一直向大众传达的品牌内涵。"在冲绳才能喝到的啤酒，冲绳人爱喝的啤酒，喝了这款啤酒才算明白什么叫冲绳味。"这份感情，这份认知，这份习惯，就是Orion用60多年打造品牌的成果体现，也是其历久不衰的原因。

建立品牌资产

前面我们讲了品牌资产是在消费者、产品服务、品牌沟通共同影响下的一种结果。那么如何有效地建立品牌资产呢？很简单，就是找到一个正确的决策，并且不断坚持。

采纳在策划战略的过程中，往往是经过无数次测试与评估，当一个创意获得优秀的成果后，我们才知道，正确的决策是什么，往往100个创意中只有一个可以直抵人心。可惜的是见过很多企业明明有了正确的决策却不懂得持续下去，想表达的太多，却导致自己最成功的策略过早夭折。

当我们的决策在市场上有了反响，我们一定要梳理出决策中是什么元素吸引了消费者。并且珍惜这些元素，将其发挥到极致，使之成为品牌资产。

案例

大白兔出牛奶，跨界也是一种坚持

近日大白兔联合光明牛奶推出了一款奶糖味的牛奶，虽然是跨界，但大白兔不忘初心仍然坚守着自己的品牌调性。每个品牌都有自己的性格，大白兔奶糖在人们的心中就是甜甜的品牌，甜甜的大白兔与光明乳业联手，推出大白兔牛奶，包装配色上延续糖纸经典的红蓝白和小兔子造型，看起来就像是一个大罐的奶糖，两者都是牛奶的味道，给人甜甜的味道，让大白兔"奶香"这一深入人心的品牌特性更加不可磨灭。双方将"牛奶"粉丝叠加，互相打开消费圈层。

通过大白兔奶糖我们不难看出，坚持一个正确的决策是成功建立品牌资产的公式。但是，盲目的改变只会扼杀品牌本身的品牌资产。只有坚持正确的决策，并且在此基础上不断创新，才是品牌资产越做越大的关键。

那么如何分辨在品牌资产建设中的对与错呢？我们应该改变的是什么，应该坚持的是什么呢？这就需要我们对品牌资产进行测量。

测量品牌资产

大多数品牌人不知道如何评估品牌资产，向老板证明品牌的价值。那么，衡量品牌资产的标准有哪些？企业如何判定和支持正确的品牌建设行为？以下5项指标可供大家参考。

1. 忠诚度指标

在众多商品中，即使你的价格是品类最高的，消费者依旧愿意选择你，这就是品牌忠诚度最直观的体现。

2. 感知质量与领导力指标

消费者感知这个品牌是不是高端的、品质一流的，是不是行业的领导品牌，这些认识是品牌资产的关键因素。

3. 联想与差异化指标

当两个价值实力相当的品牌放在一起比较时，胜出的往往是能让消费者产生更多联想且更具差异化的一方。这份联想与差异化包括，它们擅长什么，品牌历史如何，谁的技术更先进。

4. 意识指标

多问问消费者你的品牌给他们的印象是什么样的？在选购同类商品时会不会优先选择？是否认同你的品牌主张？与其他品牌相较消费者更喜欢谁？

5.市场行为指标

市场份额能够真实地反映品牌在客户心目中的地位。这是品牌资产最直观的体现,当你学会如何评估品牌资产,就会明确地发现在品牌建设中的对与错,摒除错的,坚持对的,在品牌冲冠的路上才能少走弯路。

管理品牌资产

当我们拥有了一定量的财产后,就需要去理财、去管理,品牌资产也是如此,只有精细化的管理才能不断壮大。如果你仔细阅读前文,你会知道有效建立品牌资产的过程(如图9-1)。

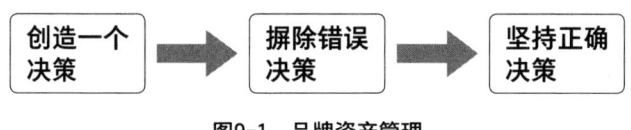

图9-1 品牌资产管理

品牌资产的管理就是坚持正确决策的过程,从而不断提升品牌价值。

案例

徕卡的品牌资产管理之道——坚持高格调

徕卡相机是昂贵的,甚至让人觉得贵得丧心病狂,但是依然有人愿意为之掏腰包。这是为什么?

一个小众品牌,在全球相机市场中徕卡的份额不足1%。但这并不影响徕卡坚守着自己的高格调。区别于其他品牌,徕卡一开始就将自己定位成奢侈品,专为有高端品位追求的用户服务。自1911年始,徕卡对高品位的坚持就从未停止,精湛的制作,顶尖的技术,迷人的包装,只要你接触徕卡相机,用手按下快门的那一刹那,你就会觉得它昂贵的价格物超所值。

高格调的制作,先进的技术,周到的服务,高昂的价格,只为高消费群体服务,徕卡坚持这一点坚持了100年,这就是徕卡的魄力,这也是相机品类中的传奇。

品牌资产经营到如此地步,将不再是消费者选择徕卡,而是品位和文化。

品牌的力量

可口可乐公司前副总裁道格拉斯·达夫特曾说过一句话:"如果可口可乐公司在全世界所有的工厂,一夜之间被大火烧光,只要可口可乐品牌还在,就可以东山再起。"真正烧不掉的是品牌的力量。

大家都知道"天猫"是一个综合性购物网站。顾名思义,猫是性感的、有品位的、挑剔的,那天猫网购就是代表时尚、性感、潮流品质的购物商城。2012年11月11日,天猫借"光棍节"大赚一笔,宣称13小时卖100亿元,创世界纪录。这也是为何越来越多的品牌入驻天猫的原因。

天猫本身具备的公信力、百姓信任感和品牌调性,使其平台成为众多企业绝佳的产品售卖地,每逢双十一、618、超级品类日、欢聚日等天猫购物节,各大品牌争相入驻,每月都有品牌远赴杭州,比拼创意与资源,天猫如此众星捧月,这就是品牌带来的力量。

上部——品牌战略拉动力小结语

品牌战略是品牌冲冠的拉动力,如何理解这个拉动力呢?它是打造领导品牌最基础最核心的力量,少了这股力量,企业连基本的品牌战略都建立不起来。在整个上部中,我们首先真正明白了什么是品牌及产品与品牌的亲密关系,学习到品牌冲冠的基础战法步骤,如第一步四维洞察,帮助我们更好地找到适合自身的蓝海市场或差异化路线;第二步明确品牌定位与品类的本质区别,为品牌找到适当的市场定位与消费者心智定位;第三步构建品牌金字塔;第四步规划品牌架构,让企业在不同的市场传递清晰的品牌信息;第五步让传播更有效,品牌冲冠更有力的整合传播方法;第六步累积比钱更值钱的品牌资产,形成"烧不掉"的品牌力量。

学习了整个上部,企业就能清晰地认识到品牌的战略地位,只有将品牌作为战略来管理,才能从根本上创新企业的发展模式,真正发挥品牌的作用。如何成为领导品牌?如何让企业在激烈的市场竞争中立于不败之地?本书将从营销战略的角度,为您奉上品牌冲冠的推动力。

| 中部·营销战略的推动力 |

第十章
营销战略地图
（品牌冲冠第七步）

前文介绍了品牌资产，深厚的品牌资产会给品牌带来超强的优势，但是市场竞争是一场战争，就跟足球比赛一样，再豪华的阵容如果战术毫无章法也不能取得胜利。要想赢得品牌冠军，不仅要拥有深厚的品牌资产，更要有精妙系统的营销战略和团队高效的执行能力。

营销战略地图——华为的战略地图解析

一、不懂战略别谈执行

战略是达成目的的手段,是品牌取得商业成功的方法。

在中国很多传统品牌的员工认为自己与品牌战略无关,只需要做好自己分内的工作就够了。这也是品牌战略规划到战略执行过程中最大的鸿沟。

为了解决这个问题,一个在全世界知名度与美誉度都非常高的工具——战略地图应运而生。它用一个个小圈及文字描述来明确目标,通过一个个小目标的实现,来达成品牌的战略愿景。

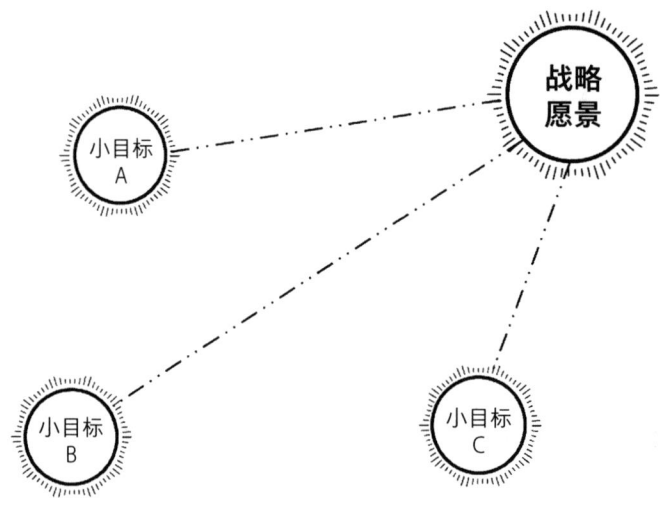

图10-1 战略地图

二、华为的战略地图解析

华为的战略规划包括两个方法论,一个是"业务领导力模型"(BLM),另一个是"业务执行力模型"(BEM)。其中,BLM包括战略意图、市场洞察、创新焦点和业务设计四个模块,用于业务战略的开发,对业务差距进行识别,对市场进行多维度多视角的洞察。

第十章 营销战略地图

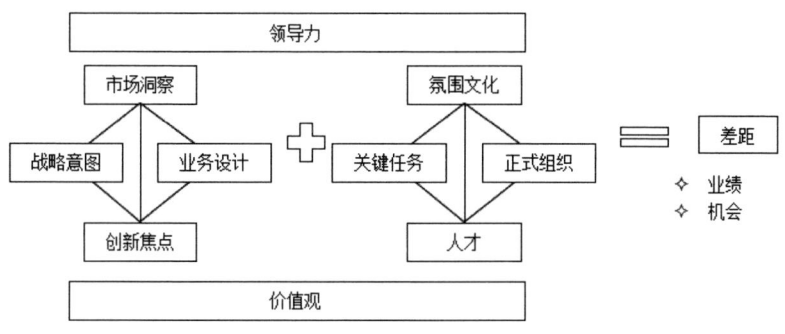

图10-2 BLM框架

整个战略围绕着企业战略核心，从顶层决策到落地执行，每一位员工都参与其中，最终达成促使战略成功的六个价值观。

表10-1 战略成功的六个价值观

共同的战略	所有人参与战略制定，不再是老板和高层的战略，而是关乎每一个人利益的战略
共同的语言	同一个思考工具共同的战略描述语言
共同的目标	通过战略目标和关键任务的逐层分解，以绩效管理为手段，来保证公司上下同欲
共同的承诺	战略规划是大家共同研讨的成果，相关责任人已达成共识，并做出相应的承诺
共同的结果	从战略制定到战略执行，我们共同参与，共同面对市场结果
共同的价值观	通过这一套战略管理方法，为团队打造全员协作的核心价值观

优质完善的战略需要高效实际的执行，二者缺一不可，品牌冲冠从来都不是企业领导一个人的事，而是整个团队努力的结果。

麦肯锡7S体系及案例

麦肯锡7S这样一个20世纪70年代末设计的管理模型，在现在依然被众多企业视为经典秘籍一样束之高阁，仅供管理层参阅，殊不知只有公司从上到下全员了解，企业的执行力才能彻底提速。7S管理不需要那么神秘，应该人人必会，今天就为大家一一拆解。

7S有不变和万变之分

不变的是战略、结构、制度，万变的是风格、共同价值观、人员、技能。

不变的是架构，万变的是策略，架构多年不变，策略随时迭代。

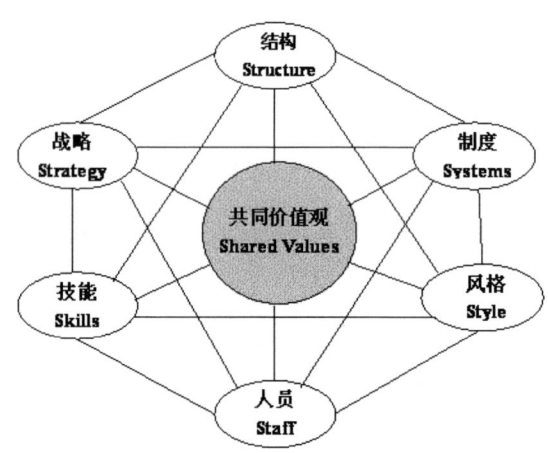

图10-3 麦肯锡7S体系

1.7S——战略

战略分为方向性、目标性、整体性和成败性，一个伟大的企业领导人，方向性是明确的，知道自己该走哪条路，比如马云、任正非。至于目标性，很多人容易把它和方法搞混，比如很多人说健身，但是这个是方法不是目标，目标是通过健身得到更好的身材。因此如果你要卖与健身相关的产品，宣传怎样快速健身是低级的战略，给消费者一个美好的愿景才是正道。整体性就好像我们写文章的大纲，一切战略要按照整纲来。成败性，要记得一切战略都要带来商业利润。

2.7S——结构

时代瞬息万变，我们的结构也要能支撑战略适应时代的变化，结构需要有拓展性才能伸缩自如，跟上时代。

3.7S——制度

什么样的制度，决定企业有怎样的人才，生产怎样的产品，制度是底线也是企业创造力的约束器。

4.7S——风格

一个企业要有自己的风格跟品牌要有自己的个性是一样的，你只有自成一派，才能被消费者记住。

5. 7S——共同价值观

多数企业,让所有员工都了解企业文化不是件简单的事情,但却是很多企业必须要做的。所谓道不同不相为谋,一个有凝聚力的企业必然是一群价值观相同的人。

6. 7S——人员

战略需要人来执行,人需要思想来调动,思想需要行为来统筹,行为需要态度来决定效果,而人的态度好坏是由企业对员工的尊重与否来决定的,不懂得尊重员工的企业,也不会得到有用人才。

7. 7S——技能

技能是一种方法论,是执行战略分解问题的关键因素,技能的培训是管理学中的基本。

| 中部 · 营销战略的推动力 |

第十一章

全渠道的秘密

（品牌冲冠第八步）

全渠道的诞生

一、你真的了解全渠道吗？

全渠道，通常被理解为全部的分销或销售的通路，是从单渠道、多渠道、跨渠道演化而来的。

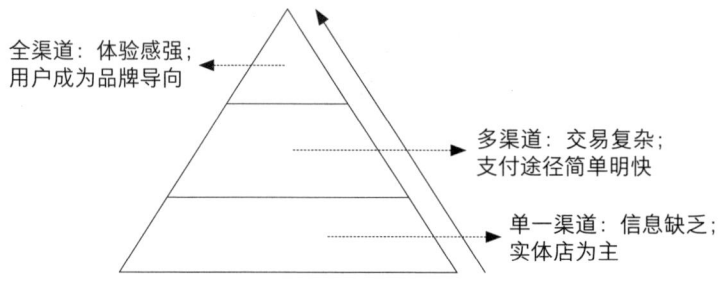

图11-1　全渠道图示

互联网时代，企业"全渠道"范围随之变广，包括全部商品所有权转移的渠道、全部的信息渠道、全部的生产渠道、全部的资金（支付）渠道、全部的物流渠道、全部的顾客移动的渠道等。总之，一切可以产生销售的渠道都可囊括其中，全渠道重构了人（消费者）、货（商品）、场（场景）。

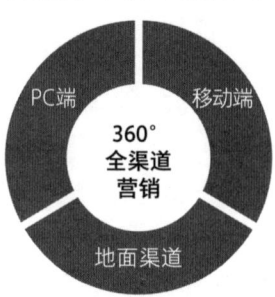

图11-2　全渠道场景

第十一章
全渠道的秘密

贝恩业务合伙人Darrell Rigby曾在《哈佛商业评论》上说过："全渠道零售，是在互联网和电子商务时代零售商通过各种渠道与顾客互动，将各种不同的渠道整合成'全渠道'的一体化无缝式体验。"可以说，全渠道等于一切可以产生销售的渠道。

全渠道是信息技术变革发展而来的，从信息传播路径大增到顾客全渠道购买，再到公司全渠道零售，最后公司适应全渠道零售的生产，也就形成了如今的全渠道。

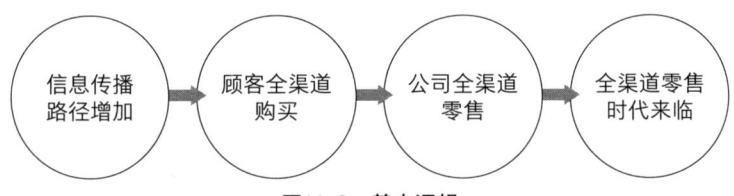

图11-3 基本逻辑

1.信息传播路径增加

要明白，一个顾客的购买过程，绝大多数活动是信息的采集、加工、比较、发出指令等行为。因此，零售渠道越来越接近于信息渠道，信息传播路径的拓展必然催生大量零售渠道产生。

表11-1 客户关系管理

	信息传播路径变革内容	全渠道数字客户关系管理
沟通方式	单向喇叭式沟通	双向个性化互动
客户信息	年龄、地域、性别等模糊信息	多渠道整合360度客户数字肖像信息
沟通内容	简单问候、促销信息推荐等	基于会员数字肖像信息的个性化沟通
渠道间协同度	渠道间协同差导致会员信息割裂	渠道间协同高，使同一会员在各渠道的信息相互统一
关系形成	弱黏性关系	强黏性关系
价值形成	会员流失多导致弱会员终生价值	较强的会员终生价值

随着网络信息技术的发展，我们的信息传播路径在增加，企业的客户关系管理方式也随之变化，可以说，全民进入了一个大数据时代。

大数据的核心是预测，这代表分析信息时有三大转变：一是数据采集规模变大，不再依赖随机采样；二是数据分析准确性变弱，研究数据更复杂，不再热衷追求精确度；三是数据分析目的不再是找因果关系，而是变成寻找相关关系。伴随着这些改变，人类也自然地进入了全渠道的信息传递时代。

2.全渠道购物者崛起

再看顾客购买过程，主要是收集、分析、比较、接受和反馈信息这些行为，大多数是信息传递的过程。因此，今天的信息渠道就是购物渠道，随着自然全渠道信息传递时代的来临，全渠道购物者群体自然崛起。

如今，人们大多在互联网和手机上工作、休闲，信息的搜索、浏览、分析、传递成为人们生活中越来越重要的、不可缺少的部分，而购物简化为信息流转过程，自然可以轻易地完成购买。互联网时代，我们的生活方式与购物过程已经融合在一起，工作和休闲时间越来越多地花在各类网站、App上，购物者们可以同时利用所有渠道，随时随地浏览、购买、接收产品。人们越来越期待拥有贯穿所有零售渠道和接触点的一屏式、一店式的购物体验。

在这种一站式购物体验过程中，消费者购物买单不受时间限制，足不出户就能收到货物，浏览商品种类又齐全，还可以价格对比，省时、省力、省钱又相对安全，这样全渠道购物自然越来越被重视。

3.全渠道零售时代来临

全民零售时代，互联网催生了一大批电子商务零售群体，他们寄生于社交网站、网店、手机、户外、报刊等媒体，采用文章、谈话、聊天、直播、微信、e-mail、博客等形式，向活跃在这些媒体的顾客零售产品和服务，取得了很不错的业绩。

可见，全民零售形成了全渠道都在服务消费者的一个买方市场。线下实体店必须迎合顾客全渠道购物的挑战，增加现场体验，同时进入线上电商零售领域，迎合顾客的需求，也应对电商企业的蚕食。企业在不断迎合客户和争夺市场的过程中，企业零售渠道也在不断地变革，从单一的实体店销售渠道到移动互联网时代线上线下的融合渠道，自然而然地开启了全渠道零售时代。

二、品牌冲冠的全渠道

创办采纳营销咨询公司24年来，我们助力过很多智慧企业的品牌升级发展，目睹了网络信息技术的快速发展，一步步改变着很多企业用户的消费习惯，随着信息技术的发展，全渠道营销的趋势形成，也见证了一大批创业者紧跟时代趋势的变化，从互联网入手衍生了很多新型的互联网品牌。

而如今，全渠道零售已经不仅仅是一种多渠道发展，纯电商时代也很快会结束,不久的未来,将没有纯电商了,只有"新零售"。任何一个企业品牌要实现冲冠,必须全面把握当下的全渠道特性,线下的企业必须走到线上去,线上的企业必须走到线下来,企业需要开启全渠道营销,通过各种渠道与顾客互动、销售。

1.全渠道优化了企业与消费者的触点

互联网让企业和消费者的接触点变多了,距离更近了,全渠道零售团队也不用基于渠道本身一级一级地搭建组织队伍和资源,而是从资源优化的角度,变成了用最直接的方式,将消费者出现的地方与企业最近的仓储点进行匹配,是基于消费者和仓储对接的最优化。因而全渠道最重要的前提:一是同城同价,甚至线上线下同质同价;二是商品所有的相关数据采集,至少是消费者订单数据和商品物流数据采集必须可追踪。

近年,随着互联网的快速发展,物流业逐渐发展成熟,使商品的流动轨迹被追踪有了可能。未来,哪些城市、哪些地区甚至哪个小区的消费者会购买哪款产品的概率,将与该地区最近的仓储或者门店的库存进行匹配,而这些信息都能在一个门户平台或细分平台上进行自动匹配,消费者能够随时查询。因为同城同价,消费者没必要舍近求远。在最接近消费者使用的地点进行销售,减少商品无谓的流转和运输,这才是全渠道零售的本质。显然,在品牌商不足以完全控制价格体系及云数据还没完全成熟的阶段,短期内真正实现所谓的全渠道零售的模式还有难度。

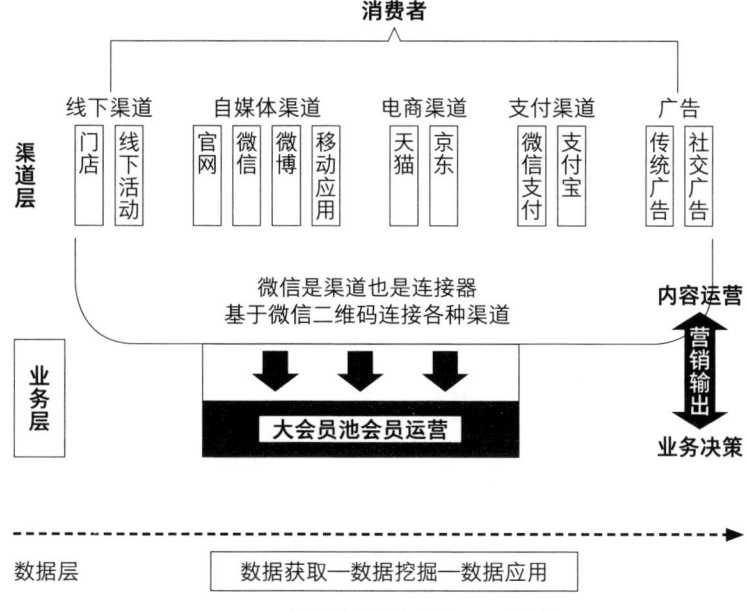

图11-4 全渠道连接线上线下用户触点

2.全渠道实现了全面信息化

移动互联网对渠道的改造和影响，提高了渠道搭建流程的标准化作业水准。我们过去搭建渠道的效果和质量受人为因素的影响比较大，一是因为渠道层级比较多，手工填报的东西比较繁杂；二是整个过程不可控，业务素质高的人，信息收集更完整，业务素质差的人，可能就拿不到需要的信息。所以过去的20年，销售队伍才特别强调执行力的问题。

全渠道零售是基于互联网信息技术，一方面企业与消费者的直接沟通是多渠道、全方位的，另一方面消费者所有相关行为都是随时被记录和采集的。整个过程全面信息化。

即使有其他渠道成员介入企业与消费者之间的沟通，比如说经销商负责的仓储、配送、售后服务，这些行为也都被记录、监控以及评价，所有对渠道管理的主观评价被缩到了最小。可见，全面信息化是全渠道零售最重要的特征。

3.渠道内部自由流动，购物更便捷

我们过去做渠道，经常分型号、分包装、分品牌来防止渠道窜货。O2O时期又通过"导流"，人为地把线上的流量往线下导，或线下流量往线上导。但全渠道零售既没多渠道发展时期限制性的渠道保护政策，也不是O2O时期线上线下相互导流，而是渠道内部的最大化开放与自由流动。全渠道零售就是要打破渠道的层层壁垒，让各渠道的人流、货流、资金流可以共享。

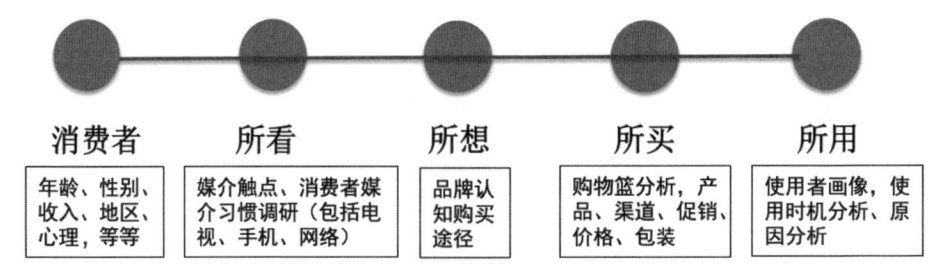

图11-5　全渠道购买消费路径环节

消费者不论来自哪个渠道，都有资格享受选择全品类产品的权利，而不会因被贴上某个渠道的标签而区别对待；大卖场的仓储和小卖部的仓储本质上都是消费者的接触点，谁近就应该谁去配送，而不是利润的考量；快捷支付、网银支付等诸多支付方式应该是互相打通的，而不再是告诉消费者：对不起，我们这儿只支持现金支付。

4.形成最低成本的长尾聚合效应

从多渠道发展的线性到全渠道零售的网状,利用互联网工具形成最低成本的长尾聚合效应,长尾效应的产生为打破线下传统品牌渠道的垄断带来了希望和机会,降低中小企业与大企业竞争的成本,这是全渠道零售对商业进步最大的贡献。

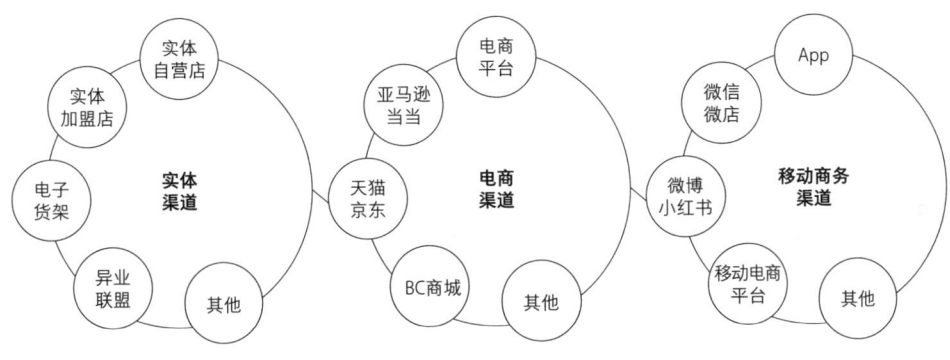

图11-6 全渠道零售网

全渠道零售时代,我们鼓励企业将各类渠道,如实体渠道、电商渠道、移动商务渠道通过网络进行打通和连接。但是,全渠道零售不是单纯地所有渠道都该做、都可以做,不同的企业应该选择自己最有优势的渠道去做,至少在发展初期应该是这样。

同时,只要我们企业能借助互联网低成本的长尾聚合效应,用极致产品和服务满足种子用户,就能盈利,这是全渠道零售为渠道升级带来的核心价值。这个阶段的全渠道零售更偏重于全渠道地服务种子用户,而不是所有用户,创业企业在这个阶段打磨产品、提高服务,以移动互联网的长尾效应平衡渠道的建设成本,并为实现全面的全渠道零售做准备。

为什么要做全渠道

从互联网、移动互联网,再到全网营销,企业的营销方式逐渐由传统向全网全渠道营销转战。很多传统企业有转型意识,却对自己的转型之路迷茫。在一些企业大会上,我们常就"为什么要做全渠道营销"进行探讨,笔者认为,全渠道营销是互联网时代营销变革的必然方向。这个时代,全渠道都是消费者,营销渠道布局已经从以品牌为中心转向了以消费者为中心的全渠道综合购物体验。

移动互联网时代,从商场商超、门店到各种网站、商城、App,全渠道都是消费客群,24小时都有用户在消费,整个商业市场已经形成了以全渠道消费者为中心的全渠道营销体系。

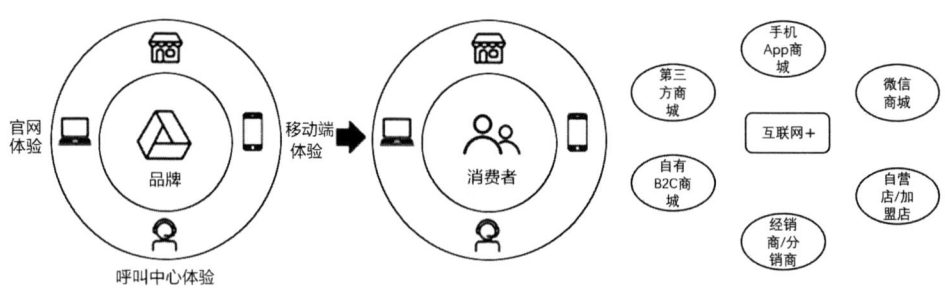

图11-7　全渠道营销体系

一、全渠道对客户体验很重要

互联网时代,客户对于全渠道消费的体验感越来越注重,成功的企业总是想方设法提高客户的整体体验,竭力满足每个通道上客户的特定需求。所以,如何将全渠道营销方案应用到自己的所有用户身上是一件"必须做的事"。

1.最大限度地优化渠道,能让用户个性化自己的体验

今天,我们每个人都可以根据需要,全渠道地访问产品、服务和支持等选项。但并不是每个人都想被困在手机、电脑、平板电脑、聊天机器人或实时代理中,如果在打电话时查看网站或软件,可以为支持、营销和销售团队提供一种个性化的客户体验。

这个场景在实体消费中经常发生,比如一个顾客走进实体商店,因为他们在网上订购了一件商品,想去取货。客户可以向员工展示订单号,大大加快整个流程,而不是让客服人员手工查找客户信息。

2.最大限度地优化渠道,用户可以获得更多的购物服务

现在很多企业都开发了自己的App应用,当顾客走进一家零售店或星巴克等餐厅,利用这款应用获得支持、优惠券、联系方式、奖励和付款方面的帮助,代理就可以利用电脑或电话上的CRM软件,在与客户通话、面对面或实时聊天时为客户提供重要的沟通或后续内容。这就让用户获得了更多的购物服务。

可见,将线上、线下结合起来是企业通过全渠道营销改善客户体验的另一种好方法。比如顾客可以在店内与员工用手机通话，也可以在与客户通话时使用平板电脑搜索产品。这是实现全通道解决方案时企业特有的场景，因为没有其他策略允许代理和客户同时使用多个通道。

3.最大限度地优化渠道，能诱发用户更多的购物需求

个性化的客户体验提高了消费者的忠诚度，客户越容易同时使用多个渠道来满足自己的特定需求，他们就越有可能再次购买。美国运通公司说，美国消费者愿意多花17%的钱与提供优质服务的公司做生意，高于2014年的14%。可以说，全渠道购物者购物更频繁，价值更高。

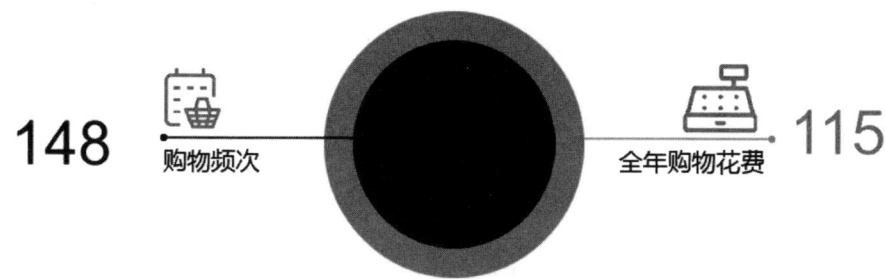

图11-8　全渠道购物者指数

一般而言，能够一次次地吸引客户的企业，其支出要比那些必须不断担心业务拓展的企业少。全渠道零售提供个性化的客户体验，让客户选择他们想要使用的频道与业务进行交互。如果顾客不能拿出手机，打开应用程序，走进商店询问一款产品，然后他们知道可以去别的地方，花更多的钱获得更好的体验，那么他们很可能会花更多的钱。可见全渠道的个性化消费体验能诱发用户更多的购物需求。

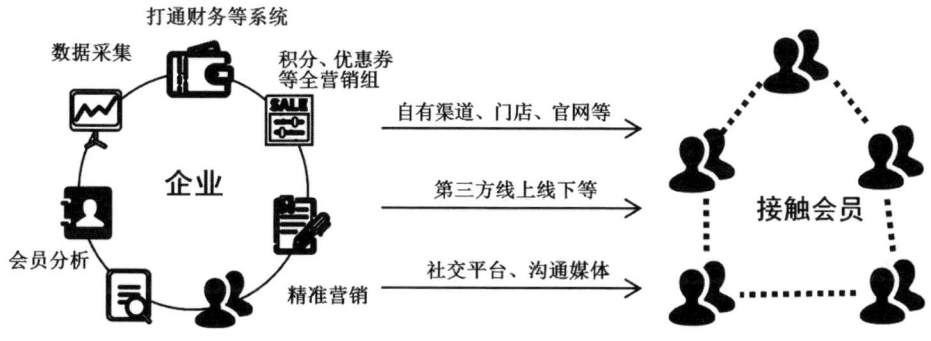

图11-9　全渠道和个性化消费

4. 最大限度地优化渠道，企业可以更加完善自己的产品或服务

当同时实现多个渠道时，企业可以接触到不同的线索、机会以及只在特定渠道上交互的客户。通过允许谈话、文本、聊天和电子邮件通道之间更流畅的转换、集成来组合这些受众，也就有机会实现更多层次的营销，同时获得更多反馈信息来完善自己的产品或服务。

在今天的信任经济中，全方位的体验是必不可少的。客户被视为掌权者，他们告诉企业他们需要什么，而不是企业告诉他们，他们的产品或服务是什么。

二、消费者会全渠道地搜寻、选择、购买、消费、反馈和传播

现在市场上最具活力、最具购买力、最具影响力的恰恰是全渠道顾客群。他们不仅全渠道购买、全渠道参与设计和生产、全渠道收货、全渠道消费，还进行全渠道评价、反馈、传播。全渠道顾客已经渗透到业务活动的每一个环节，如果企业不进行全渠道销售变革绝对是"OUT"了。

1. 消费者会全渠道地搜寻

当顾客决定购买一辆汽车时，下班途中就会留意路上的汽车品牌和造型，进电梯间会关注墙面上的平面汽车广告，进家后习惯性地打开电脑进行网络搜索和查看评论，边做饭边用手机发微信征求好友的购车体验，饭后坐在电视机前留意汽车广告，同时用iPad浏览汽车网页，第二天上班时与同事交流用车心得，有时间还要去汽车4S店逛一逛。在这个信息透明化、碎片化、自媒体的时代，顾客收集信息使用的渠道越来越多。

全渠道消费群体的全渠道信息收集，要求企业在做销售时得考虑，是否需要提供全渠道信息，否则将丧失被顾客发现和选择的机会。

2. 消费者会全渠道地选择

以往顾客选择商品会思考：购买谁的商品，选择什么品牌。全渠道顾客还要加一个决策：是否参与商品设计和生产。

全渠道顾客群选择商品时有两个明显特征：一是利用诸多渠道进行比较，因为商品选择是建立在信息收集基础上的，顾客全渠道地收集信息，自然就会进行覆盖线上线下全渠道的商品比较；二是个性化特性会使他们参与商品的设计和制造，顾客期望新产品带来更多的好处，就会投入更多的精力参与产品的设计。

顾客参与设计和制造的热情高涨，是个性化社会的特质，同时互联网等信息技术的发展，提供了顾客参与的便利性，既可以线上完成，也可以线下完成，同时设计过程也变得简单化，无非是现有板块或图案的取舍和组合。

消费群体的全渠道商品比较要求企业考虑全渠道的商品展示和说明，否则会由于信息不充分而被顾客淘汰掉；消费群体的全渠道互动，要求企业考虑全渠道的顾客参与产品设计，否则会由于产品的过度标准化而失去个性化的消费群体。

3.消费者会全渠道地购买

狭义的购买过程：订单、付款、收货。以往这三个阶段基本是在一个时间和空间完成的。例如，都是在一家百货商店或是超级市场完成的。

在多屏幕互联网时代，普遍存在着全渠道购买的现象。比如有些顾客先网上挑选满意的商品，再去实体店铺实物查看和试用、试穿等，用手机拍照发给闺密征求意见，满意再去网店下单，手机支付，通过快递公司将商品送达。这个购买过程的完成，无论是下订单，还是付款、取货，都面临着多渠道选择，每次选择也带有一定的随机性。

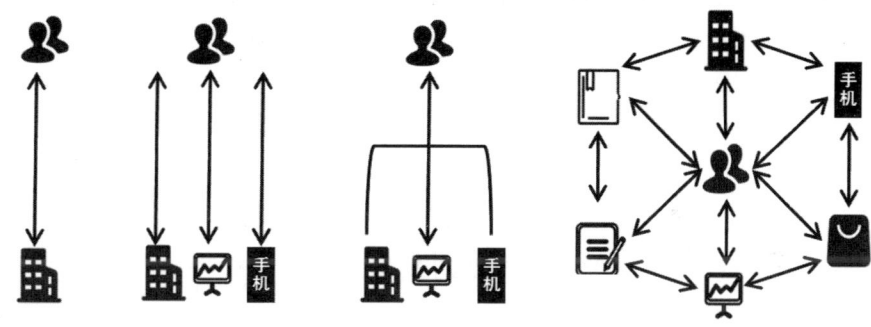

图11-10　消费者从单渠道到全渠道的购买方式变化

消费群体的全渠道购买，要求企业考虑是否进行全渠道销售，否则会由于顾客购买过程选择余地有限而失去他们。天猫、京东平台上某些品牌商就是由于不支持货到付款而流失掉一些谨慎和保守型消费群体。

4.消费者会全渠道地消费

对于一些文化、教育和娱乐类型的商品，呈现的商品形态为信息形态，可以不依赖于物质实体而存在，这就催生了线上消费的模式。

例如可以通过PC机、iPad和手机在网上读报刊、玩游戏、听课程，也可以看电影、听歌等，同时为了有现场体验，也可以读实体报刊、到教室听课，等等。在地铁里我们会看到有人拿着报纸看新闻，但更多的人是用手机浏览着网页或是刷微信，而当人们回到家里时，是手机、iPad、电视、实体书刊同时享用的状态。

例如，今天纸媒已经风光不再了，下一个受到巨大冲击的会是电视、教育、文化等行业。可以想象，未来会有一大批学校、医院、影院、剧院、音乐厅、书店消失，它们会像北京798一样成为人们回忆的场所。

消费群体的全渠道消费，要求教育、出版、文化、艺术、影视等机构进行全渠道引导，否则会由于顾客的全渠道消费而被淘汰。

5.消费者会全渠道地反馈和传播

人类天生就有表达和分享的本性，特别是对于感到好的和不好的，就更会与他人分享，互联网和移动网催生的微博、微信、帖子、e-mail等使人们的分享和传播变得简单、迅速和广泛。

例如，一个演员的出轨事件，一夜之内就会引起网站、微信、微博、短信、报刊、电视等全媒体的关注。一个洋快餐店的食品材料出了问题，也会如同将一块巨石扔在水中，很快会引起无限延伸的传播涟漪。同样，一位顾客的赞美可能仅选择一条渠道，但抱怨一定是全渠道抱怨，抱怨越深选择的渠道会越多。

客群的全渠道反馈，要求企业必须考虑是否进行全渠道提供与顾客沟通的路径，及时接受和处理他们的赞美和抱怨，否则你会由于反应不及时而给企业带来灭顶之灾。

如何规划全渠道

一、全渠道营销的管理

互联网时代，很多企业开始思考如何做好全渠道营销。每次与一些企业领导探讨品牌营销战略问题，疑惑最多的都是如何做好品牌产品的营销、如何提高自身产品销量，特别是"全渠道"概念被广泛重视以来，各互联网网站兴起，传统渠道和互联网渠道从相互对峙到相互融合，全渠道被打通。但想做好全渠道营销先要全面理解全渠道的各方立场和需求，做好全渠道营销的管理工作。

全渠道营销是根据不同目标顾客对渠道类型的不同偏好，实行针对性的营销定位，并匹配产品、价格等营销要素组合策略。因而，全渠道营销管理需要对自身品牌能做的全渠道营销进行分析、规划，分析产品消费者的需求痛点和自身的价值诉求，以及做好各个渠道的产品管理和场景化营销管理。

1.做好全渠道购物消费者洞察

传统营销总是考虑如何做全面、全渠道的消费者洞察，如今以90后、00后为消费主体的这部分人,价值观诉求非常难以捕捉,不像20世纪七八十年代追求质量、性价比,彰显品牌价值就够了。

90后、00后更多追求内心的你是否懂我,你不懂我就不会买你的东西,我可能不会花200元钱买衣服,但可能会花20000元钱报一个剑道班。怎么捕捉到90后、00后的心很重要。

现在营销非常定制化,你在吃饭、教育、娱乐、交通工具上,可能都是不同的营销场景,你用的营销素材,你的沟通方式,你的语气可能都会是不一样的。这三个点是在新的场景营销当中非常重要的。通过消费者洞察,我们经常把消费者分为三层:潜在客户、访客关系、客户关系。这三层的数据触点都不一样,对消费者的信息掌握深浅不一,需要我们逐一分析把握。

2.理解全渠道营销的价值诉求

大数据时代有一个非常重要的特征——消费者数据的碎片化,我们以某一个企业,某一个客户为例。企业线下有1000多家门店,线上有自营的电商商城,有自己的淘宝、京东旗舰店,有自己的语音服务中心,线下有100多家维修店。如何打通企业与消费者在不同渠道之间的信任关系?把ID拉通。

比如一个人有三个手机,两个邮箱,两个地址,有两台电脑,手机上有MA号,众多ID怎么拉通?识别一个人在不同渠道的数据统一,这是非常艰苦卓绝的一件事。这也是在大数据时代,我们要做好消费者洞察的必要前提。在做完了这一点之后,我们要建立一个多层次的用户标签体系,去支持用户的选择。

用户标签,即用户画像。可以分为原始数据层、预测标签、模型标签、事实标签甚至还有商业标签,这些不同的标签建立,完成在大数据时代完整的用户画像体系。这里面用户洞察分成不同维度的微观洞察以及宏观洞察。

在建立起全景的消费者洞察之后,还是要做消费者细分,并且看一下不同的消费群体的心理状态和需求是什么。现代消费者对于品牌的诉求,对于产品的要求在哪里,与传统的调研方式不一样。以往我们大多是通过发200份问卷做这件事情,现在我们完全可以通过扒取微博、微信、百度贴吧、论坛各种垂直行业的门户网站和UGC内容看不同消费者在说什么,对品牌的诉求是什么,这也是新型的收集价值观的途径。

3.做好全渠道的场景化营销管理

如何在不同的场景和渠道唤醒消费者的购物欲望,这非常重要。就是在最合适的时间、最合适的地点,以最合适的方式、最合适的产品和价格卖给最合适的人,这就是营销。

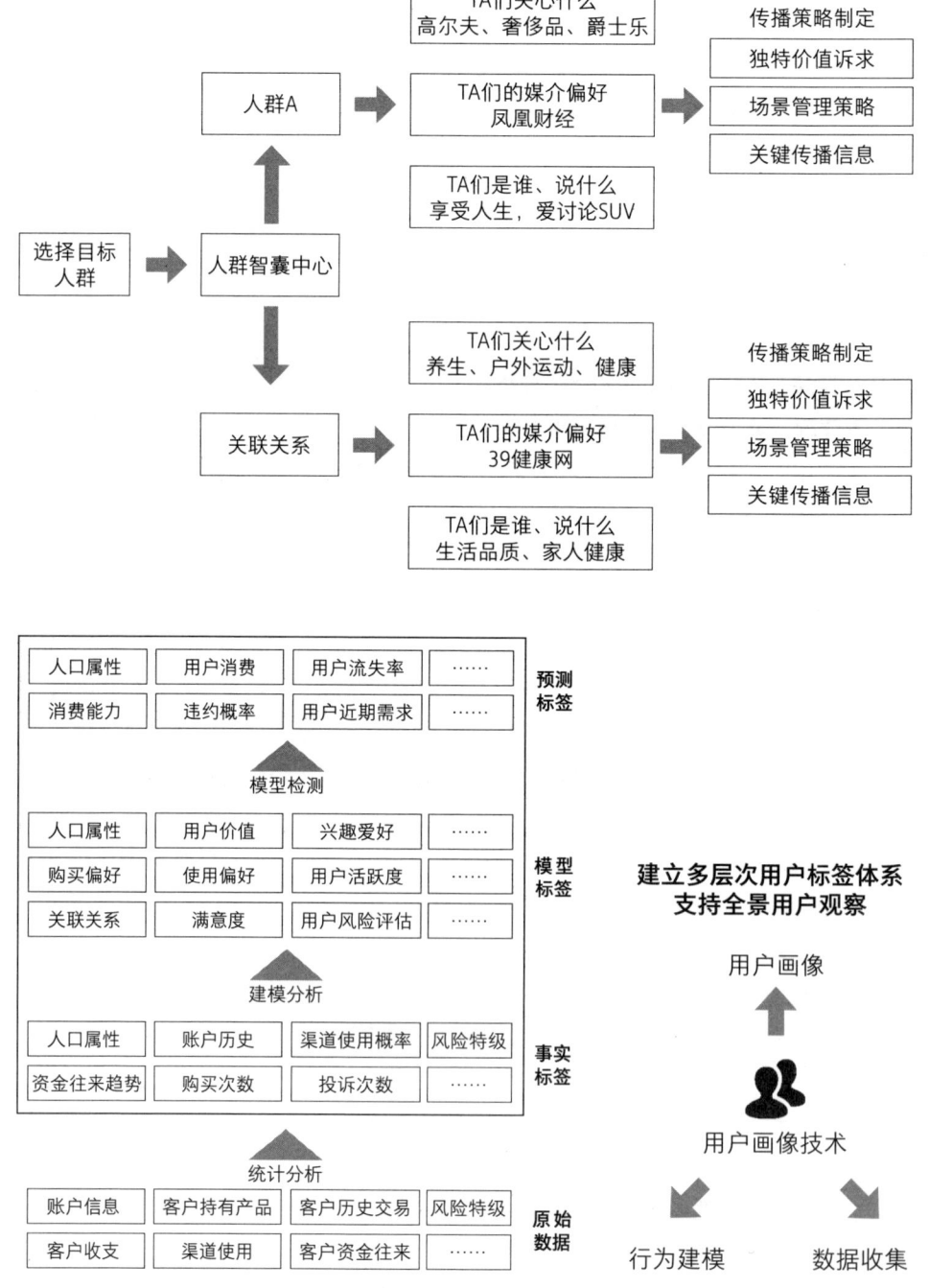

图11-11 价值诉求——在具体的现实场景下所具有的心理状态需求

第十一章 全渠道的秘密

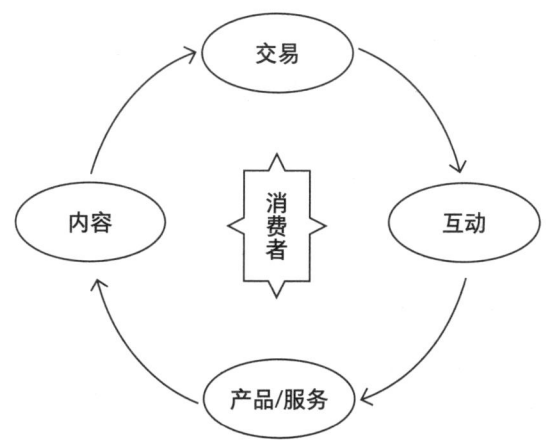

在最适合的时间，以最恰当的方式构建最适合的场景
和消费者做朋友，激发消费者的共鸣，进而让消费者买单

图11-12 场景化营销——唤醒消费者的购物欲望

但是你怎么识别里面最关键的合适的点？这是非常重要的。现在营销不管是卖有形的产品还是无形的服务，都非常注重你如何诉说、描述内容。很多微信公众号都是给你讲一个故事，比如白领女性上班多辛苦，穿衣打扮如何重要，某个明星是怎么样爱护自己的，最后给你推荐化妆品。先通过感性化内容构建一个对消费者的说服力，以及让消费者产生信任、共鸣之后把交易完成。

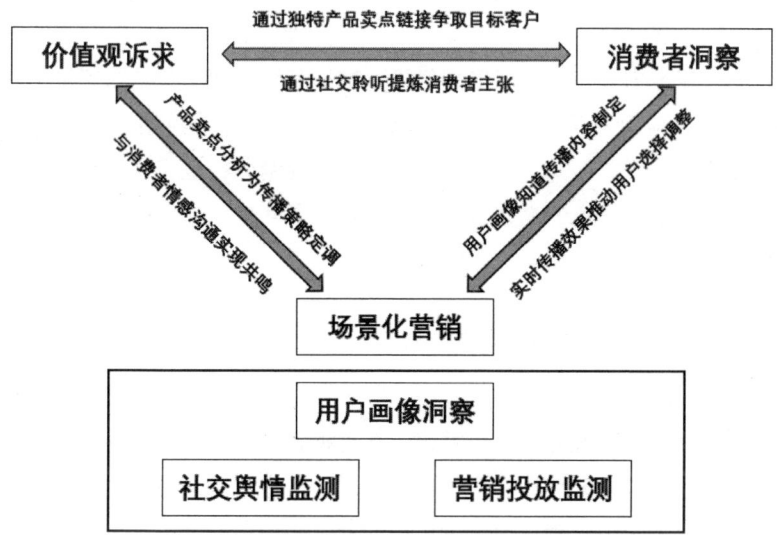

图11-13 新营销价值——消费者、价值观和场景的有机结合

品牌也开始注重和消费者的互动，不管是在微信公众号还是在微博、小红书、抖音上，品牌越来越多是双向而不是单向的营销方式。

很多产品服务是在消费者互动环节里得到迭代和提升的，这也是在新时代C2B（消费者对企业）的模式。消费者会提出很多诉求，假如企业满足了消费者的诉求，那么消费者认为你是尊重我的，并且这个产品是我想要的，我就会变成你这个品牌的粉丝。

4.做好品牌全渠道的产品管理

如今，微信朋友圈的广告、微信公众号的售卖、网红主播平台卖东西，营销变得越来越软，渠道变得越来越分散。新兴碎片化营销传播渠道让各大品牌的产品都更难做，因此，产品管理很重要。

首先，重要产品在线上线下皆可销售，品牌力较弱的产品且不宜线上销售的就只能在线下销售或测试。对于计划购买的产品，提供一套精心打造的产品，对于随机购买的产品，提供足够广度的选择以促使随机购买。线上线下只在重要产品上重叠。例如长尾产品还集中于线上，减少选项以增加产品种类的深度。线下通常采取驱动产品策略，即线上支持线下（提供流量，增强服务），将线下体验做到极致。

其次，线上线下产品都很重要，不能偏其一，需要全渠道协作，策略制定应基于提供最好的全渠道体验。线下是最主要的渠道时，应努力提高产品回报率，利用线上减少线下压力。线上是主要渠道时，线下应支持线上，线下更侧重于服务和展示。

最后，做好全渠道产品的定价，既可以实行线上线下同价，又能利用线上优势拉低价格，以形成竞争优势，这需要根据品牌优势及定位来定一个合理的高价位。一方面，商家应努力寻找机会以提高价格，增加利润，即使会导致销量下降。另一方面，线上价格应有竞争力，将多渠道服务的价值转化为价格；线下限制产品种类，将其作为额外服务，并定高价。而多渠道的促销分析也应线上线下结合。

如何收集好不同渠道的消费者数据，做好产品管理，如何打通线上线下的数据触点，成为全渠道营销管理要关注的重点。

二、品牌冲冠的全渠道营销布局模式

近几年来，随着互联网的飞速发展，零售业发生了一系列大变革，消费低迷、成本增加、电商冲击三股势力夹攻零售。在这种恶劣局势下，传统零售品牌如何才能摆脱困境，赶上消费升级，实现平稳过渡，全渠道营销是最为关键的一环。

传统零售重视渠道营销，对于用户层面的营销偏弱，零售现在所要做的是赶快加紧全渠道营销建设，否则一旦消费者多元化需求暴涨，实体零售将彻底失去机会。那么，全渠道零售具体如何有效布局？

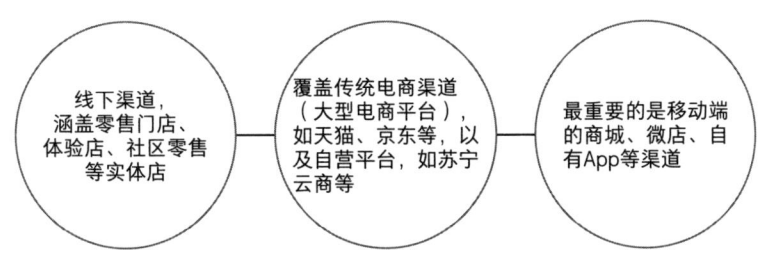

图11-14　全渠道零售布局三大主要渠道

1.线下渠道：新零售变革基石，线下场景营销新触点

线下渠道很重要，传统零售是从线下做起的，要想实现变革，线下一定不能抛弃。传统零售首先要强化线下渠道优势，做精细化运营，做好服务、做精客户，然后切入互联网和移动端的方式，逐步推动线上线下的融合与变革。

比如，传统零售业现金结算模式很麻烦，需要给消费者找零，也不方便存储和资金集中管理，借助移动支付就可以很方便地解决这个问题。比如微信支付、支付宝支付等，不要让消费者最终在付款环节产生任何困难，这是线下必须要实现的一环。

再如，如何有效提升消费者服务，增加顾客忠诚度和购买频次。线下在这方面有很多资源可利用。例如微信开发，消费者扫描店员专属二维码，自动实现参与活动和品牌关注，同时消费者和店员公共微信实现对接，能够及时提供多种专业、快捷的服务，消费者在家也可以找到最近的店员资讯，线下门店有新的促销信息和活动推广，也可以精准地推送给目标客户，这其实就是线下优质的服务体验。

当然这个需要一定过程，各个区域的品牌门店可以不断积累用户数据，持续获取消费者喜好，提供更优质的产品和服务。反观现在的电商流量成本逐年减少，大量品牌又开始回到线下，成为构建新零售生态闭环的重要组成部分。阿里入股各大传统百货，京东投资永辉超市，行业大佬们反而更加重视线下的流量资源。

2.电商渠道：线下追赶线上的数字化运营神器

电子商务对线下零售业构成了威胁，但这是线下传统模式一成不变造成的需求断档。现今，试水电商渠道已经是零售线上线下融合的重要环节。到2017年，中国大型零售企业已有95%开始电商布局，并且新加入的品牌仍在持续扩张。

零售业如何布局电商，可选择的方案很多，比如自建平台、入驻第三方平台、开发微店、微商城、小程序等。

大型零售品牌资金充足的可以自建平台，充分掌握流量的入口，对于后期业务的掌控比较有优势。资源不充足的企业，可以入驻第三方平台或者采用开源的程序先把电商模块运营起来，不过大平台初期可以给零售企业引流，初期运营难度比较低，也更容易看到效果。同时，物流供应链能力也是一个需要解决的问题，大部分企业是不具备这种能力的。所以，和大平台合作可以减少很多麻烦和基础资源投入，实现高效的物流配送，优化用户体验。

3.移动渠道：零售业做深用户体验和运营的传播工具

最新"双十一"统计显示，淘宝、天猫等交易额有90%以上由移动端产生。移动电商之所以增长迅速，无外乎两个方面：一是智能终端设备和互联网技术的快速发展和变革；二是线上平台通过多种方式已经培养了消费者在线购物的习惯。

移动端微信的崛起推动了微电商向信息化、系统化、平台化发展。比如，微信分销模式帮助零售品牌在短时间内实现用户爆炸式增长，实现用户的私有化聚合及运营。再如，假设品牌方招募种子用户成为分销商，然后传播给自己的朋友、家人等，参与转发的人可以获得佣金，如果产生购买行为，将直接按照额度实现多级利润分成，通过这种利益共享机制可以刺激每个参与者分享和传播品牌。

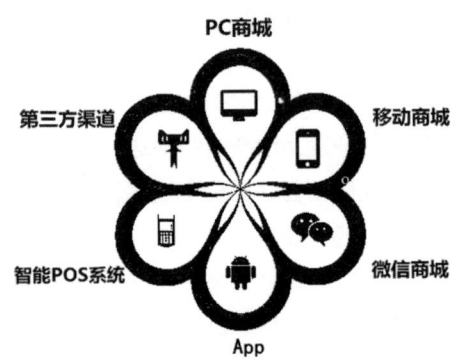

图11-15 移动渠道的传播

传统零售业迎来了极大的挑战，品牌要实现冲冠，需要根据自己的行业状况布局适合自己的全渠道营销模式。

| 中部·营销战略的推动力 |

第十二章
商业模式及创新
（品牌冲冠第九步）

商业模式为何物

一、什么是商业模式？

每一次，在一些商业大会探讨企业发展战略，都会谈到商业模式，这是一个很长的课题。随着网络信息的发展，低成本时代已经彻底终结，中国企业"转型升级"迫在眉睫。众多制造业、外贸企业转战国内市场，不断变革的商业模式日益受到关注。

世界管理学大师彼得·德鲁克也曾说过：21世纪企业间的竞争已经不是产品与价格之间的竞争，而是商业模式之间的竞争。

那么，到底什么是商业模式呢？

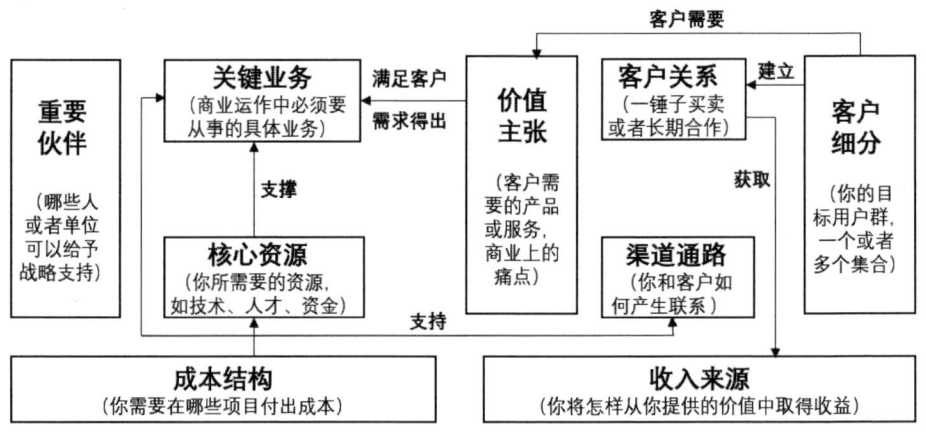

图12-1　商业模式框架内容

当我们有一个创业想法时，我们都会有一个创意，这个创意来自机会的丰富和逻辑化，就是各种创造性资源组合后传递出的一种更明确的市场需求的可能性，也是一种未明确的市场需求，包含未被利用的资源或能力。随着这种市场需求及资源日益得到清晰界定，机会逐渐演变成一种清晰的商业概念。

商业是通过交易获取利益，包括如何满足市场需求、如何配置资源等核心计划，等等，是企业如何创造价值、传递价值、获取价值的一个创意过程，而思考如何完成这些商业交易的创意就逐渐演变为一种商业模式。简单说，也就是公司通过什么途径或方式来赚钱的一种创意。

比如，饮料公司通过卖饮料来赚钱；快递公司通过送快递来赚钱；网络公司通过点击率来赚钱；通信公司通过收话费来赚钱；等等。这些赚钱的创意就是企业的商业模式，更多创意也能发现更多赚钱的机会，也就更有可能创造出新的商业模式。

因此可以说，商业模式就是创业者的商业创意。包含价值主张、客户细分、渠道通路、客户关系、成本结构、核心资源、关键业务、关键合作、收入来源等一系列的创意框架。

二、商业的本质

成功的商业模式往往都是很好地满足了人类的天性。失败的商业模式，更多的是商业模式设计偏离了商业的本质，无法完成满足人性需求的交易。

商业是通过交易获取利益，商业模式是完成这一交易过程的一个创意，所以，商业的本质是必须能提供对方认为有价值的产品或服务，必须尽可能降低交易过程中的成本以及当前这一交易对双方来说是最划算的。

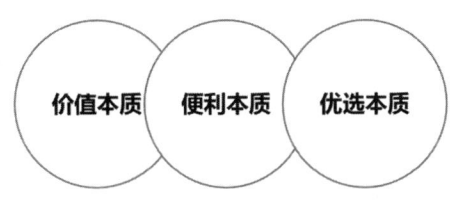

图12-2　商业的三大本质

1.价值本质

必须提供对方认为有价值的产品或服务。线下与线上的结合是很多传统制造企业在互联网时代下的理性选择。

案例

巧虎来啦

比如"巧虎来啦"，看巧虎的教育视频可以买巧虎的实物玩具以及玩巧虎的网络游戏，这让巧虎的《乐智小天地》大放异彩，这一商业模式的成功在于抓住了父母的核心价值需求，让孩子拥有一个成长的好伙伴，并养成良好的习惯。这里也有一个重要的"门槛论"，就

图12-3　巧虎卡通形象

是如何降低用户进入的门槛，在《乐智小天地》只要看到视频就能感受，用户进入门槛明显低多了，核心是满足了用户贪婪的本性。

2.便利本质

便利性实质是降低客户的交易成本。谁能更快捷，让客户更加便利谁就是赢家。让天下没有难做的生意，成就了阿里巴巴。

案例

易迅

易迅充分发挥深圳本地物流的优势，通过"一日三送"等多种手段大大提升了客户的便利性。网购见不着实物，没有实体店购物时一手交钱一手交货的体验感。网购客户下单购买后，一般等待时间越长，满意度越低。"一日三送"满足所有急性子的理念，大大提高了网购客户的网购体验。易迅还通过其他方式提高客户购买的便利性。比如，对家电产品的节能补贴，客户在易迅购买时，节能补贴金额直接在产品价格中扣除，后续的工作由易迅自己进行。

3.优选本质

就是相比较而言，当前这一交易对双方来说是最划算的。在消费者一般认知里，购买的量越大，单价越便宜；商家会给老客户及忠诚的客户更多的折扣与优惠。但某些商业模式的设计却反面利用了这一客户心理，让购买量大的客户付出更高的单价。

案例

亚马逊

笔者曾在国内某知名超市发现某种进口巧克力6粒装的总价高于单个装价格的6倍。笔者暗中观察，客户在挑选这种巧克力时不会仔细比较两种包装的价格差异，而直接选择6粒装的，因为习惯与直觉让其觉得一次多买一点会更加划算。但这一价格策略很快被老客户发现了。无独有偶，亚马逊公司营销史中一个败笔就是通过追踪客户的消费规律，算计客户的购买行为，对同一种商品，向老客户收取比新客户更高的价格。但这一价格策略很快被那些忠诚的老客户发现，并在各种网站和论坛上谈及此事，怨气冲天，让亚马逊最终不得不停止这种定价策略，并向用户退还差价，得到了惨痛的教训。

案例中的失败都是违背了商业的优选本质，利用老客户对价格的敏感度降低而收取相对更高的价格，只会严重地伤害客户。客户细分的技术层出不穷，客户管理的手段愈加先进。不少商业模式设计出对不同客户群体采用不同的营销定价策略，这本身没有错。但若提供的商品或服务本身没有差异，客户总会发现。用户其实都是自私的，你给优惠，给打折，给免费都可以，但不能令用户有一点点损失的威胁，因为用户都害怕损失和风险。

商业的本质是通过满足人性来获取利益，从而创造价值。所以，商业模式的本质就是如何创造和传递这些客户价值和公司价值的系统。可见，商业模式的选择和设计都必须遵循"人性"。

从人性出发，思考如何去满足人性，从而精准锁定自己的用户群，才能设计一个好的商业模式，成为用户的知己，才能引领消费升级。

三、品牌冲冠的商业模式三大特征

在满足人类天性之时，只是开启了一个商业模式的开端，而成功的商业模式是一个艰难的过程，但艰难之路也并非无"捷径"可循，因为其拥有共同的特性。

1. 商业模式要能提供独特价值

这个独特的价值有时候可能是一种新的思想；但更多时候，它往往是产品和服务独特性的组合。这种组合要么可以向客户提供额外的价值，要么使客户能用更低的价格获得同样的利益，或者用同样的价格获得更多的利益。

比如农夫山泉。最初，在研究纯净水水质时，发现纯净水缺少人体必备的微量元素，不利于人体健康。于是在微量元素上做文章，让消费者知道农夫山泉的优势是纯净水不可比的，即拥有微量元素，符合人体健康的标准。然后精准定位于重视健康、追求健康，留给消费者最大的印象是"有点甜"，正是这个独特亮点让农夫山泉在众多矿泉水品牌中脱颖而出，拥有大量的消费者。

试想，随着生活水平不断提高，人们越来越注重饮食上的健康。相对于其他矿泉水来说，农夫山泉既能满足人们健康的诉求，又价格公道，自然受到消费者的青睐。农夫山泉提出的"有点甜"本身的价值很大吗？并非如此。所有的矿泉水口感差不多，几乎都具有微甜的特点。然而，农夫山泉以打造这一独特性观点钻进了消费者心里，被赋予了独特价值。

所有的问题都是围绕着价值来展开的，企业生存的使命就是创造价值，获取利润。价值的实现和创造是企业一切活动的核心和目标。商业模式提供的独特价值不仅体现了一种企业经营的理念，企业也因为能够创造独特价值而具备存在的合理性。因而本质上，商业模式就是一种价值转换机制。

2.商业模式是难以模仿的

企业通过确立自己的与众不同，如对客户的悉心照顾、无与伦比的实施能力等，来提高行业的门槛，从而保证利润来源不受侵犯。比如，直销模式，人人都知道其如何运作，也都知道戴尔公司是直销的标杆，但很难复制戴尔的模式，原因在于"直销"的背后，是一整套完整的、极难复制的资源和生产流程。

3.商业模式是脚踏实地的

企业要做到量入为出、收支平衡。要构建可良性复制的业务过程，保障企业交易结构和现金流。这要年复一年、日复一日地做到，并不容易。

以联想手机为例。联想是一家生产和销售电脑的企业，近年来，市场上却出现了联想牌手机，并且广受消费者青睐。其实这是联想另一业务的展开，联想公司通过生产手机获得了收益，尤其是2012年，联想牌手机的销售量比联想牌电脑的销售量还要高，这让公司看到了新的发展空间。然而，联想推出手机的过程并不是一帆风顺的。最初，联想将手机定位在中高端市场，经过市场考验之后，以失败告终。联想并没有自暴自弃，而是总结失败经验、分析自身不足，继而将手机定位在中低端市场。

事实证明在中低端市场，联想有着巨大的发展空间。2011年，联想手机在智能手机市场占2%的份额，两年后，它在智能手机市场占的份额达到了14.8%。在所有手机品牌市场占有份额中，联想排名第二，离排名第一的三星仅一步之遥。

手机销售渠道中有三大运营商，它们拥有中国智能手机一半的市场，并且自2011年以来在营销战略上开始重视中低端手机。联想公司紧跟这个趋势，大量生产中低端手机，零售价格在1000元左右，从而得到快速发展。

联想公司除了善于挖掘市场外，在自身定位上也非常准确。自苹果手机进入市场以来，联想知道自己在手机技术发展上难以望其项背，于是采取迂回战术，避其锋芒，在中低端市场上走出自己的一条路。另外，联想公司做手机取得如此高的成就得益于之前做的联想电脑。通过联想电脑，联想拥有大量的现金流，有这些现金流作为强大的支撑保障，可以让联想手机迅速找到自己的方向并发展起来。

如今，手机行业的供应链已经趋于完善，制造商很难在技术上突破并超越其他公司。并且联想公司的手机也逐步走向正规化。

商业模式的创新

一、为什么商业模式需要创新

任何一个商业模式都是一个由客户价值、企业资源和能力、盈利方式构成的三维立体模式，帮助你设计商业策略的指导工具。

就创新而言，商业模式的创新比产品创新和服务创新更为重要，因为它涉及整个公司的价值创造系统。这种创新由来已久，从沃尔玛到百思买，从西南航空到亚马逊，都是商业模式创新造就成功的典范案例。从1998年到2007年，成功晋级《财富》500强的企业有27家，其中有11家认为他们的成功关键在于商业模式的创新。由此可见，商业模式创新的力量比技术创新的力量都要大。

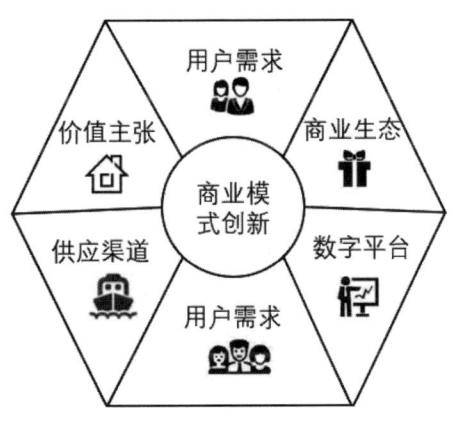

图12-4　商业模式

商业模式创新可以改变整个行业格局，让市场重新洗牌。因为商业模式创新与企业价值主张、目标用户、行业市场、商业生态、营销平台、供应链等都相关，创新一个商业模式，就可能改变价值主张或目标用户群，等等。

创新现有的商业模式可以制定更好的商业策略。真正的变革绝不局限于伟大的技术发明及其商业化，它们的成功在于"打破陈规、推陈出新"，把新技术和恰到好处的强大商业模式相结合。商业模式涉及公司的方方面面，包括战略、运营、人力资源、创新、财务等，因此创新商业模式是一个系统工程，其难度也要比单一功能的创新难得多。

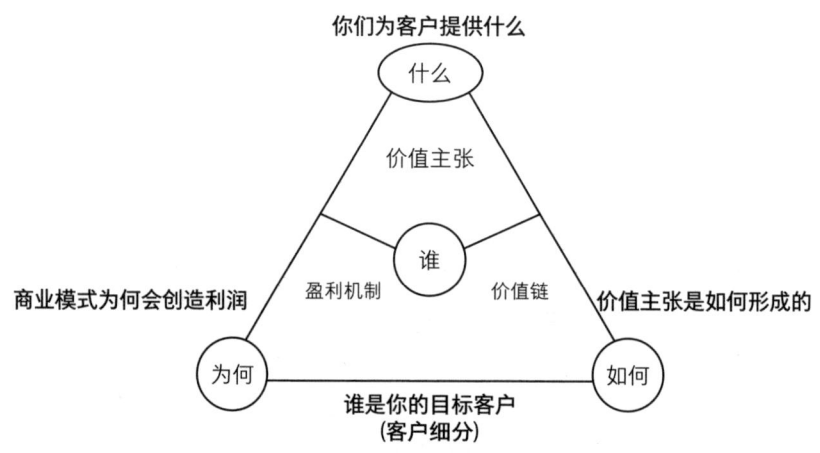

图12-5　商业模式设定

设计或创新商业模式，应该以"客户价值主张"的创新为核心，以关键资源和关键流程为依托，以盈利模式为财务安全的基准线，寻求各个方面的协调发展，这样才能获得长期的成功。

在明确"客户价值主张"时，首先要问正确的问题：你的核心客户是谁？他们为什么要买你的产品？比如，用户购买iPhone 11仅仅是需要一个功能更强大、更轻薄的手机吗？当然不是！大多数购买iPhone 11的客户购买的是那种阶层认同感。如果要创新"客户价值主张"，蓝海战略的价值创新曲线会是一个很好的工具。

通过分解客户价值主张的各个环节，去丰富那些对消费者有差异化和诱惑力的价值主张，而削减不太重要但却耗费成本的价值主张，就有可能创造出一个新的市场，同时兼顾"成本领先"和"差异化"这两个原本在竞争战略理论中并不相容的竞争优势。

比如经济型航空公司，它们主打性价比的概念，用比同类航空公司低得多的价格，为客户提供准时的交通服务。为了追求"差异化"，它们开辟了很多二、三线城市的航线，为了追求"成本领先"，它们去掉了非核心的餐饮服务。由于它们满足了很多价格敏感客户的核心需求，同时又把成本控制在尽可能低的程度，因此开辟了一个全新的"蓝海市场"。

比如一家创业型公司，由于其关键资源有限，关键流程也不完整，因此在选择目标客户时一定要聚焦，价值主张一定要清晰，争取用有限的资源能够产生明确的"客户价值主张"，专业于某一个细分市场是它们胜算最大的竞争策略，只有当其在某一个细分领域取得绝对的领先优势之后，才能在相关领域进行拓展。所以，创业公司在设计商业模式时要牢记十个字："专业、聚焦、差异化、强检验。"

专业就是一定要秉承专业化路线；聚焦则是往小里做，做"小而美"的企业；差异化是要做别人不能做的事，确定独特定位；强检验则是指只有为客户创造可以衡量、立竿见影的价值，才有可能给公司带来利润。一种思想和观点有没有价值，不仅现在要有用，将来更能发挥作用。研究商业模式，最起码是要知道现在人在关注什么，高手在关注什么。

二、商业模式创新的五大路径

采纳公司服务过很多企业做品牌升级创新，尤其是近几年，互联网的强力冲击，很多原有的商业运行规则被摧毁，各利益相关者的利益格局已被打破，很多企业都需要重新设计新的利益交易机制和新的商业模式。那么，如何跳出传统思维的局限，创造一套颇具创意、令人兴奋而又切实可行的新商业模式呢？

1.从改变满足客户需求的方式入手

同样的需求不同的满足方式，导致商业模式的异同。比如永和大王和九阳豆浆，同样是满足我们喝豆浆的需求，永和大王通过餐饮连锁模式现磨现卖提供给顾客，而九阳豆浆则是以向顾客提供豆浆机的方式让其自己制作豆浆。两种不同的满足和提供方式，导致了两种不同的商业模式，甚至进入了不同的行业和领域。

企业在满足客户需求时如果从不同的满足方式着手，改变传统的提供方式，寻找一种新的满足方式，有可能给正在期望或有潜在需求的客户意外惊喜而令其无法拒绝，最终引发新的需求快速增长，催生新的商业模式爆发。

2.从行规造成客户的痛苦入手

深挖本行业行规给现有客户带来的痛苦，并想方设法去消除这些痛苦，或减轻、降低这些痛苦，你就能提出新的价值主张，必然会先人一步，升级为领先的商业模式。

3.从改变企业价值生存方式入手

改变企业价值生存方式不仅适合产品竞争激烈的行业，同样适合新技术新产品的行业。新产品最初推向市场时研发成本高，导致价格较高，消费者难以接受或对新产品没有足够的信心，造成买卖双方信息严重不对称，从而形成市场推广成本高、效益低的局面。

改变企业价值生存方式，降低客户购买成本，转变盈利来源和成本摊销方式，降低客户使用的风险，可能会出现柳暗花明的景象。

4.打破行业边界，重新定义客户

你知道雅戈尔、凡客诚品是哪个行业吗？你知道苏宁、国美与京东又是哪个行业吗？商业模式的创新往往会打破行业的边界，或者会用另一个行业运作规律在本行业玩。

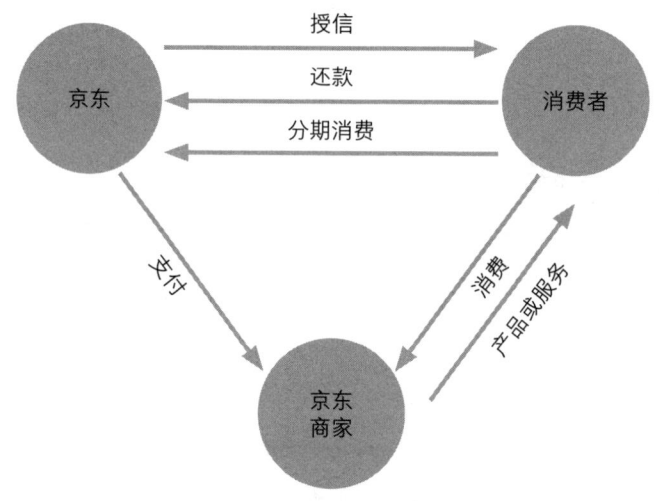

图12-5 如何打破行业边界

苏宁、国美属于家电商贸流通行业，通过连锁的商业模式获得了巨大的成功；但后起之秀京东没有一间店铺，凭借互联网横空出世，直击网购偏好的客户，用互联网行业的运作规律直逼两大家电巨头，远远跳开传统店面卖场模式，也获得了巨大成功。可见，打破行业的边界也是新经济力量下商业模式创新的一大路径。

跨行业进行商业模式创新、打破行业边界的时候要注意，跨行业不等于两个行业都做。就像凡客诚品，它是卖服装的，你能说它是服装行业吗？事实上，它是互联网电子商务行业。这两个行业的本质是完全不一样的，所以如果凡客用服装行业运作规律经营企业，那么就得像雅戈尔一样，专注设计、生产、制造、流通、专卖、连锁运营；如果它是按照互联网本质去运作的话，经营模式又不一样了。

互联网的本质是免费、快速便捷、眼球经济，只有点击率上升了才能拉动企业的后续业务，金字塔产品模式才能实现。

5.从利益相关者痛点入手

有时候企业商业模式创新仅从客户角度入手很难突破，甚至站在行业的价值链上来思考也一筹莫展。企业家及其高管通过对商业模式创新来改变企业命运和前途的希望突然变得黯淡，思维一度陷入僵局，情绪也很低落，总是找不到出路。这个时候，不妨尝试从利益相关方入手看看。

三、"互联网+"时代下的商业模式创新

管理大师德鲁克对互联网的影响力做出了十分肯定的判断：互联网消除了距离。互联网既消除了空间的地理距离，又改变了信息不对称的主动方和被动方的地位，使消费者的主导地位得以确定。这意味着整个商业从此将由企业主导转为用户主导，用户真正主权时代到来了。

1. "互联网+"时代的基本原则

《复杂》一书中说："网络思维将渗透到人类活动和人类思想的一切领域，网络思维意味着关注的不是事物本身，而是事物之间的关系。"

互联网时代，因为网络思维，整个商业正从经营产品转向经营用户，从经营用户转向经营社群。

彼得·蒂尔在《从0到1》里告诫人们：商业世界的每一刻都不会重演。商业没有固定的秘诀，我们需要不断地学习更新思维。成功的人士总能在意想不到的地方发现价值，他们遵循的是基本原则而非固定的秘诀。

"互联网+"时代的基本原则：

（1）商业重心正在从物转移到人；

（2）商业驱动力正在从流量转换为关系；

（3）商业的衡量标准正在从价值转换为价值观。

2. 为什么企业越来越关注商业模式？

管理学大师彼得·德鲁克说："当今企业之间的竞争，不是产品之间的竞争，而是商业模式之间的竞争。"

企业与企业之间，对于用户而言在产品功能层面很难分出高低。无论是ofo还是摩拜等共享单车，其实在产品层面也没什么重大的技术性突破，不过是多了个密码锁，凭什么值那么多钱？显然资本看中的不是他们的产品，而是自行车背后的海量用户。因为有了海量的用户商业模式才有用武之地，有了海量用户商业才有更加广阔的想象空间。

在所有创新之中，商业模式的创新是企业最本源的创新，它是企业管理创新、技术创新的基础。离开商业模式的创新，其他的创新将失去可持续发展的可能和盈利基础。而创新是互联网的基因，是互联网永恒不变的主题。

PC互联网时代的商业模式是通过入口级产品获取用户，把控网络流量，最后通过流量变现来盈利。移动互联网时代的商业模式是通过极致的产品和服务来获取

用户，把用户变成"粉丝"后通过跨界整合资源为用户提供更好的体验，最终提高用户的黏性和客单价，形成有黏性的用户平台后再嫁接商业模式。

变化的原因：

（1）移动互联网用户量更多，但碎片化的特征导致无效流量增加，无法通过简单的流量变现来盈利。

（2）PC互联网可以通过标准产品来获取用户，而移动互联网只能通过有个性标签的产品来获取用户。用户因为认同产品背后的价值主张，而对产品有较高的认同感和黏性，容易形成"粉丝"群。

（3）移动互联网的强社交属性增加了用户平台的黏性。

3.四大商业模式创新路径

（1）"共享+"

随着互联网技术的推广、社交网络生态的日益成熟，以及移动终端、物联网和云计算的发展，为共享模式的创新与应用提供了更多可能，众多的共享平台如雨后春笋般涌现。

滴滴出行2017年4月宣布完成新一轮超过55亿美元融资，估值预计突破500亿美元，远超任何一家出租车公司。从共享住宿、共享单车、共享电动车到共享充电宝，"共享+"模式随之而兴。共享模式的本质，归根结底是资源的优化配置，让商品、服务、数据以及智慧拥有共享渠道的商业运营模式。

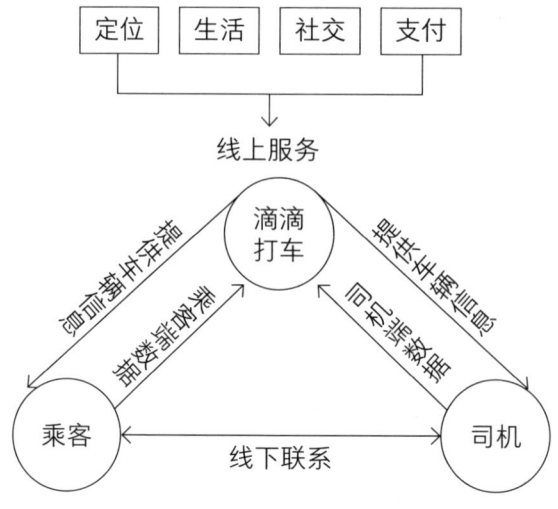

图12-6 滴滴商业模式

共享的对象可包括汽车、房子、办公室或闲置设备等固定资产，也可包括信息、能源、资金等资产。国家信息中心和中国互联网协会联合发布的《中国分享经济发展报告2016》显示：2015年中国分享经济市场规模约为19560亿元，主要集中在金融、生活服务、交通出行、生产能力、知识技能、房屋短租等六大领域。

预计2020年—2021年分享经济年均增长速度在40%左右，到2020年市场规模占GDP比重将达到10%以上。未来十年中国分享经济领域有望出现5—10家巨无霸平台型企业。

（2）"社群+"

阿里巴巴CEO张勇认为：互联网商业，正从物以类聚走向人以群分。互联网时代的核心是连接，连接一切已成为互联网创造价值的独特手段。

在这样的背景下，以相同价值观、共同归属感为主要特征的社群经济的兴起，成为连接人与人、用户与企业的重要方式。社群实现了人与人之间最快的连接和高度信任的互联网经济，社群将是移动互联网时代的红利，也将是未来商业的核心动力。

社群经济是指一群有相同兴趣、认知、价值观的用户为一个共同目标或追求，发生群蜂效应，一起互动、交流、协作、感染，对产品品牌产生反哺的价值关系。这种建立在产品与粉丝群体之间的"情感信任+价值反哺"，共同作用形成的自组织、自运营的范围经济系统。

在社群中，产品与消费者之间不再是单纯功能上的连接，消费者开始在意附着在产品功能之上的诸如口碑、文化、魅力人格等灵魂性的东西，而且很容易把这种社群文化移植到社群其他延伸品上。

比如小米手机。自小米手机一夜崛起后，就引发了人们对小米模式研究与学习的热潮。如今小米旗下手机、路由器、电视、笔记本、移动电源等产品数不胜数。可以说小米是由一部手机开始构建的整个商业帝国，但是不管小米的商业版图有多大，甚至让人有些眼花缭乱，其核心基础都离不开几千万对小米文化高度认同的米粉。

阿里巴巴副总裁靖捷说："粉丝的经济能量有多大？下一个万亿增长点就要靠粉丝经济。"数据显示，从平均购买力来看，粉丝人群比非粉丝人群高出约30%；从品牌线上营销活动的转化率来看，粉丝人群是非粉丝人群的5倍。

在社群3.0时代，以连接一切为目的，不仅仅是人的聚合，更是连接信息、产品、服务、内容、商业等的载体。

互联网将散落在各地的星星点点的分散需求聚拢在一个平台上，形成新的共同需求，并形成了规模，解决了重聚的价值。社群的商业价值取决于其所在领域的产业格局与营运模式。社群如何在更大格局的领域，通过多个社群之间的交互跨界演化出动态平衡的商业生态是所有社群实现商业价值的未来所向。商业社群生态的根本价值，是满足社群中消费者多元化、个性化的需求。因此，不是获取更多用户的垂青，而是围绕这群人精耕细作，服务于这群人的衣食住行，形成闭环。未来企业制胜的关键不在于规模有多大，而在于拥有多少用户和社群粉丝。

（3）"平台+"

比如猪八戒网，最初确定的盈利模式是收项目成交佣金、会员费和广告费，但这种模式很容易赶跑用户或遇到瓶颈，并且买卖双方也不乐意。对卖方来说，好不容易到手的蛋糕不愿与平台分享；对买方来说，他也愿意把完整的蛋糕给设计师，好让他拼全力为自己干活。后来，猪八戒网创始人朱明跃深刻地认识到，猪八戒网的商业模式需要革命。

朱明跃在深度钻研淘宝的成功要素后认为，猪八戒网最宝贵的资产是创办多年积累了海量的数据：平台已经有超过300万个中小微企业，接近1000万个拥有专业技能的机构或个人。除此，他们还有几十个T的原创作品数据，而且每一次交易还会产生大量用户行为数据。那能不能够通过交易平台沉淀的这些资源，为平台和用户双方创造更多的价值呢？

研究后发现：中小微企业来猪八戒网设计了标志后还需要商标注册和版权登记，于是2014年他们成立了商标注册服务团队，为这个平台上海量的中小微企业提供商标注册服务。结果仅半年时间，猪八戒网便成了国家商标总局平均单日注册量最高的公司，收入达两三亿元。

猪八戒网在这口"大油井"中挖到了丰厚的收益，线下商标代理机构的通过率在40%—46%，而"猪标局"可以达到80%以上，一跃成为国内首屈一指的商标代理机构，这就是大数据的力量。而商标注册还有后续服务，有时需要诉诸法律，等等。于是猪八戒网沿着从商标设计到知识产权服务再到商标注册服务，在整条产业链上延伸其他服务，如印刷服务、制造服务等。钻完第一口井，猪八戒网开始把盈利模式从"过路费"升级为"钻井模式"，免除平台20%的佣金（比稿、计件除外），正式挖掘数据海洋。现在，猪八戒网内部有6支"钻井"队伍，分别从不同的领域入手，对海量数据库进行全方位的勘探。

所谓"钻井模式"，就是"平台+"模式，就是先做好交易平台，吸聚海量用户，然后通过对用户行为和习惯的数据分析，挖掘市场潜在需求。从而在整条产业链上开始延伸，做闭环服务。

不过，对于传统企业而言，不要轻易尝试做平台，尤其是中小企业不应该一味地追求大而全、做大平台。而应该集中优势资源，发现自身产品或服务的独特性，抓住精准的目标用户，挖掘用户痛点。设计好针对用户痛点的极致产品，围绕产品的应用场景打造核心用户群，并以此为据点快速打造品牌。

平台型商业模式的基础是大规模的用户量，这就要求一切必须以更好地满足用户需求为导向，产品更为多元化和多样化，更加重视用户体验和产品的闭环设计。"平台+"模式的精髓，在于打造一个多方共赢互利的生态圈。

（4）"跨界+"

2011年年底，在实体书店没落的背景下，"方所"在广州横空出世。占地1800平方米的广州方所，书店占500平方米，占方所面积不足1/3，拥有超过9万册书。内容覆盖设计、建筑、文学、艺术、电影、诗歌、美食、心理学等，是集图书、生活用品、咖啡、展览与服饰时尚于一身的立体文化空间。

方所开业前2天营业额即突破30万元，日人流量最多达到1万人次。每逢周末，这里人头攒动，咖啡区一席难求，收银台前总有一排长队。各类展览、沙龙、文化活动座无虚席，这便是方所的魅力所在。在良好的环境中，人们不仅可以买书，还可以选衣服、买工艺品、看展览、体验文化消费。反过来，这些周边产品的利润又很好地支持了书店的发展。这样它们就能进行产业相互支撑，看衣服的人可以坐下来喝个咖啡，再拿两本书看看。据相关数据显示，方所营业额60%都是来自精致生活用品、服装，而不是图书。与其说方所在卖书，不如说是在卖一种氛围，一种生活方式。方所策划总顾问廖美立曾说过："我们做的不是书店，而是一个文化平台，一种未来的生活形态。"

如今进入体验经济时代，大众的物质性需求已经得到了极大满足，根据马斯洛需求层次理论，现在的消费者追求的是更高精神层次的满足。过去那种只靠图书经营的传统书店的盈利模式单一，而且给消费者的消费体验也不好。因此，实体书店必须转型升级。方所通过与艺术、设计、服饰产业的跨界融合，顺应了人们消费升级后对场景文化体验的更高要求。

互联网时代新商业模式

一、共享模式

在当下的中国，共享租车、共享单车、共享汽车、共享充电宝、共享篮球……

共享经济正在成为大众关注的焦点，资本追逐的宠儿。

1. 共享出行

交通出行是共享经济目前在全球范围影响最广、争议最多，也是最彻底贯彻共享经济精神的领域，主要有共享租车、共享驾乘、共享自行车、共享停车位四种类型。交通出行的共享基于巨大存量市场，把社会上大量闲置的车资源、司机资源、停车位资源等给盘活了，在改变人们出行方式的同时，指数级提升了交通闲置资源的利用率。

Uber可谓是"共享经济"的启蒙，作为世界上最大的出租车公司，通过移动应用，虽没有一部车，却建造了一个共享经济的平台，打破了传统由出租车或租赁公司控制的租车领域。

罗兰贝格认为，目前中国的社会车辆的平均闲置时间约为95%，大量运力未被激活。汽车共享出行作为需求最迫切、行业成熟度最高的领域，理应成为中国发展共享经济的率先切入点。

2. 共享空间

空间是无处不在的资源，但它明确的属性特征，主要包括共享住宿空间、共享宠物空间及共享办公场所空间三种产品形态。传统空间拥有者想要高频次出售或短租给需求者，或者需求者想要了解房屋真实情况，交易的时间成本就非常高，但空间的共享经济则将传统的壁垒打破了，供需双方可以快速地建立联系并沟通，信息完全对称。

Uber改变出行方式之后，Airbnb也改变了人们的居住空间和旅行模式。被誉为"住房中的ebay"，虽没有自己的房子，却能通过网站在全世界192个国家和地区，3万座城市为旅行者提供300万套房间，且都是各具特色的民宿。旅行意味着享受生活，在这些短租平台上选择民宿或短租房，不仅价格比星级酒店更低廉，与房东一家相处，还能体验当地风土人情特色。

Uber和Airbnb为几百万人带去工作和额外的收入，为消费者创造独特的价值。它们在全球范围的成功影响，已经成为全球创业生态中最重要的商业模式之一。而比起这些所谓的"鼻祖"，拼租房屋似乎是目前绝大多数人选择的一种"共享"模式，通过房屋资源的共享来均摊生活成本，在保证私人隐秘空间的基础上，还可以进行友情、人脉资源以及彼此之间知识的共享。尤其是北上广深一线城市，在高房价的压力下，共享房屋成为刚毕业，甚至已工作数年的人群的最佳选择。

3. 共享金融

金融与互联网模式相互渗透，促使金融共享经济需求诞生，主要有众筹模式。金融共享经济通过互联网平台快速高效搜寻和撮合资金的供需方，加快资金的周转速度，最大限度发挥了资金的使用价值，让更多人享受到金融服务。

在投资、融资和支付领域，共享金融才刚刚开始，并且尚以新生金融机构为主，传统金融机构大部分还没跟上，但这一趋势已经形成，而且将以超出大多数人预料的速度呈井喷式发展。有人预测，到2021年，共享金融将发展出丰富的生态圈，细分出巨量业务，总规模将达到数以万亿元计；更有人大胆地预测，未来某天银行大部分会消失，作为专业的金融本身也会消失大半，金融会随时附着在各种商业活动中，随时解决金融问题，发挥金融功能。

4.共享美食

比如国外的OpenTable，创立于1998年的上市公司。消费者可以通过他们的应用查看附近餐厅、菜谱和评价，并预订座位，而OpenTable通过向餐厅收取一定费用来实现收入。国内从2014年开始，回家吃饭、饿了么、爱大厨、好厨师、烧饭饭等应用软件已纷纷上线。

回家吃饭App"让吃变得更幸福"，他们利用社区内闲暇中年人的烹饪能力共享家庭厨师，将菜肴以外卖的形式送到办公场所，类似于邻里"搭伙吃饭"的模式，比餐馆的价格更便宜，菜式更丰富更安全。通过这些第三方平台，一方面，让很多用户，尤其是长年在外打拼的年轻人吃到了有人情味的饭菜；另一方面，也让很多赋闲在家的劳动力，利用自己对美食的兴趣爱好，充实了自己的生活，好手艺的大厨们可以充分发挥自己的特长，在闲暇之余为他人提供高品质的美食，同时赚取了一份收入。把自己的闲暇和才华分享给他人，创造了意想不到的价值。通过美食分享的商业模式，增进人与人之间的信任和感情。

图12-7　回家吃饭App

回家吃饭的商业模式本质上是基于"吃"的共享经济模式。回家吃饭的"吃"，也延续了上述共享汽车模式公司的很多特点。比如，潜在的供给端（也就是家庭厨房）的数量足够大，而烹饪技能和驾驶技能类似，都是低门槛的技术能力。并且，社会上有大量的闲置的家庭厨房和家庭厨师。同时，家庭厨房作为已经存在的价值产生方，具有一定程度的成本优势，不同于一般租赁门店的商业餐饮，房租以及人力成本占到50%—60%，家庭厨房既没地产成本，也没服务人员的成本，而成本优势又带来了更大的盈利，这也是很多投资人看好该模式的理由之一。

二、众筹模式

众筹平台的想象空间巨大，可以演变出各种商业模式，具有巨大的商业价值。无论对投资人还是创业者，众筹都是未来的潜力股。中国的众筹市场必将被逐步引爆，掀起另一个互联网金融的热潮。

1.产品重生的舞台

有了众筹平台，创作者可以向投资者和消费者展现他的才华和产品，优秀产品不会被轻易抛弃。设计师可以将自己的设计放到众筹平台上接受消费者的检验，如果其作品真的得到大家的好评，具有市场，设计师可以通过众筹平台轻易汇集资金，找到厂家来生产。

2.高科技产品推广的平台

人类社会即将进入场景时代，借助于移动设备、传感器、大数据、社交媒体、定位系统的五大原动力，人类的生活轨迹和社会行为都将数据化。可穿戴设备、各种类型传感器的出现必将带来一次产品革命，由于其市场巨大，很多厂家都在投入资金来进行开发。可穿戴设备需要大量用户进行测试，进行产品功能和外形的改进。

3.艺术家的大众经纪人

艺术家成长的道路艰辛苦涩，面临着内部和外部的压力，如果没有用户的支持，很多艺术家就会半途而废。有的人可能会屈于某种压力，放弃了自己的个性，丧失了艺术家的独立性，成为庸才。借助于众筹平台，艺术家完全可以向社会展示其艺术作品，雕塑也好，油画也好，工艺品也好。

4.软件开发者的天使投资

对于软件开发者，软件应用目前正向App的趋势发展，这些可能没有毕业的软件天才或是在大公司工作的螺丝钉都能通过众筹平台展现他们的创意，在得到资金支持后加速其产品的开发。

5.社会企业和慈善事业的新平台

过去几年，中国的慈善行业从社会捐款、政府统筹的形式正在走向社会企业和个人独立发起慈善活动的形式，借助于众筹平台，可以发起多种形式的慈善活动，包括钱款捐助、衣物捐赠、义务支教、技能培训、产品销售、公益培训等。众筹平台的透明性较强，专款专用，有利于提高慈善活动的透明度，同时也有利于大众进行监督。

第十二章 商业模式及创新

案例

《中国红》77小时众筹获百万推广资金

第一次写书的广东营销学会会长杨洪,用他的新书《中国红》在营销新领域"众筹"中试水。2014年9月1日,他在微信上开始发起《中国红》众筹活动,用《中国红》销售目标200万册的1%,即2万册进行"预售+团购"模式的销售众筹,需要在10天内众筹到100位支持者,每位支持者出资1000元购买200册《中国红》,一共筹资100万元用于实现《中国红》200万册销售目标的市场推广。

三、知识电商

知识电商源于一种人与人之间的互动、推荐、分享,就如同我们看到一篇好文章、听到一首好听的歌曲后转发在朋友圈中。我们看到一门好课,便可以一键转发推荐给朋友。再加入自己的学习心得,甚至针对好友属性和需求进行分组推荐,就有了更加高阶的玩法了。随着互联网的发展,微信拥有超过10亿的用户可以不断产生社交裂变。知识市场中拥有百万数量级别的课程可供选择,每个人都是知识电商的纽带。

知识电商逐渐火爆也得益于知识产品的无实体属性,平台与店家都无须为压货、库存、滞销承担风险。店家在知识市场选取课程在自己的店铺中上架,中间不会产生任何费用。

图12-8 知识电商

比如采纳在知识电商领域创立的"前橙课堂"。切入点就是知识付费的垂直细分领域。前橙课堂是与国内知名知识大咖合作打造的知识精品,用移动互联网的方式重新生产知识,让每个学习者都能轻松有效地利用碎片化时间学习体系化的知识,让每个知识生产者都能更体面更有尊严。定位于大咖课堂,邀请国内外头部讲师,以互联网方式重新生产知识,为用户提供适合移动互联网学习的深度知识产品。

前橙课堂的产品有专栏课和直播课,每个课程力求让普通客户能够理解和运用所讲述的知识,不流于表面,不灌输鸡汤,只讲最实用的知识。好知识,让自己成为更好的人。让知识赋能,正是现在火热的知识电商模式。处于知识电商第一梯队的得到App和喜马拉雅FM，在2019年硕果累累的情况下，2020年又给出了不同的玩法。虽然方向不同，但都有共同的目标，那就是继续扩展自身在知识付费领域的版图。而接下来的每一步都可能关系到他们未来的生死存亡。

2017年5月26日，得到App上线一周年，实现2.4亿元销售额；此外，更值得关注的是"知识发布会"后，碎片化的知识《李翔商业内参》改版《李翔知识内参》，除了栏目名称改成了"知识"外，更重要的是这个栏目免费了，李翔也正式加盟得到，上任总编辑一职。

2017年6月6日，喜马拉雅平台上线精品付费区一周年，正式推出会员产品"巅峰会员"。喜马拉雅采取会员制，除了上线增值业务获取额外营收的目的以外，还有更深层次的原因。

在内容付费产品中，有分答、微博问答、头条问答、企鹅问答等问答产品，也有豆瓣时间、知乎live、千聊、荔枝微课、小密圈等当红社区类产品。"豆瓣时间"5天突破了100万元的销售额，但以这个数字对比整个付费音频行业的总体市场规模，或是单独对标到得到App或者喜马拉雅的业绩都显得太过单薄。可见，对于付费问答和社区类付费产品，也必须尽快找到一条最优化、最高效的社群知识变现的道路，怎样把社群中的海量用户变成付费用户，怎样突破传统以广告为主要变现途径的商业模式，成为此类付费产品亟须解决的核心问题。

四、平台模式

平台经济学是研究平台之间的竞争与垄断情况，强调市场结构的作用，通过交易成本和合约理论，分析不同类型平台的发展模式与竞争机制，一并提出相应政策建议的新经济学科。而平台模式就是构建多主体共享的商业生态系统且产生网络效应实现多主体共赢的一种战略。

比如电信业、银行卡、互联网网站、购物中心、媒体行业等。它们涵盖了经济中最重要的产业。平台的存在是广泛的，它们在现代经济系统中具有越来越大的重要性，成为引领新经济时代的重要经济体。

平台的消费关系具体表现为：平台上卖方越多，对买方的吸引力越大；同样，卖方在考虑是否使用这个平台的时候，平台上买方越多，对卖方的吸引力也越大。平台的经济功能实质上就是提供或实体或虚拟的交易环境，从而降低消费市场中各方寻找交易伙伴的成本。

1.平台模式本质上是一种商业价值逻辑

平台模式是一种基于价值创造、价值传递与价值实现的商业逻辑。

平台价值逻辑具体体现为：

（1）为平台的供应商和终端顾客提供各种形式服务的过程，是平台模式价值创造的过程；

（2）为供应商传递产品或服务给终端顾客就是价值传递过程，也是平台模式的重要功能；

（3）对来自终端顾客的货币支付以某种契约形式与供应商进行分成，这一过程是价值分配与价值实现过程。

这一逻辑与商业模式研究领域内达成的为数不多的共识是相吻合的——商业模式本质上是一种价值逻辑。正如一些学者所言，过去商业模式研究领域取得的最大贡献，在于构建了商业模式与价值逻辑之间的联系。

比如在苹果的平台上，存在着三种类型的角色：作为中介平台的苹果公司，终端顾客主要包括iPod用户、iMac用户、iPhone用户及iPad用户，以及各种内容提供商主要包括数字媒体（音频和视频）提供商、手机和电脑应用软件开发商以及为数不多的广告商。苹果公司为终端顾客提供电子设备和部分软件的过程，就是其创造价值的过程。

同时，苹果公司还为软件开发商和广告商提供各种形式的服务，这也是一种创造价值过程。大量数字媒体和通信电子设备的应用软件，通过苹果这一平台向终端顾客传输的过程，就是苹果完成媒体供应商、软件开发商与终端顾客之间价值传递的过程；苹果公司对来自终端顾客的货币支付与媒体供应商、软件开发商之间按照一定比例进行分成（如与软件开发商就顾客的付费下载以3：7比例进行分成）的过程，就是价值分配过程，也是价值实现过程。

2.平台模式价值逻辑具有特殊性

尽管平台模式本质上也是一种商业价值逻辑，但研究同时发现，这种价值逻辑同传统企业商业模式的价值逻辑有较大差异，具有自身的特殊性。

（1）平台模式的价值逻辑比传统商业模式更复杂。

传统商业模式下，价值逻辑表现为"企业⟷顾客"，企业将产品、服务提供给顾客的过程也就是价值传递过程，顾客的货币支付转化为企业的价值实现。显然，传统模式是一种简单的自上而下的线性价值逻辑。而平台模式下的价值逻辑则要复杂得多。

平台模式下价值逻辑的主体至少包含平台企业、内容供应商和终端顾客三类性质不同的角色，角色之间的关系复杂。内容供应商与终端顾客之间是买卖关系，平台两边的内容供应商和终端顾客是两类性质不同的顾客，且这两类顾客之间存在交叉网络效应，任何一边的强大会吸引另一边的膨胀，而任何一边的缺失都会导致平台的瘫痪，三者之间构成了一个相对独立的闭环系统。

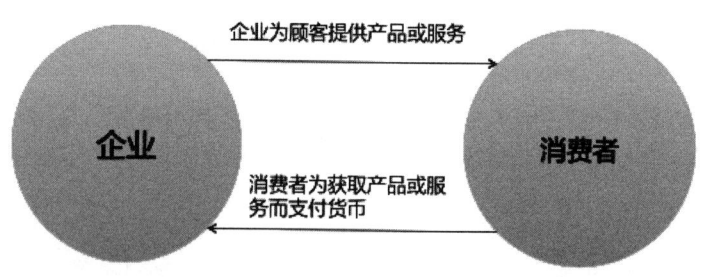

图12-9　传统模式平台

在这一闭环系统中，存在着两套价值逻辑体系：一是供应商与终端顾客之间的价值逻辑；二是供应商、平台企业和终端顾客三者之间的价值逻辑。

前者是平台模式存在的前提和基础，具有主导性；而后者价值的存在是为前者的实现而服务的，具有从属性。但是，若供应商、平台企业和终端顾客之间的价值逻辑缺失或低效，供应商与终端顾客之间的价值逻辑将受损甚至不复存在。

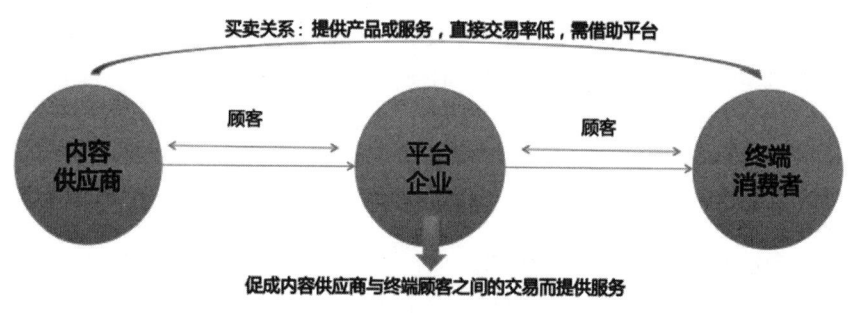

图12-10　内容付费平台

（2）价值传递在平台模式中居于核心位置。

传统商业模式是企业价值向下游消费者传递的过程。企业能力和竞争的核心体现在如何通过产品或服务的创新来为顾客创造更多的价值；即使没有中间商渠道，企业自身也可以把产品或服务传递给顾客，只是这种传递效率通常不怎么高。

网络时代，平台模式开始爆发，平台模式下，价值传递是平台模式的关键与核心。网络改变了供应商与顾客之间的价值传递模式和效率，传统模式的供应商既是价值创造者又是价值传递者，功能的重叠不符合社会分工趋势，价值传递从中独立出来就成为一种内在要求。

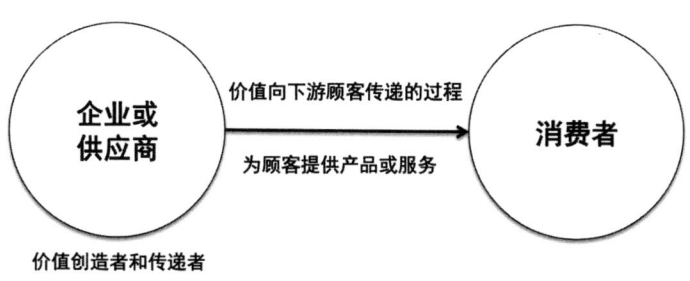

图12-11　传统商业模式

平台企业的出现，从根本上改变了供应商与顾客之间关于产品或服务的流通模式，使价值传递效率得到了提升。现实经济中，平台企业与传统企业（如电商与实体店）之间的竞争、平台企业互相之间竞争的核心，都是围绕产品或服务传递的效率。比如苹果iPod播放器之所以能一举打败当时的市场老大先锋，根本原因并不在于苹果播放器具有独特外形与高贵音质，而在于苹果搭建了一个有效的平台。

五、免费模式

免费模式指商家在经营中采取当时免费，之后会让消费者为这个免费买单的一种商业模式。类似一种"放长线钓大鱼"的经营策略和手段。

马云曾说："免费是世界上最昂贵的东西！"这句话在一定程度上也揭露了免费模式的本质。不管是支付宝推出的寻找"中国锦鲤"活动，还是华帝"法国队夺冠，华帝退全款"的活动，这些刷屏级活动的背后，或多或少都能够看到"免费模式"的影子。

免费模式解决足够多的海量客户，然后用漏斗的方式逐渐往下落，先让落下的人升级消费，并且把其中的小部分变成VIP客户。这与产品升级的思路是一样的，先用诱饵产品导入入门级的产品，然后是盈利的产品，最后推出暴利的产品。

比如"流行美"。2004年，流行美启动品牌定位为认识美、发现美、感受美的场所，专业的服务，美丽快乐的感受。与此同时，一大批后起品牌，如安之秀、今时尚、千寻等，逐步沿用流行美体验营销的模式，阿呀呀也开始在各大城市圈地。综观发饰品行业，从产品、服务模式到品牌主张、业务内容均出现了同质化的趋势。粗放的加盟制度，加盟商简单的"开店"思维，直接导致流行美终端识别混乱，品牌形象模糊，竞争力被严重削弱。很快，流行美就陷入危机，开始寻求改变现状，实现品牌升级。

思考流行美的业务模式"产品+体验服务"，通过终端产品体验、店员的情感营销，成为值得消费者信赖的亲密朋友、美容顾问。由此，采纳提出策略：先品牌整合，再营销升级，重新塑造品牌，开辟了一个免费的商业模式。

我们把流行美定位为"时尚生活密友""盛放你的美"，不仅传达了流行美的承诺，也道出了无数爱美女性的内心渴望。流行美带给消费者"专业、时尚、亲和、信赖"的形象逐渐清晰。将头饰发卡重新定位为"发饰时装"。这一定位将发饰和服装搭配相结合，彻底扩大了发饰的用途，有多少套服装，就应该有多少发饰，扩大了发饰的需求。但仅仅这样远远不够，必须要加强体验，提高档次，不仅卖产品，更应该卖服务。

那么，如何增强体验呢？我们为店面引进了椅子，开始推广"永久免费盘发服务"，在盘发服务过程中，深度说服消费者，让其喜欢自己的发型、匹配服饰的发饰，让消费者懂得美、热爱美。2006年1月，范冰冰签约流行美，正式成为流行美品牌形象代言人。流行美的发饰品，成为一种新的时尚消费方式，身份感、价值感大大提升。2006年4月，范冰冰出席流行美明星发饰时装发布会，加盟商士气高涨，终端业绩不断刷新，全国各大门店销量倍速增长。发饰时装流行美轰动全国，创造了超过20亿元的销量神话。

采纳为流行美重新发掘企业核心价值，新的品牌定位以及明星代言，加速了品牌成长进程，借势对业务、产品、营销管理进行了全面升级。而免费盘发服务，也引领了行业新的商业趋势，实现了企业的多重价值构建。

免费模式的形式：

（1）超级划算

免费并不代表不要钱。比如1500元的手机，你卖500元，大家都知道这个价格明显低于成本，那么其他卖手机的就无法和你竞争。龙虾馆卖龙虾低于成本价，用小菜和酒水赚钱，不是免费模式的应用。所以免费也收钱，但是会让你觉得超级划算。

（2）真正的免费送

把一些低成本但标价很高的产品免费送，比如终端售价500元，实际成本100元，顾客他会认为自己占的是500元的便宜。

（3）倒贴

滴滴企业每进入一个新的城市，消费者坐车还赚钱。当然只有七天的时间。银行也是一种倒贴的模式，大凡别人帮你保管东西，你应该付给别人保管费。银行帮我们保管钱，还给我们利息。实际上银行的商业模式非常先进。如果你有一种模式是免费加倒贴，那你的生意一定非常火爆。

第十二章 商业模式及创新

中部——营销战略推动力小结语

一个公司、组织以至一个产业的成功增长,都极大地依赖于科学、系统的营销原理和方法,品牌冲冠的推动力就是基于营销战略来说的。品牌冲冠第七步要想成为领导品牌,不仅要拥有深厚的品牌资产,更要有精妙系统的营销战略;第八步打造以消费者为中心的全渠道综合购物体验;第九步完成商业模式创新。

当你阅读到这里,关于品牌冲冠的拉动力与推动力,已经在本书的上部与中部全部讲清楚了。总而言之,推动力就是为了帮助实现品牌冲冠,必须要完成的事情,缺一不可;而拉动力,就是为了实现品牌目标,去达成的一个过程。这两种"力"缺一不可,是实现品牌冲冠的必备之力。

当然,想要将品牌冲冠置顶,还需要一个爆发力!这就是我接下来要讲的——新时代新战法的爆发力!

| 下部·新时代新战法的爆发力 |

第十三章
"IP营销"助力品牌冲冠

互联网时代社交媒体横行，人与人、人与品牌、品牌与品牌的连接将更紧密，新的爆点、热点、槽点层出不穷，新的品牌也以前所未有的速度和数量出现在人们的视野里。随着信息扩散的速度急剧加快，当00后开始成为新的消费主力时，要完成品牌冲冠，我们还需要一个爆发力，基于上部、中部内容的战法补充，属于新时代背景下，品牌活力、品牌冲冠的新战法。

你的表情包里有没有出现过这样一只熊？这只行动笨拙自带两坨腮红的黑白萌物在近几年时间内风靡全世界，成为年轻人所喜爱的表情包。它就是日本熊本县的吉祥物——熊本熊。可以毫不夸张地说，这只熊本熊的火热程度甚至超过萌物界的前辈"Hello Kitty"和"哆啦A梦"。

如今的熊本熊已经是一个没有国界区隔、没有性别区分、没有年龄限制的国际IP形象了。熊本熊IP的人格化形象塑造为它的商业合作伙伴带来了巨大的商业利益。根据日本银行的计算，2011—2013年，熊本熊为熊本县带来了1244亿日元（约76.3亿元人民币）的收益。我们不禁在想：消费者在购买熊本熊系列产品的时候，到底在购买什么？毫无疑问，熊本熊创造了一种经济效应，这效应背后所隐藏的营销秘诀，使我们不得不关注"超级IP新物种"了。

IP营销时代

一、时代IP故事——《复仇者联盟4》

1.屡破票房纪录，席卷全球

好莱坞超级大片《复仇者联盟4》（简称《复联4》），是漫威漫画改编的漫威宇宙电影的第22部。该片讲述了灭霸在让一半生命消失时，各路英雄人物团结一致为取得最后的胜利努力拼搏的故事。从2019年4月24日开始在国内上映以来，该片打破了多个票房纪录，用势如破竹来形容也不为过。

《复联4》刚刚上映的时候票房状况是非常火爆的，仅仅4天票房就突破了20亿元，这个速度也是国内票房史上的第一。在国内市场受欢迎，在世界市场同样火爆，《复联4》仅仅用了两周就达到了21亿美元的世界票房，这个成绩直接打破了由《泰坦尼克号》保持的世界票房亚军纪录。

2. 超级IP风暴引发出超级票价

根据统计，《复联4》上映之前的票价动辄三四百元，甚至有票价炒到上千元。尽管影迷怨声载道，但也有大部分观众愿意为其高票价买单。直至《人民日报》正式发声痛批《复联4》高票价，批评了影院方的难看吃相，有关部门才纷纷下"快刀"斩票价，《复联4》的天价票价也渐渐回归正常。

由此可见，这部豆瓣猫眼评分9.2分的《复联4》不仅仅是一部电影，它已然成为一种现象级风暴IP，横扫全球。在几乎每个行业饱和度呈现外溢的情况下，准确把握产品定位将直接影响一个IP所产生的价值。

3. 超级IP的商业价值，无法估量

在IP的选择和打造上，漫威堪称祖师。据悉，《复联》系列已和诸多品牌牵手开展跨界营销合作，从《复联1》到《复联3》，合作的品牌不下几十家，而品牌借势《复联》大IP的影响力也获得了不俗的成绩。如今，《复联4》终结篇的火爆来袭，许多品牌自然也不会错过这难得的机会，限量款、合作款层出不穷，其消费受众也直指漫威迷。

4. 超级IP的生命力远超想象

《复联4》的成功，也让漫威给各品牌上了一课。用户和品牌之间的情感联系来源于对品牌的"认同感"，而认同感来源于用户对于自我价值的发现，简单地说，就是用户能从品牌内涵之中发现与自我价值观的共通之处。在如今的时代，漫威可以说是玩转粉丝经济的超级典范，靠着对无数个英雄IP人物的立体化塑造，在全球圈粉无数。而通过长远的布局，漫威打造了一个具有自我价值观、世界观甚至宇宙观的漫威次元，这也区别于传统的迪士尼IP塑造方法，将IP的玩法上升到了另一个层次，使得它能够持续地创造影响力和卓越价值，相信即使老一代的英雄落幕，新一代的英雄也会延续这一传奇，毕竟漫威这个品牌已经有80年历史了。

二、时代IP故事——江小白

80后、90后的大部分人一定都知道江小白。即使没有喝过，也会在各商店和食品店里看过。还有那首风靡网络的歌曲《云烟成雨》和点播量达几十亿的《我是江小白》动画。

1. 它是颠覆传统的青春白酒

很多人认为白酒是老一辈人喝的东西，跟年轻人无缘。但处于青春期的江小白，对传统酒文化来了一次叛逆，让白酒也能成为时尚化、年轻化的标签。在江小白这里，白酒不再代表一种繁冗的酒桌文化，而是一种真实情感的宣泄。年轻人喜欢喝江小白，喝完了就发语录照片，这个时候可以顺势表白，这才是属于年轻人的酒文化。

和年轻人站在一起，有代入感，能交流，让年青一代找到归属感无疑是江小白成功的一大法宝。在竞争残酷的白酒行业，另辟蹊径，帮助年轻人构建起新的酒文化，江小白的营销功不可没。酒文化有了，还缺点艺术做下酒菜。于是不安分的江小白，化身时尚潮流的弄潮儿，大玩跨界，一脚跨到说唱、涂鸦、街舞文化上，和重庆本土文化一锅乱炖，为年轻人创造了一种新生的艺术文化。

2.塑造自我IP，玩透年轻

江小白的IP运作是强调与年轻消费群的持续个性化内容的输出与互动。品牌拟人化，推出原创动漫人物形象，戴着眼镜，外表斯文，青春时尚，江小白凭借这样的形象，在消费者中建立起了深刻品牌印象。搞音乐节、街舞比赛、动漫……这些不仅仅是文化因子，更是一个产品对自身"人设"的树立。江小白一步步巩固好自身的定位，不仅产品面向年轻人，在IP塑造上也是以年轻人的喜好为中心。

3.爆款"表达瓶"，引发深度共鸣

表达瓶是江小白的爆款产品，包装上印着来自消费者的走心语录，以及江小白的原创动漫形象。江小白，它发现了新生代有一个共同的痛点：都患有都市孤独症、急于向上的焦虑症。江小白从精神层面满足了消费者的需求，一句句直插人心的经典语录，触动80后、90后的灵魂，引发他们的共鸣。这就是战略顶层设计的逻辑，文案不单单只是一句文案，要把文案升级到一个战略高度，来撬动品牌战略运营。

4.结合地域文化，深耕二次元领域

《我是江小白》第一季在B站评分9.6分，直逼同类型日漫《你的名字》（评分9.8分）。第二季延续了热度和品质，评分9.5分，播放量破亿。这部动漫成为大热播剧，这与江小白对动漫品质的看重不无关系。《我是江小白》采用了当下少有的现实主义青春爱情题材，这样的动漫，在观众已经对奇幻、搞笑题材产生审美疲劳的国漫大环境下，更能赢得大家的注意力。

并且《我是江小白》一改以往国漫的架空背景设定，把故事发生地固定到了现实世界的城市——重庆，给人身临其境的真实感。动漫完美还原了重庆的城市风貌，《我是江小白》里的重庆标志性建筑超过30个，第二季中还可以看到金佛山、仙女山等景区。这些实景构图的动漫画面深得观众喜欢，B站评论区更有不少观众表示要来重庆实地打卡。

然而一般人以为江小白推出动漫,是为了让其产品得到更多曝光。但实际上,《我是江小白》两季都没有植入江小白产品,哪怕是在主角吃火锅的场景里,都没有出现一瓶江小白。相比国内网剧、影视剧中随处可见的产品植入,这无疑也赢得了二次元粉的好感。

IP营销之道

一、什么是超级IP

2015年,被称为中国IP的元年,在此之前,被人们熟知的IP还只是网络IP地址,与品牌无关,与营销更无关。在此之后,IP一词在短时间内逐渐成为文化圈、娱乐圈、商业圈时常提及的热词,被资本疯狂追逐,IP突然变成了商家变现的重要手段,那到底什么是IP?

图13-1　IP的定义

目前关于IP的热议大部分存在于影视剧、游戏、漫画等领域,近几年来,影视剧IP层出不穷,例如,《变形金刚》等制造出了无数的热门话题,吸引了大量的粉丝和关注。随之资本逐步进入,投资或买下热门影视IP的版权,进行衍生产品的开发等。然而,IP的商业价值绝不仅限于此,之所以IP首先会在娱乐领域受到追捧和热议,正是因为娱乐领域离内容很近,而在如今万物互联的时代,IP不只是代表一种新的话语体系与故事叙述方式,更需要从娱乐形态快速渗透到新商业生态,成为一个超级IP,才具有真正的商业价值。

二、如何理解超级IP

超级IP——简单来说就是指具有可开发价值的IP,它是万物互联时代个人化或个体化的"新物种",特指具有长期生命力和商业价值的跨媒介内容运营。通俗地说:一个事物,能够持续产生优质的内容,并且通过人格化的形式,来影响我们的生活方式,而且这种影响一定是稀缺价值(别的事物无法轻易替代)。我们才认定为超级IP。一个真正具有可开发价值的IP,至少包含4个层级,它们分别是表现形式、故事、普世元素和价值观。

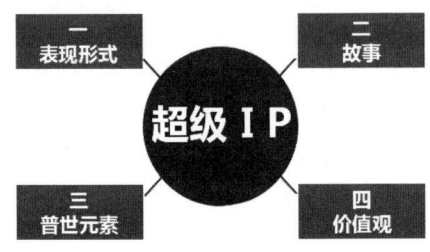

图13-2　IP的4个层级

1.第一层:表现形式

这是IP的最表层,也是观众最直观感受的层面,好的表现形式能让IP得到更大的市场声量。但是要注意的是,表现形式和元素只是IP来表达故事最浅层的工具,并不是最关键的IP引擎,而目前市场上很多的IP作品往往都是停留在第一层,它们只注重一个时期内市场流行的风格,而未能挖掘到吸引观众的核心,结果就是导致IP的同质化,多数IP在跟随中一步步销声匿迹。

2.第二层:故事

IP故事的重要性不言自明,故事是推动IP发展的一种工具。要想把一个IP打造成为真正的超级IP,必须赋予这个IP一个好的故事,并且要不断地推广和演绎。例如苹果就是一个超级IP,它的品牌故事来自《圣经》夏娃偷吃禁果的故事,随后乔布斯通过大胆创新产品不断赋予这个IP好的内容,将其一步步故事化、传奇化,从而造就这个符合时代精神的超级IP。

从20世纪90年代起,日本动漫作品开始在国内获得巨大成功,逐渐占据国内动漫市场70%—80%的份额。日本动漫作品在国内市场取得巨大成功的主要原因是日本和中国文化同源,以及日本作品讲故事的能力更好。但日本动漫作品只止步于亚洲，其产业的商业化能力很差，未能像美国漫威系列那样风靡全球，并延续至今，而这是因为日本动漫作品文化与价值观的表达只局限在日本。

3.第三层：推动故事发展的精神元素

超级IP的精神元素指人物对世间美好事物的追求，比如，爱情、亲情、正义、尊严等。这一层面开始进入到注重核心的作业方式，即开发IP深层内核。

《蝙蝠侠》中推动Bruce Wayne的是民间正义，《超能陆战队》中推动Hiro和反派博士的都是亲情。中国有一些作品能够名扬海外也是通过对精神元素的把握，比如《神雕侠侣》中推动杨过的是爱情，《天龙八部》中推动段誉的也是爱情。

4.第四层：价值理念

价值理念是超级IP最核心的要素，真正的超级IP需要有自己的价值理念和哲学，不只是故事层面的快感，也不是短平快消费后的短暂狂热。在超级英雄故事中，每个英雄都代表着一个不同的价值理念，比如"钢铁侠"从个人享乐至上到逐渐承担责任，"蚁人"的肩负重大责任感的平民英雄主义，"蝙蝠侠"的从暴力与混乱中诞生的民间正义等。多样的价值理念针对不同类型的人群，可以使得不同观众产生根深蒂固的认同感，不仅仅具有传播广度，更具有传播深度。超级IP通过价值理念的沉淀对全球观众产生了审美影响和文化层面的持久影响。

三、超级IP是品牌形象的植入

超级IP形象可以使品牌用拟人化的形象与受众进行更加近距离的沟通，可以将品牌与人关系快速转化为人与人关系。同时，超级IP形象作为内容营销的一部分，可以帮助产生大量的自制内容，让品牌更好地进行内容传播。

《视觉锤》认为：这是一个视觉时代，抢占消费者心智的最好方法并非只用"语言的钉子"，还要运用强有力的"视觉锤"，视觉形象就像锤子，可以更快、更有力地建立品牌定位并引起消费者共鸣。

视觉形象延伸开来，就是品牌形象，而超级IP是品牌形象的一部分，这也说明超级IP是企业品牌形象营销战略的一部分。超级IP就是要在消费者心智中植入一个有个性的、有生命力的品牌形象，从而创造一种角色感，这种角色感从价值观念、性格特征、生活情调、身份表现等文化、心理、感情及社会的层面与消费者产生共鸣。一个成功的品牌需有效引导和创造市场消费，超级IP则能让品牌保持鲜活与持久的生命力，通过不断的植入，实现真正意义上的创造性营销。

四、品牌如何打造超级IP

其实，在人们的日常生活中，每个人的行为动作都是有意或无意地在追寻某种身份角色的实现与满足，消费行为更是如此。IP营销的手段之一，就是通过品牌IP形象给消费者一种身份承诺，让广大消费者在消费这个品牌时，产生品牌自身独有的角色感，并从中获得一种内心追求的满足感。

对于企业来说，如何精确地塑造一个符合自身品牌的超级IP，并以此来实现与目标消费者之间的有效沟通，从而引发消费者的关注以及产品购买则是重中之重。

图13-3　如何打造超级IP

1.符合品牌定位

首先，超级IP的塑造要符合品牌自身的定位，这是基础。IP是传递品牌个性和调性的媒介，是与消费者直接进行沟通的纽带。只有符合品牌定位的IP塑造才能准确地表达出品牌的调性，这样品牌才能通过所塑造的IP和目标消费者进行有效的沟通和互动。成功的IP塑造一定是符合所代表品牌的定位以及目标消费者的个性特征，满足消费者的身份认同以及实现其对生活方式的渴望。

庄臣公司的一款家庭清洁新产品将传播对象界定为女性白领和家庭主妇，这部分群体的忧虑是：家务繁重、懒得做家务。于是其新产品确立了"最简便的家居清洁帮手"的品牌定位，试图把女性白领和家庭主妇从厨房中解放出来，于是一个全新的品牌IP形象诞生了——威猛先生。这是一个酷似超人的绅士，又像是一个科研专家形象，这给目标群体的IP联想是：威猛先生能帮助解决厨房遇到的一切难题。清晰了这一品牌定位之后，IP的塑造自然就围绕着这一品牌定位展开。

2.讲好IP故事

一个品牌有品牌故事，一个IP也需要有一个IP故事。故事能够让IP更加具有生命力，让IP更贴近品牌个性以及更贴近消费者，好故事、好内容才能塑造一个好的超级IP。同时，一个好的IP故事也需要不断地制造话题，需要积极地向消费者宣传推广IP，利用市场宣传、活动推广等方式，让这个IP被大众消费者认知、接受。

好的IP故事能够为品牌增加附加值，其本质是商品在交换的过程中，故事是有价格的。它使用企业的脑力劳动，花费必要的劳动时间，成为满足人们情感需求的无形商品。同时故事更能从情感上去打动消费者，从而能引发消费者的IP联想。

3.塑造IP价值感

消费者对所感兴趣的产品已经"IP角色确认"，那消费者就会或多或少地参与"IP角色实践"过程，因为他们已经具备了与IP"同呼吸，共命运"的思想动力。20世纪60年代的美国，整个社会价值观念正在发生重要变化。百事可乐公司适时推出了"美国新一代"的塑造计划。

"你是百事新一代""百事可乐——新一代的选择"，这是百事可乐那时著名的广告主张。透过广告词里所描绘的"新一代"，从信仰和价值观上塑造了百事可乐的社会角色形象，实际上是一个象征个性代表美国新价值观念的"社会品牌形象"。百事可乐创造了一种价值感，一种美国新生代的生活价值观——个性解放，敢于挑战传统，这自然能够引发美国年轻人的价值认同。

企业品牌IP形象塑造的目的就在于塑造一个鲜明的、有个性的、区别于竞争品牌的、容易记的品牌IP形象。

企业品牌形象的塑造过程，其实也是通过一个有清晰性格特征的品牌IP的塑造过程，富于感染力和亲和力的IP形象必然会引导并改变消费者的消费行为，由此达到企业市场营销的目的。确定一个明确的、有深厚社会基础的品牌价值观是塑造品牌形象、实现品牌IP营销功能的必要前提，这种品牌价值观是超级IP塑造的灵魂，有了这个灵魂的注入，IP便有了活力，有了拟人化的基础，才能真正具有商业变现的能力。

> 案例

"小井家族"｜非化学洗护代表家族

2025年中国婴幼儿洗护用品市场规模将超过800亿元，而在这样一个庞大的市场中，如何能占据一席之地并成为佼佼者，这是中盐西南公司发展壮大之前先要弄清楚的问题，故找到采纳寻求发展之道。

首先，采纳展开细致的市场调研发现，母婴洗护行业"大牌云集"，但市场缺乏专业细分化品牌，并且在洗护领域多以液体形式呈现，宣传的卖点也多为植物配方，概念同质化严重。中盐集团想要在市场一举成名，势必要塑造一个高端高价值母婴洗护品牌，立足母婴洗护市场，进而渗透更为庞大的家庭洗护市场。但要打造高价值品牌，首先要塑造一套完整的品牌价值体系。

颠覆传统认知，颠覆行业标准

图13-4　鹿小井母婴洗护

1. 鹿小井，来自地底最纯净的地方

中盐西南公司历经千百个日夜的研发与反复测试，采用地下3000米的天然井盐与天然植物精华研制而成的纯天然颗粒洗护产品，发展植萃盐产品，有纯天然无化学添加的核心优势。

| 1.颗粒状，颠覆传统液洗认知
2.无化学添加，颠覆行业标准 | | 鹿小井应把握这两大颠覆性优势，区别竞争对手，围绕无化学添加，进行价值塑造，抢夺消费者心智 |

图13-5　鹿小井产品优势

鹿小井所有产品不使用有害化学添加剂，全程医药级生产环境；所有原料坚持天然、安全的食品级原则；形成无化学溶解剂、防腐剂的独特颗粒形态。鹿小井肩负起保护生态环境，用原生的植物清洁力给家人及宝宝安全洗护的使命，打造全民健康的"非化学"生活方式。

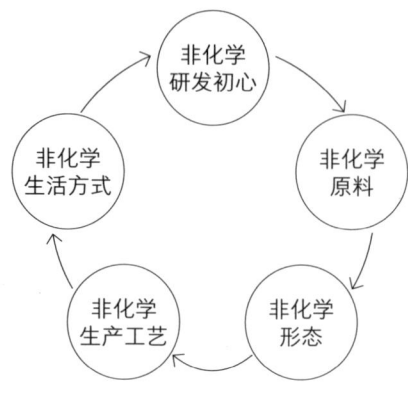

图13-6　鹿小井"生活方式"

2.鹿小井的品牌形象以小井家族为核心,以鹿作为传播符号

小井家族中有小井爸爸、小井妈妈和小井宝宝,他们远离城市,生活在纯净的大自然中。与自然为伴是最幸福的,因为世界是多彩的;奉行简约舒适、绿色健康的生活方式,传承先祖的智慧使用最天然的洗护方式,让小井家族免去了化学添加剂的伤害。正因如此,小井家族致力于非化学洗护方式的传播,为城市家庭带来新希望。

小井爸爸

血型:B型
星座:白羊座
口头禅:理论上来说……
爱好:手工
性格特征:聪明睿智,爱钻研。动手能力超强,能自己做出来,坚决不从外面买

小井妈妈

血型:A型
星座:巨蟹座
口头禅:没有理论
爱好:烹饪,种花
性格特征:环保主义者,坚持为家人打造绿色健康的生活,能同时回答小井宝宝和小井爸爸两个人的问题

小井宝宝

血型:O型
星座:双子座
口头禅:这是为什么呢
爱好:爬树
性格特征:天真可爱,对世界充满好奇心,喜欢小动物

图13-7 鹿小井卡通形象

3.按场景需求,开发对应产品

结合目标消费群体需求和非化学原理,塑造专业化产品体系,打造非化学全场景战略产品矩阵。根据不同的洗护场景,对相应竞品信息进行扫描,设计一组直接彰显产品功能利益及消费诉求的系列名,"鹿小井餐具净""鹿小井果蔬净""鹿小井沐浴净""鹿小井奶瓶净""鹿小井衣物净""鹿小井玩具净"这六大产品系列。并为鹿小井的六大产品线提出"非化学"六大核心卖点,直接运用到产品包装上。

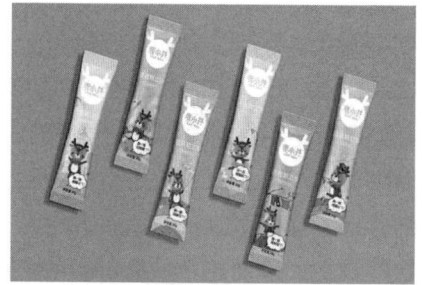

瓶装包装形式　　　　　　　　　条状包装形式

条状礼盒包装

图13-8　鹿小井包装

"金金" | 最豪最傲娇的猪界富二代

近年来，瘦肉精、注水肉、抗生素残留等问题频出，让国民对猪肉安全提心吊胆。而金新农敏锐洞察到消费者对安全健康猪肉的渴求，决定将业务由生猪上游扩展至下游，形成一条生猪全产业链，构筑一个以养猪为源的复合产业集群，从源头解决猪肉的健康、安全问题。这是一个上市公司关心民生的企业情怀，也彰显了企业的责任与担当。正是在这种情况下，金新农与采纳的品牌战略合作拉开了序幕。

图13-9　金金卡通形象

1. 以科技赋能，构筑复合产业集群

经过对金新农企业的详细研究，采纳发现，"科技"这一元素，是金新农的品牌基因，是20年来金新农得以保持稳定发展的根本原因。因此，采纳为金新农提出打造"以科技养猪为源的复合产业集群"的全新品牌战略。金新农自成立以来，在以科技养猪为源的基础之上，不断探索新的业务领域，目前已涉及育种科技、饲料科技、养殖科技、动保科技、生物医药科技、食品加工科技、粮食贸易、互联网科技八大科技业务。这是一个庞大的复合产业集群，它们互相推动、互相融合、不可分割。

2. IP"金金"，彰显金新农科技调性

为了更好地对外输出统一的品牌形象，我们在升级优化金新农品牌Logo及VI形象的同时，推出了全新的IP形象"金金"——一只象征福瑞吉祥的猪。"金金"作为金新农的IP形象，其设计以可爱、智慧的科技猪为概念，将企业VI色、企业符号、企业标志及科技感体现在这只充满智慧与科技的猪上。"金金"富有智慧与力量、科技与亲和力，彰显金新农的科技基因，展现全新的品牌活力。如今在金新农大厦，从门口的"金金"形象，到大厦外墙以及内部导视系统等，随处可见萌猪"金金"的身影。

图13-10　金金形象IP打造

"海慈&密语"｜经期健康护理专家

在生活中，女人要扮演很多的角色，她们恪尽职守，巾帼不让须眉；她们吃苦耐劳，爱岗敬业。她们自信，她们自强，她们为家庭、为单位付出了所有……但是近年来，妇科病已成为威胁世界女性健康的最大隐患。而经过调查发现：中国女性患妇科病与使用问题卫生巾有关，所以急需一款可以减少女性妇科疾病的卫生巾，海斯摩尔集团找到采纳，一起为了女性健康而"巾巾计较"。

1.经期护理，海慈密语

采纳针对女性经期产生的问题，做过详细调查，认为女性生理期卫生问题是影响女性妇科疾病的重要因素。而卫生巾的不卫生，就像女性随身携带的定时炸弹，随时会引发妇科疾病危机。经期感染妇科病，已经成为女性经期最大的痛点。而采纳建议海慈密语承担起这一社会责任，以提供能防范妇科疾病的护理垫为己任，树立专业性、医用级形象，跟普通卫生巾区隔，抢占"壳聚糖医用护理垫"新品类，开创广阔的蓝海市场。锁定女性核心需求，抢占经期护理价值高地。

图13-11　海慈密语广告

2.海慈&密语两姐妹，帮你科普经期小常识

为了更好地向消费者传递海慈密语的价值感并更方便与消费者进行互动，采纳为其创造了"海慈&密语"两姐妹，作为海慈密语形象大使。海慈与密语是一对亲密无间的闺密，也是女性经期健康护理的好搭档。她们为女性提供专业的指导，向全社会呼吁：关爱女性经期健康。

图13-12　海慈&密语

以海慈密语形象大使的身份，向目标群体输出品牌信息，以促进目标客户对海慈密语的认知以及产品的使用。

以女性经期护理创新达人的身份，向目标群体输出产品核心优势，以增强与目标客户的黏性以及信任度。

以闺中密友的身份，向目标群体输出呵护、关爱以及勇于承担社会责任的形象，以提升海慈密语在受众心中的好感度。

萌豹"舟舟"｜全力跑赢城市最后一公里

方舟来拉作为一个城市新能源互联网平价货运服务品牌，在与采纳合作前，他们就已经有了一个自身的IP形象———只可爱的小豹子，体形略胖，显得非常的呆萌可爱。可是，在如今这个"以瘦为美"的时代，胖胖的小豹子似乎受到了人们的冷落，人们不知道它的年龄、性格、理想……甚至连公司的同事都不知道它的名字，它也只是偶尔出现在公司内部的折页、App等上面，出镜率少得可怜。加之公司对IP豹子的宣传推广做得不是很多，其原IP形象没有发挥其真正的价值。

1. 塑造"舟舟"超级IP，彰显方舟来拉品牌气质

为了赋予方舟来拉品牌更加丰富的人格内涵，彰显品牌气质，采纳对其原有的IP形象进行了优化升级，结合豹子阳刚、灵巧的自有形象以及方舟来拉自身的品牌内涵，我们设计了一个全新的品牌IP形象，并将其取名为"舟舟"，同时延伸了设计"舟舟"的一系列动作表情，例如：肩扛货物、奔跑、开车送货等，全面活化了方舟来拉品牌形象，为方舟来拉品牌注入一股年轻蓬勃的新鲜血液。

图13-13 舟舟卡通形象

2. 小身躯蕴藏大能量

作为一名新晋偶像，"舟舟"是可靠成熟的、充满阳刚活力的、富有创新精神的小鲜肉一枚，担任着方舟来拉首席指挥官的职位，从容地指挥着"方舟大脑"进行智能派单，根据距离、路况、车况、运力等多维度进行精准派单，并亲力亲为，为每一位消费者提供高性价比的超值货运服务。"舟舟"还是一位货运界的老司机，深耕于城市货运的东南西北，拥有丰富的货运服务经验，只要您有需求，"舟舟"就会想尽办法满足您的城市货运需求。"舟舟"更是一个城市环保小能手，它驾驶的每一辆货运车均是新能源纯电动物流车，节能环保零污染，为中国的每一座城市带来绿色货运服务。

3. 7S标准化服务体系

对于货运服务，"舟舟"可是认真的，严格按照方舟来拉7S标准化服务体系，为消费者提供高性价比的货运配送服务。

4. C位出道，"舟舟"身影随处可见

作为方舟来拉首席形象代言人，"舟舟"的身影出现在方舟来拉每一辆新能源电动车上，穿梭于城市之间，凭借着丰富的货运经验和真诚的服务态度，给客户带去满意的货运服务。

方舟来拉的办公大楼更是不遗余力地为"舟舟"打call，从办公大楼外墙到内部设计，里里外外随处可见"舟舟"矫健的身影。同时，我们还为"舟舟"设计了一系列的周边产品，有公仔、T恤、钥匙扣、背包、水杯、雨伞、地毯、充电宝，等等。当然，C位出道的"舟舟"，人气也是非常高的。我们多次在周末城市的各大商圈进行"舟舟"快闪活动，与路人玩耍、互动，其亲民的形象，可掬的笑容，更是引得路人纷纷合影留念，收割了一大拨粉丝。

图13-14 舟舟IP形象打造

哎趴屋,颠覆IP新零售业态

哎趴屋是由笔者带领采纳专家打造的超级IP新零售集合店。哎趴屋原意为"IP王国",以健康、益智、趣味、体验、互动的场景构建IP生态新零售,聚集动漫影视、IP衍生时尚精品、生活家居用品、儿童商品等;通过健康、益智、趣味、体验、互动的场景实现自有IP属性的商业转化,打造以IP汇聚、美好品质生活为核心的创新品牌路径。

图13-15 哎趴屋

哎趴屋元素：动漫影视、游戏、图书、社交时尚品。

图13-16　哎趴屋体验店

哎趴屋设计：以IP融合社交时尚元素，将IP与商品在消费场景中深度融合，让消费者在消费过程中获得满足与价值。

图13-17　哎趴屋设计图

| 下部·新时代新战法的爆发力 |

第十四章
"情感营销"助力品牌冲冠

凌晨两点，悄悄地推开家门，客厅的小台灯还开着，照亮了沙发上打着盹儿的妈妈。门刚轻轻地合上，耳边就传来"吃饭没有，锅里煲着乌鸡海带排骨汤，喝一碗再去睡"。妈妈接过我的包，放在架上，走进厨房热汤去了。

这样的场景，相信大家都不会感到陌生。妈妈的这种简单、纯粹的情感，时常让我们感受到温暖、亲切、舒适、轻松；而对于妈妈，我们也是给予百分百的信赖。爱，可以让人与人之间放下芥蒂，产生信任。那么，如果品牌是一个人，让消费者产生信赖，相信也只有对其付出真诚的爱。物质经济时代已经过去，过去的营销是"以理服人"，谁的产品功能能满足消费者的需求，谁就能占领消费者的心智。而在经济迅速发展，竞争日益激烈，产品同质化的今天，品牌单纯地依靠卖点很难突围，成为行业冠军。所以，今天的商业竞争除了推出好产品，还需表达出品牌的情感。以此与消费者产生共鸣，博得消费者信任。

让消费者爱上你的品牌和产品，这就是情感营销。情感营销从消费者的情感需要出发，唤起和激起消费者的情感需求，诱导消费者心灵上的共鸣，寓情感于营销之中。像"妈妈的手"一样去关怀、关爱消费者，便能最大限度地与消费者产生共鸣、进行沟通，在最大范围内"俘虏"消费者，有力营造品牌良好的个性和亲和力。这样才能让有情的营销赢得无情的竞争？

感情丰富的时代

一、情感营销故事——华为与《悟空》

1.六一儿童节，全网刷屏《悟空》

2019年5月23日11时17分，华为终端官方微博发布了蔡成杰编剧、导演，用华为P30 Pro裸机拍摄的竖屏微电影《悟空》，并配文："是不是每个孩子都希望拿上金箍棒，成为像悟空那样的英雄？""这次，看一个小朋友的'悟空梦'！"这部时长8分6秒的微电影，迅即得到网友们的叫好，在六一儿童节前后爆火。至6月3日24时，该片已被转发12800多次，留言3200余条，点赞近25500次。网友纷纷表示:"尘封的童年记忆被《悟空》打开,还记不记得小时候天不怕地不怕的自己?""《悟空》有点奇幻,很燃!很酷!"

《悟空》讲述了男孩张晓笛和悟空的故事。20世纪90年代,张晓笛用爸爸省吃俭用给他买的新钢笔换了一张孙悟空电影票,被痛打屁股,心爱的悟空人偶也被爸爸扔出门外。他说走就走,离家寻找悟空,在丛林钻木取火、斗蛇捕鱼,历练成长,后来他终于搭上去城里的车。然而城里已经飞速发展到令他不知所措。幸亏遇到了在城里寻子的父母,而儿时的孙悟空玩具,依然栩栩如生。

2.鸿蒙初辟本无性,打破顽空须悟空

华为作为国产品牌的翘楚,广告片也是越拍越精致。这次,围绕经典形象悟空营造了充满回忆杀的画风——倒贴的福,放有搓衣板的洗衣盆,电视中的播报声音。通过这部广告片,或许华为想告诉大家,华为就是这个时代的悟空。这不仅是华为给自己正名的一部电影,也是给孩子们最棒的一份礼物:愿你像悟空那样,永远不知山高地远,却也能不忘初心,去寻找未来,时间挡不住追梦的人,回过头时,天地就在你的脚下。

而华为在这个时间段发布这部微电影《悟空》,也不免让人思考内在的含义。剧情上不仅映射出许多"华为自力更生、艰苦奋斗的品牌"的影子,还借了《西游记》第一章的最后一句,来自北宋紫阳真人张伯端的诗集:"鸿蒙初辟本无性,打破顽空须悟空。"

通过悟空引出了"鸿蒙"系统,我们期待华为在美国的打压下,像悟空那样不避艰险、敢于挑战新的创新领域去拼搏,为国家做出更多的贡献。

二、情感营销故事——《网易云音乐》

1."乐评专列"直抵年轻人内心禁地

2017年3月8日,网易云音乐发布4.0版本,重点强调了泛娱乐内容社区,并推出了短视频的功能。2017年3月20日,网易云音乐联合杭港地铁共同打造了"乐评专列",主题为"看见音乐的力量",引发社交网络的刷屏现象。网易云音乐从4亿条乐评中精选了85条,采用红底白字的形式印刷在杭州地铁1号线车厢以及杭州江陵路地铁站全站。"乐评专列"受到往来乘客的好评,很多乘客自发与最爱的乐评合影。最终的数据显示,网易云音乐不仅获得了全网大范围的关注和讨论,而且各项榜单数据也有极大提升,在App Store中的音乐排行榜从第三名升至第一名,免费排行榜也从第35位升至第16位。

此次营销活动的成功,主要缘于网易云音乐市场团队对用户群体的深入了解。

都市的年轻人常常在忙碌的工作和生活之余陷入迷茫，作为地铁乘客的一员，也能够感受到乘坐地铁时的疲惫和孤独。所以，"我想做一个能在你的葬礼上描述你一生的人""谢谢你陪我从校服到礼服""成功的速度一定要快过父母老去的速度"，等等，这些感人至深的乐评才能吸引众多乘客驻足观看。

从网易云音乐乐评活跃度、歌单制作参与度、UGC内容质量可以看出，其用户能够源源不断地创造内容，包括评论、歌单、主播电台、专栏等。这些优质用户不仅具有一定的音乐审美，更高度活跃在各社区，产生的内容能够吸引更多的用户参与进来，这也是网易云音乐与其他平台的不同之处。

2017年4月11日，网易云音乐宣布完成7.5亿元的A轮融资，公司估值达到80亿元，用户数突破3亿人。

2. 网易云音乐：触动用户共鸣的情感高潮

网易云音乐发展至今，有两点构建了不同于其他音乐平台的核心优势，正因为有这关键的两点，才有了后面的发展基础。

一是以歌单为核心主打，发现和分享好音乐，并强化用户UGC的属性：由用户自行创建或主动投稿分享的歌单，这类歌单的产生，一方面，丰富歌单内容种类与多样性，满足不同音乐爱好者的需求；另一方面，好的歌单通过爱好者的筛选，增加歌曲的关联性，也能更精准地满足同类音乐爱好者的口味。对于UGC内容创造者来说，以达人发展体系（根据听歌数、使用频次时长、创建歌单量等）不断加强管理。能为达人创造的优质内容带来推广，让其获得更多的关注度和荣誉感，不断激励其创造内容的积极性。

二是以评论功能为核心，让用户打动用户，UGC乐评可看性强：评论功能一直是云音乐传播的重点，它能给用户一个表达音乐的方式。另外，采用点赞加评论的方式，增加用户间的互动概率，突出音乐和感情的连接。网易云音乐日均产生64万条评论，已积累了4亿条乐评，其中沉淀不少优质内容。优质UGC沉淀，再加上社交氛围，让用户逐步形成"边听歌边看评论"的习惯，也说明乐评的可看性。

3. 因为她能读懂你

网易云音乐在2017年的营销案例中，有很明显的共性情怀营销。靠着扎心的情怀文案，借势音乐和用户的力量，让每句歌词、每句评论都成为戳心的文案。营销从本质上是在迎合群体性情绪，通过某个场景触发受众情怀、孤独、吐槽、搞笑、攀比、同情等心理活动和感情。情感共鸣是一个很好的状态，能让人感觉被理解，从而加深品牌和用户的情感。网易云音乐的营销，不仅与品牌核心高度结合，而且在对用户透彻了解之余，又能以连贯的方式，让用户参与进来。

第十四章
"情感营销"助力品牌冲冠

"因为她能读懂你"——比用户更懂用户,是网易云音乐崛起的原因。

情感营销之道

一、三大利好让你无法抗拒情感营销

1.赋予品牌灵魂,打造品牌独特的魅力

每一个品牌都有它独特的个性,这与品牌本身无关,与品牌缔造者的使命有关。可口可乐在以止咳药水为初衷诞生的那一刻,并不知道自己日后会成为广受全球人民热爱的"快乐汽水"。产品是死的,然而品牌可以是活的,一个品牌从命名到Logo,到包装,到终端,到最后出现在消费者的眼前,这一段漫长的旅程中有说不完的故事。

钻石,是情感营销中最大的谎言,也是最大的成功。以一句"钻石恒久远,一颗永流传"将戴比尔斯成功塑造为恒久爱情的见证者。钻石本身并不值钱,但他们决定制定一条情感营销线路:把钻石与爱情绑定。他们让好莱坞的名人戴上钻石订婚戒指,在八卦杂志上编造故事说谁谁的钻石有多大,让电影公司用钻石戒指来设置情节,去高中向青年男女宣扬钻石戒指对于他们将来的关系多么的重要,买的钻石戒指越大,质量越好,表明这个女性得到的爱越多。数据表明,在1939年,只有10%的戒指是钻石的,而到了1980年,90%的戒指都是钻戒。换言之,他们以情感的植入发明了购买钻石戒指这个习俗。

2.获得价值认同,形成品牌忠诚度

毋庸置疑,这是一个情感营销的时代。消费者的消费观念已由物资匮乏期上升为追求品牌、品质、品位的新阶段,决定购买的心理因素由单纯的价格、耐用变得更为感性和复杂。营销的3.0革命,让品牌拥有者从投资者变为使用者,消费者不再定义为"顾客",而被定义为真真正正的"人"。发掘他们的内心渴望,跟他们树立一样的价值观,甚至通过互动给予他们参与感和使命感。1985年,可口可乐推出新口味,在美国遭到史无前例的失败,消费者不仅反感,甚至愤怒,他们发起声势浩大的反对活动,抵制新口味的可口可乐。在他们眼里,冒着泡泡的黑色汽水已经是美国文化的一部分,他们不允许可口可乐有所改变,因为他们认为,那不单是改变味道,更改变了情感和往事。通过这件事,可口可乐终于知道原有品牌对于忠诚消费者的重要性。

3.形成品牌壁垒，阻击竞争对手

品牌壁垒，正如"有人模仿我的脸，有人模仿我的面"，但是老坛酸菜牛肉面只属于统一，一旦消费者认同了品牌所传递的情感，就不会再为别的品牌买单。品牌，将超越生产原料、研发技术、科技创新、使用习惯，成为同行业竞争中的最佳壁垒。

二、情感营销成功的七大因素

情感营销，绝不仅仅是给品牌虚构一个故事，或是给消费者提供一个美好的憧憬，一个成功的情感营销就像是一门艺术课程，而这门课程也有七大规律性可以追寻。

1.情感营销兜售的仅仅是产品吗

思考一个问题，很多商品的基础功能是相似的，例如一个门窗产品，市场90%以上的门窗产品都拥有挡风、挡雨、防尘等基本功能，产品的特点可以说是相当同质化。那么除了在卖产品本身的价值外，我们还能卖什么？我们还有没有更多与众不同的话想对消费者说，给他们独一无二、触动人心的购买理由呢？

图14-1 感情营销

2.兜售情谊

亲情、爱情、室友情、战友情，每一种情谊的诞生本身就是动人的故事。情人

第十四章 "情感营销"助力品牌冲冠

苹果手机的广告始终如一地说，你看我的线条多美。虽然在调查问卷中没有人愿意承认自己确实会因广告的影响而购买产品，但广告中所描绘的生活场景的确让人向往

时过几年，再看无印良品2014年度获奖作品，仍然让人感动。别人对无印良品的理解是极简，我却理解为人性化，任何一件产品设计，他们都比使用者想得更多，打开后成为一块布的鞋子，随时放在包包里，极其轻便。情感设计还有，某矿泉水瓶口的方形设计，增大摩擦阻力，让女生也能方便拧开

你还记得是什么让加多宝一夜之间红遍大江南北吗？没错，汶川地震豪气捐款一个亿！锦上添花虚度日，雪中送炭能救命。民族使命感和责任感的体现让这个品牌一下子人气爆棚

情感促销，指能满足消费者情感需求的促销活动。有没有可能在春运的时候推出特价机票？在情人节的时候兜售不涨反跌的玫瑰？放弃所有人都在赚取的高峰期利润，在积累了品牌好感度后，利用长效销售，赚取更多的利润

所有的营销，最终都会落向服务。消费者并不是你获取利润的来源，而是品牌的共建者，不要想着怎样能从他们口袋里赚取更多，而是想着怎样能为他们做更多。往往，换位思考能带来出乎意料的收获

消费是一个充满感性的过程，良好的购物体验确实能加大成交的可能。带有儿童游乐园的购物商场已成趋势，有什么比照顾好她们的宝宝更能让主妇们安心刷卡的

在品牌的顶层设计里，你可以决定选择做一个卖力气的企业，或者卖眼神的企业。制定一个适宜发展的情感战略，记住，别讲你为什么很贵，只讲拥有了你以后能拥有怎样的生活

图14-2 感情营销图解

节的巧克力，母亲节的康乃馨，儿童节的麦当劳套餐，都紧抓消费者敏感而多情的感性神经，就像礼物的诞生，无论其具备多少实用功能，深究其因，一切都源于心底的那份情谊。"你不能拒绝巧克力，就像，你不能拒绝爱情。"这是德芙巧克力的宣传语，它像恋人一样懂得消费者的心。除了包装精美、口感丝滑的优点外，该品牌背后还流传着一个尽人皆知的故事：品牌创始人莱昂为了纪念他心爱的芭莎公主，苦心研制了固体巧克力，每一块巧克力上都刻着对芭莎公主的深深依恋"DOVE"，这就是"DO YOU LOVE ME"的英文缩写。这个故事打动着恋爱中的男男女女，全世界越来越多的人爱上因爱而生的德芙。当情人们送出了德芙，就意味着送出了那份"DO YOU LOVE ME"的深深爱意。

3.兜售快乐

追寻快乐的感觉是人类的本性，是一个人从内而发的一种情感，企业借助不同的感官体验带给顾客快乐，以此来达到与他们情感上的共鸣，并俘获消费者的内心。被世界公认为第一快乐公园的迪士尼乐园，以唐老鸭米老鼠为代表的动画影视源源不断地生产快乐故事；再通过具体化真实化的公园场景诠释快乐，让顾客从感官体验上得到快乐的满足；最后通过角色化员工的互动和完美服务，加深顾客对故事情节的印象及体验，维持快乐。显然它成功地将快乐文化根植在了全世界消费者的心智中，通过贩卖快乐而获取利润，受世人追捧。

4.兜售激情

曾风靡全中国的"疯狂英语"无非就是一种激情，激情让你热血沸腾，给了你自信，促使你更加坚定地投入到这个过程中去；汽车广告无一不是通过强烈的视觉冲击带给人们激情畅爽的驾驭体验，将"超越极限"的激情释放到极致，正是这种激情激起了男人拥有它的冲动；碳酸饮料也无不充分诉说"激情"的魅力，特别是一些功能性饮料："激活""尖叫""脉动"……无不挑起人们尝试的欲望，让年轻的消费群体蠢蠢欲动。

5.兜售怀旧

随着年龄的增长，有一种情怀逐渐弥漫在所有人群的周围——怀旧。70后在回忆着"小人书"；80后则在回忆着儿时的房价；甚至年轻的90后也在呼喊着"幸好童年不是喜羊羊"……在当今多元化快节奏的时代下，人们会有种渴望回归的内心需求。而怀旧带给人的是一种亲切的情感氛围，回归心灵的港湾。说起南方黑芝麻糊，人们大都会很自然地想起那个抱着碗津津有味地舔芝麻糊的广告镜头，广告画面流露出来的浓浓温情，让人怀念起故乡的淳朴，让人觉得品尝的不只是芝麻糊，更是一种家的味道。"不卖产品卖回忆"，对于拥有足够年代历史，以及怀旧元素基因的产品来说，打"回忆"牌无疑是具有优势的。

6.兜售梦想

以创新闻名的"苹果大王"乔布斯有一句话被广为流传——"我们兜售梦想，而不仅仅是产品。"人们总是向往梦想，觉得它是美好的希望，却又在遥不可及的未来。如果你的产品能够承载着一份消费者的梦想，用温情打动客户，让他觉得好像梦想已经实现了，对方怎么会不心甘情愿地买单呢？"海飞丝"带给你一种自信、果敢的精神梦想；宜家满足了消费者自由自在享受购物乐趣的梦想；碧桂园赋予你一个五星级的家的梦想……人们无不争先恐后为这些梦想买单，只要你设计的刚好吻合他们心中所想，触动着他们心底的那片希冀。

案例

艾比森 | LED显示屏行业的真传奇

2015年全年销售额10.13亿元；2016年全年销售额11.66亿元；2017年全年销售额15.47亿元。艾比森光电股份有限公司通过多年的耕耘，发展成为一家全球知名LED显示屏企业，其显示屏产品出口额连续9年稳居行业第一，在全球范围内具有较强市场竞争力。

2017年中国LED显示屏市场规模为490亿元左右。面对巨大的市场机遇，艾比森欲寻求战略转型，发力国内市场。但因过去战略重心偏向国际市场，国内市场缺乏系统的规划与建设；同时，在LED显示屏行业同质化严重、价格战激烈的大环境下，致使现阶段较难发力。面对诸多困境到底如何决策？看采纳如何一步步缔造LED显示屏行业的"真"传奇。

1.市场分析，探寻突破口

随着国内经济的发展，国家政策改革，国内LED显示屏市场在政策的影响下，市场规模持续增长，国内品牌也强势发展，上千个小厂家也如雨后春笋般冒出来，导致价格竞争白热化、产品同质化。艾比森作为一家以出口为主的LED显示屏企业，如何从国际走向国内，打开市场缺口，实现突围，打造艾比森新传奇？

我们通过不断调研、资料收集整理发现，LED显示屏市场规模巨大，市场趋势呈现出细分专业化、追求"真"、智能、高端化的趋势；面对产品同质化，LED显示屏产品销售模式由单一的产品向提供一体化应用与服务解决方案转变。

通过对竞争对手的分析，我们发现目前竞品诉求还停留在理性层面，没有从精神层面与客户沟通，与客户产生共鸣。从客户的需求来看，随着经济的发展，消费水平的升级，LED产品的基本属性已经不能满足客户的需求，企业的服务以及解决方案的能力成为主要需求。

图14-3　艾比森品牌价值主张蜂巢结构

针对市场现状，采纳通过审视艾比森自身优势，发现其产品品质稳定，图像逼真；企业文化以"真"为核心，倡导"不说谎、不造假、不行贿，说真话、干实事、真性情"；并且，独创ACE工程师服务认证计划，为客户提供七大服务。

在品牌高度同质化的市场背景下，采纳通过反复调研、论证、沟通，采用文化策略，以"文化+服务"的形式定位艾比森，即锁定企业至真文化的核心，为客户提供至真LED显示屏应用与服务。为客户提供超逼真、高清画质的至真产品，坚持"不说谎、不造假"的原则的至真艾比森人和提供主动、快速、规范、周到的至真服务，打造LED屏行业的"真"企业。在明确艾比森"至真LED显示屏应用与服务提供商"的品牌定位后，根据采纳十项原则的钉子原则提出"艾比森，爱至真"的品牌口号，以朗朗上口的形式向客户传递艾比森的"至真"文化，并提出爱产品、爱客户、爱员工、爱企业的四爱理念。

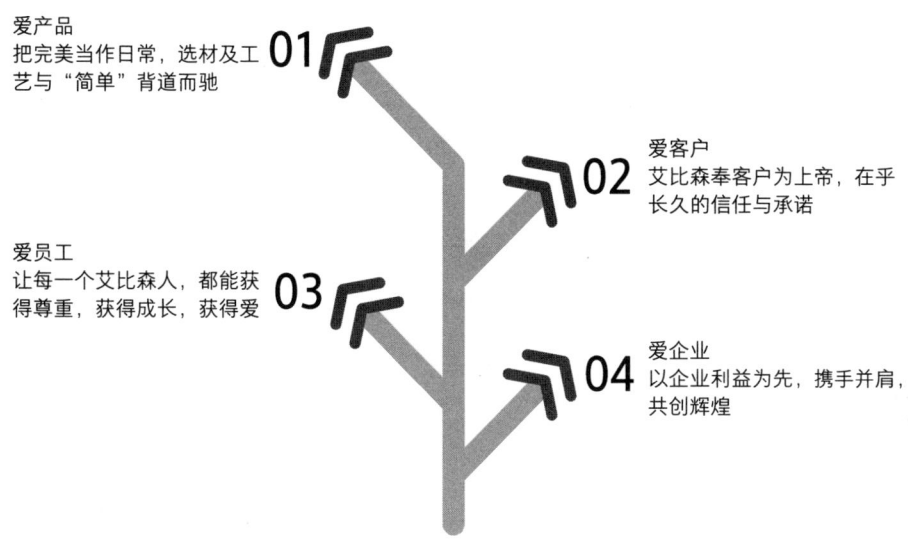

图14-4 艾比森品牌理念

2.布局中国市场,构建业务战略地图

明晰品牌战略之后,要专门针对中国区域,制定强有力的业务战略规划来逐步落实品牌战略,让品牌、业务战略一体化有序进行。针对四大业务板块问题,采纳提出"艾比森业务三层次战略",对基础业务采用持续挖掘策略,建立长效和细分的产品开发计划;对明星业务加大投资,重点培养,实现产品专业化,对未来业务进行潜在培育,建立短期和机动性的产品开发策略。通过构建业务战略地图,明晰艾比森品牌战略方向,艾比森将在国内市场大放光彩。

3.打造超级IP,传递至真文化

小蜜蜂作为艾比森的吉祥物,并没有给其赋予丰富的内涵。根据采纳十项原则的内容原则,采纳对小蜜蜂形象进行改造,为小蜜蜂创建个人档案,为其赋予"忠诚、勤劳、勇敢、贡献"的内涵。通过一系列的传播,让小蜜蜂成为艾比森形象代言人、公仔、运营者以及屏显杂志里的达人或者服务形象代言人,活跃在线上线下,不断输出内容。

图14-5 艾比森卡通形象

4.品牌全面落地,艾比森半年销售额破10亿元

有了策略,就要坚定地执行。采纳协助艾比森筹划了多场活动,其中包括行业十佳品牌推介会、艾比森全球营销年会、行业展会、小间距与智慧城市高峰论坛。

与会期间,参会人员对艾比森全新的品牌理念给予了高度认可。品牌与营销相结合,是让品牌的拉力与营销的推力形成合力,加速中国市场的渠道构建与销量提升。

通过采纳为艾比森策划的至真文化之路,2017年上半年艾比森实现营收5.01亿元,2018年上半年突破10亿元,销售额同比增长200%以上!

塞飞洛 | 我的爱,我的塞飞洛

2016年4月,深圳的天气逐渐变暖回春,但皮具行业的"春天"好像总是来得那么晚,这就让塞飞洛皮具有限公司董事长很着急与无奈,作为企业家,他知道企业的生存与发展是一刻不能松懈的。所以当他走出采纳公司的那一刻,他就知道,塞飞洛的"春天"终于要来了!2016年4月28日广州塞飞洛皮具有限公司正式与采纳携手合作,在历时9个月的不断磨合探索期,采纳交出了一张令众人惊叹的骄人答卷。

1.全新品牌,全面规划升级

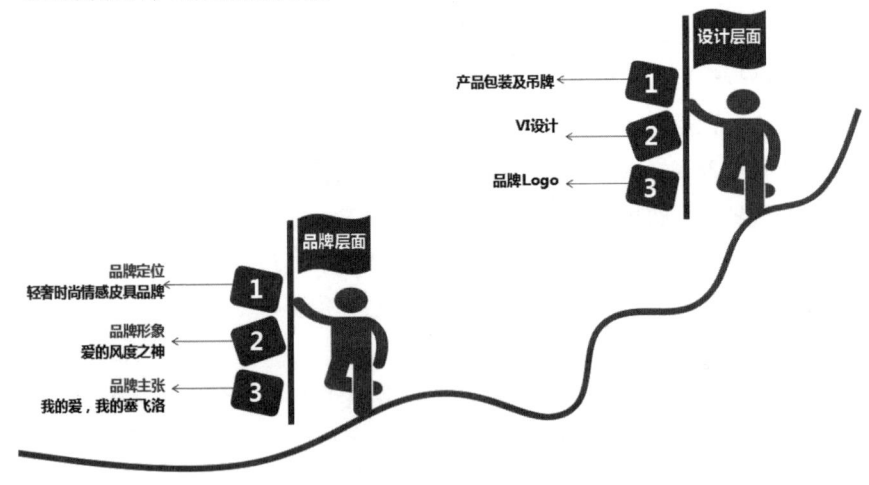

图14-6 塞飞洛品牌定位

2.品牌定位:轻奢时尚情感皮具品牌

消费者的自用需求正在得到不断的满足,但送礼需求却无人问津,采纳锁定"送礼市场",将塞飞洛打造成为皮具送礼市场的领导品牌。并聚焦80后、90后这一群年轻的消费群体,将"轻奢时尚情感皮具品牌"作为塞飞洛的品牌定位,一方面用"轻奢时尚"一词彰显出塞飞洛皮具品质与其他品牌的区隔。另一方面用"情感"一词打动消费者,以感性的方式表现出塞飞洛品牌的高品质,赋予品牌以人性化的元素，在消费者的心智中留下"情感皮具=塞飞洛"的印象。更重要的是，对塞飞洛品牌以往相对于大众、相对于普通的品牌气质将是一大提升，品牌将沿着"轻奢、时尚、情感"的方向前进。

3.品牌形象：爱的风度之神

塞飞洛音译自拉丁文CEFIRO，意为风度，而塞飞洛即是掌管"男人的魅力"与"女人的美丽"的风度之神，将世上的万千男女打造成为受人瞩目的焦点，将世人的一举一动都赋予爱的意义。

图14-7　塞飞洛广告

4.品牌主张：我的爱，我的塞飞洛

有效区隔其他竞争品牌，赋予塞飞洛品牌、产品情感化，强化塞飞洛品牌与消费者之间的联动性，通过广告语"我的爱，我的塞飞洛"更好地与定位结合，通过富有情感、直白易懂的广告语向消费者进行传达。

5.品牌Logo

通过采纳全新设计的Logo，赋予情感理念与元素，我们将CEFIRO英文中的"i"提取，转变成"！"，感叹号与塞飞洛英文相结合使得标识具有更强的可识别性，让消费者眼前一亮。

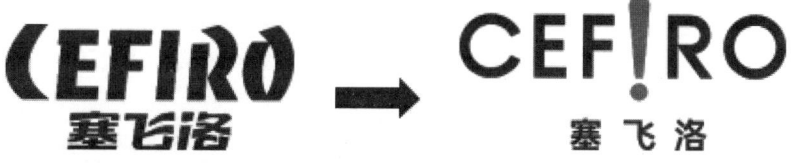

图14-8　塞飞洛品牌标识

6. 包装及吊牌

重新规范视觉识别系统，使塞飞洛企业更加规范化、统一化、专业化。并将定位、广告添加侧重传递这种文化，让使用者可以感受到塞飞洛企业的情感文化。

每个购买产品者都会配新的包装袋，每个包装袋上都会体现情感元素以及品牌形象大使，带给消费者更时尚的体验感。并且吊牌样式设计与Logo的情感符号相同，让消费者有耳目一新的小惊喜。

图14-9 产品包装实物

7. 新品发布，正式宣告变革

根据采纳的产品系统规划，开发塞飞洛全新的产品系列，每一系列产品都有明确的目标消费群体，并根据不同年龄段的消费人群喜好进行产品的研发与制作，赋予产品更多的情感与品质。并于2016年11月10日晚在广州九龙湖公主酒店举行了盛大的品牌升级战略发布会及新品发布会。

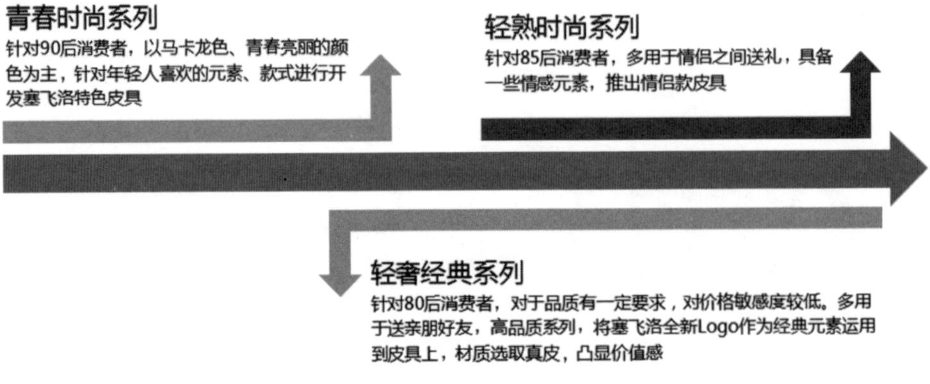

青春时尚系列
针对90后消费者，以马卡龙色、青春亮丽的颜色为主，针对年轻人喜欢的元素、款式进行开发塞飞洛特色皮具

轻熟时尚系列
针对85后消费者，多用于情侣之间送礼，具备一些情感元素，推出情侣款皮具

轻奢经典系列
针对80后消费者，对于品质有一定要求，对价格敏感度较低。多用于送亲朋好友，高品质系列，将塞飞洛全新Logo作为经典元素运用到皮具上，材质选取真皮，凸显价值感

图14-10 塞飞洛品牌升级

8.明星代言,升级品牌形象

在打造完整品牌价值体系的基础上,塞飞洛聘请当红知名艺人——"素颜女神"王丽坤成为塞飞洛全新的品牌形象大使,有效提升塞飞洛品牌知名度,在本次的品牌升级战略发布会中盛邀王丽坤出席。

图14-11 塞飞洛品牌形象代言人

根据采纳的提议,结合当下的网红主播热潮,邀请粉丝百万的当红女主播来到现场,助阵发布会,不仅带领线下粉丝一同探寻整个秀场,观摩发布会的幕前幕后、发布会现场的每个精彩瞬间,还在直播过程中,开启微商城秒杀活动,仅仅不到一个小时的时间里,所有商品被抢购一空!

9.终端落地,引爆产品销量

终端的产品摆放,环境的布置,宣传品的合理配置,都能直接影响顾客对于塞飞洛品牌感官上的直接认识,好的购物环境应该是令人舒适的,带着欣赏与赞叹的目光置身其中,能够让顾客获得良好和强烈的心理感受,精致的品牌展示厅,其获得的销售额必定高于普通店面。

所以,我们将情感符号在专卖店内进行扩大化,让消费者一目了然地看到,并围绕爱的主题扩散,打造情景式营销体验,灯光采用暖光配合射灯,既突出产品又不失格调。整体色调为浅色系,给消费者营造一个无压力、轻松的购物环境并凸显塞飞洛的轻奢时尚感。终端形象的全面落地,在短时间内大大提升了塞飞洛的升级品牌形象。

| 下部・新时代新战法的爆发力 |

第十五章
"缝隙营销"助力品牌冲冠

缝隙虽小，前景广大

一、什么是缝隙营销

缝隙营销，就是利用市场缝隙，通过创新诉求视角和原创性产品激发细分市场里新的利润增长点。这就要求企业能够结合自身品牌的资源优势在这市场缝隙中找到自己的定位，然后进行横向、纵向拉伸，最后成就小市场中的大品牌，在缝隙里开辟出一条属于自己品牌的康庄大道。

在热带森林里，树木分层而生，在高大的树下有灌木、灌木下有草丛，层层叠叠。自然生态中，几乎每一个缝隙都被利用了。品牌生态也是如此，市场上品牌林立，但总有大品牌所顾及不到的缝隙，小品牌利用市场竞争的空隙"见缝插针"，乘"隙"而入，也能开拓出一片新天地。

其实，所有的市场最开始都只有一条小小的缝隙，小到只能容纳下一颗种子，但是经过岁月的洗礼，小种子就变成了参天大树。

20世纪70年代，苹果、微软分别将一枚小小的果核种在IBM后院那块并不被看好的个人电脑缝隙市场。十年后，这两枚小小的果核终于长成了参天巨树。而原来不被看好的市场缝隙，早就随着技术的进步，用户需求的不断提升，扩展成了沃野千里的丰饶之地。又过了十年，当比尔·盖茨还在为他的个人电脑操作系统志得意满时，有人已经盯上了互联网搜索引擎这块缝隙，在比尔·盖茨的后院种下了Google这颗顽强的种子。当比尔·盖茨回过头来面对Google时，他赫然发现，曾经弱小的幼苗已经长成不可轻易撼动的巨木，而曾经被看作缝隙的互联网搜索引擎市场，在Google脚下也已经延展得望不到边际。

可见，善用缝隙营销策略的企业总能在竞争已经白热化的市场中突围，进而谋得自己的一席之地，而后在既得的领域中不断壮大、发展，直至成为该细分领域中的领导品牌。

二、中小企业如何做缝隙营销

随着互联网的兴起，行业同质化的现象日趋严重，大至商业模式上，小至产品研发、包装、设计上，甚至是对外的营销宣传上，企业无一不面临着竞品"同质""跟风"的困扰。但凡有个新品诞生，不久市面上就会有不计其数的同类产品出现，这就导致了行业乱象频出，使得不少中小企业陷入生存艰难的困境。

行业从来不缺跟风者，缺的是能够通过自主创新去开发所属行业中未曾被挖掘过的处女地的领导企业。唯有成为这行业细分领域中的领导品牌，才能有行业话语权，才有资格去制定行业准则，约束市场乱象，既而确保、稳固自身的地位。

那么应当如何领导企业进行突围呢？

1.缝隙营销思维的塑造

横向思维：这是一种在结构范围内，按照有顺序的、可预测的、程式化的方向进行的思维形式，这种思维下的创新是通过将市场进行深耕再深耕的细分，从而为品牌找到一个相对独一无二的市场空间的营销方式，横向思维即指缝隙营销思维。

纵向思维：这是一种打破逻辑局限，将思维往更宽广领域拓展的前进式思考模式，在这种思维下的创新，是通过对既定市场、现有产品、营销组合进行本质的改变来达到创造出新市场、新产品的过程。

作为企业的领导人或者是品牌部门的负责人，要思考企业于行业中的突围之策或是产品于市场中的迭代创新，则应运用横向思维去思考去做决策，在找准方向后进行反复推论以确保战略层面的指导无误，而后再运用纵向思维去思考战术层面执行的可操作性，看如何将企业在这新准入的市场缝隙中扎根，直至企业品牌的大树枝繁叶茂。一开始就运用纵向思维去考虑战略层面的事宜，很容易导致决策人陷入思维的迷宫中，找不到正确的方向。

2.巧用缝隙营销思维指导企业发展

那么，在熟悉了营销思维的运用方式后，如何为企业制定突围之策呢？

（1）观察寻找市场缝隙

有能力发现和填补尚未受到充分服务的市场，这是沃顿商学院评选全美当代25大企业领袖时最重要的标准之一。可见发现缝隙对企业来讲，是考验，也是机会。索尼公司创始人盛田昭夫在20世纪60年代，曾创立了著名的圆圈理论：在无数的大圆圈与小圆圈之间，必然存在一些缝隙，即仍有一部分尚未被占领的市场。缝隙市场由于产品服务面比较窄，市场容量不大，大企业因不能形成规模生产而不愿插足。这为中小企业扩大市场占有率和收益率提供了机会，中小企业只要看准机会，立即挤占，就很容易形成独特的竞争优势。

（2）找准时机，见缝插针

企业发现一个全新的市场，且能够凭借自己足够的资源优势满足消费者潜在的欲望或深层的欲望，继而把握时机快速创造市场并占领优势，是企业实现弯道超车、制胜的重要法宝之一。企业通过认真研究购买者的需求和行为，了解他们认为重要的是什么，他们认为有价值的是什么，他们愿意为什么而掏钱付费，并借助独特的商业模式，就能够创造出用户需要的独特产品，让用户为企业产品买单，并逐渐发展成为企业的忠实用户。

（3）带动企业，营销扩容

当企业在缝隙市场中寻找到了企业/产品的扎根方向之后，有的企业领导者往往会忽视市场营销给企业或企业产品带来的后续增值收益，总认为好的产品自然会伴随着好的用户口碑，用户也会自发地向身边人推荐企业产品，进而缩减了在营销板块的费用支出。实则恰恰相反，当企业产品获得好的市场反馈时，就更应趁热打铁，实施"小步快走、快速迭代"的策略优化产品、优化市场环境，从而建立起产品/品牌的认知度和美誉度，并借助得当的营销手段拉动销量的扩容。

这里所指的营销策略不仅包括非常规渠道的选择和创新，也包括针对目标受众的与众不同的营销推广策略，这更类似于一项营销创意，要从市场层面、产品层面和营销组合层面三个层面进行不同程度的操作，把创意与产品、设计、技术相结合。

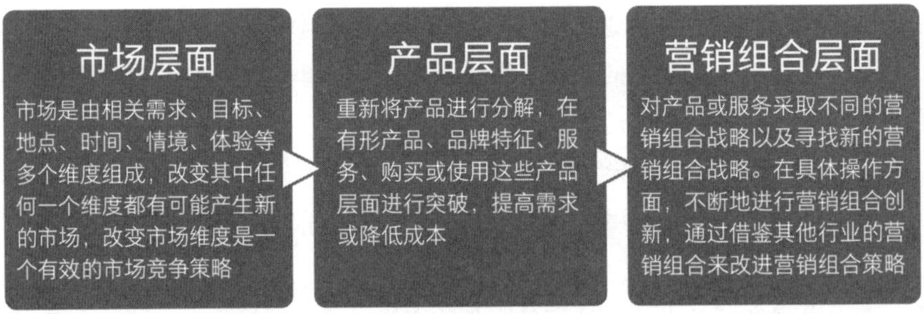

市场层面	产品层面	营销组合层面
市场是由相关需求、目标、地点、时间、情境、体验等多个维度组成，改变其中任何一个维度都有可能产生新的市场，改变市场维度是一个有效的市场竞争策略	重新将产品进行分解，在有形产品、品牌特征、服务、购买或使用这些产品层面进行突破，提高需求或降低成本	对产品或服务采取不同的营销组合战略以及寻找新的营销组合战略。在具体操作方面，不断地进行营销组合创新，通过借鉴其他行业的营销组合来改进营销组合策略

图15-1　产品的营销策略

（4）一鼓作气，取而代之

在新兴市场，企业依靠比较优势，往往可以在与强大的竞争对手的较量中，获得应有的市场地位。而这种比较优势的建立，关键在于寻找对手的弱点，这种弱点很可能成为企业的缝隙。所谓弱点，是指竞争者在满足该领域消费者需求时，所采取的手段和方法与消费者最高满意度之间存在的差异。消费者的需求没有得到很好的满足，这正是市场机会。如果企业有能力提供比竞争对手更令消费者满意的产品或服务，那么，该市场就可以作为自己的目标市场。

（5）稳定市场，巩固地位

当企业已经获得了相对稳定的缝隙市场之后，捍卫这个市场就显得尤为重要。巩固既得市场，通常可以从以下三个方面入手。

①保持并加大差异化优势：缝隙战略的实质是差异化战略，而最具竞争力的差异化，是竞争对手模仿起来难度很大或者代价高昂的产品。

②用创新捍卫缝隙市场：对于缝隙企业来说，创新几乎就是生存之本。所以即使在抢占了缝隙市场后依旧要时刻保持产品/企业的创新。

③缝隙化多元发展：取得市场缝隙的成功之后，企业会面临进一步的选择，很多企业都愿意选择多元化，而多元化的下一元应该是新的缝隙。

案例

群雄当道，金熊巧入黄金腕表新市场

当两种不相关的事物碰撞在一起，会发生什么？也许会出现平淡无奇的结果，但更多时候，却可以获得意想不到的惊喜。当贵金属与手机碰撞在一起，代表尊贵人士身份的8848钛金手机便横空出世；当MP3与电话、影视播放机、传真机等融合在一起，改变世界的iPhone便闪耀登场。那么，当腕表与黄金融合，又会有什么惊喜？

1.跨界融合，打造腕表市场新力量

在手表品牌扎堆、款式同质化严重的今天，若想找到手表中的缝隙市场，则必须从做产品的定式思维中跳脱开来，不拘泥于产品本身，从更高维度去思考，看是否可以借助外部的力量为手表赋能，从而达成开创新品类带领企业破局的目的。而Goldbear作为国内首个高端黄金腕表品牌，正是相中了当前行业潮流属性以及消费的新趋势，将"珠宝"与"手表"进行跨界融合，立足于奢华品质与轻奢时尚，主打商务男表与情侣对表，旨在通过创新手表品类来突围当下"混沌"的市场。

但Goldbear品牌全面系统的规划尚不清晰完善。

作为一个全新的品牌，在不被消费者了解的情况下，价格又高于大众熟知品牌，如何在手表市场群雄割据的时代找到属于自己的定位，占据消费者心智，从而做出市场区隔，是Goldbear和采纳共同思考的问题。在采纳专家认真调研分析后，强化品牌形象，塑造IP形象，成为Goldbear突入市场的不二之选。

图15-2　Goldbear品牌形象

2.抓住机会，进军金表市场

采纳项目组在接手Goldbear的项目之后，对市场、消费者、竞品，以及自身进行了第一时间的调研。在多维度的调查中发现以高端金表为代表的品牌数量较少，市场竞争力较弱；但随着目标消费者和经销商市场的不断增加，金表潜在市场也在逐渐扩大，各方面调查均证明进入金表市场大有可为。

3.定位明晰，打造IP形象

为了让Goldbear及其产品能够尽可能获得市场及消费者认可，采纳从品牌IP、品牌代言人、品牌产品以及品牌创始人四个维度提取出Goldbear进取、内涵、具有人文情怀的核心价值观。同时，根据品牌核心价值和消费者人群，为Goldbear规划出一套适合自身独一无二的市场定位，让Goldbear更易于被消费者记住，从而占据消费者心智。

4.多方位传播，大规模增强市场影响力

在品牌传播上，采纳将整个传播计划分为品牌形象塑造期、品牌形象引爆期、品牌形象深耕期三个阶段进行。通过前期展销会，塑造品牌形象，封锁珠宝级人文足金腕表品类，牢牢把握品类第一优势；借助城市定向越野赛，深化品牌个性、形象，使目标消费者获得共鸣；助力公益活动，塑造品牌在消费者心中的良好形象。

5.捷报频传，新形象获佳绩

通过采纳一系列品牌形象规划以及产品规划后，Goldbear佳绩频传：2017年3月，在北京钓鱼台国宾馆"对话新模式，表现新财富"主题论坛大会上，近200家客户与Goldbear达成品牌加盟合作，签约成绩引人注目；在同年9月的深圳国际珠宝展上，短短三天时间，有近百家客户有意向签约加盟，其中约2/3的加盟客户位于东北、新疆、河北等北方地区，使Goldbear商家覆盖全国大部分地区。在实现了市场与品牌的双向开拓的同时，也充分印证了采纳营销策略的前瞻性与精准性。

采纳为Goldbear打造的珠宝级人文足金腕表品类，确立了在市场上的区隔定位，以崭新的形象占据消费者心智。同时在品牌形象、IP形象的打造上，Goldbear进取、内涵的核心价值观提升了其品牌形象，也引起消费者共鸣，从而得到消费者的认可。多重战术，不仅让消费者记住珠宝级人文足金腕表Goldbear，也让其在市场上牢牢占据优势地位。

拼多多 | 在缝隙市场中成功突围

提到电商企业，大部分人都会首先想到阿里巴巴和京东，因为阿里巴巴、京东

第十五章
"缝隙营销"助力品牌冲冠

两大电商巨头基本上主导了国内的电商市场,在市场份额占比上与其他电商企业相比也占据绝对优势,所以若有新品牌想进入电商领域,则绝大多数会举步维艰。

更何况如今随着互联网人口红利的消失,电商成本的逐年增长,对于资本薄弱的企业,挑战更是几何级增加。据悉,京东获客成本从2014年的82元飙升至2016年的148元,而线下边际获客成本近年来却维持在持平的状态(不考虑房租),因此,阿里巴巴、京东两大巨头纷纷把目光瞄向了线下,希望创造新的增量。

其实,线上流量并未被完全挖掘,以微信为代表的社交场景就蕴藏着巨大的商机,不过两个巨头都未能很好地将社交关系链的价值最大化释放出来,这就给拼多多与两大巨头差异化竞争创造了良机。

1. 避开阿里巴巴京东正面竞争,找准细分领域市场

正是对于时下电商格局的判断,以及对社交关系链的洞察理解,拼多多找到了新的电商缝隙市场准入,进而走出了属于自己的路。

"社交+电商"是拼多多的核心,而社交的背后是信任,拼团模式带来参与感和实惠,使商品信息形成裂变式传播,有利于提升订单转化率和复购率。拼团模式看似简单,却打通了社交和电商两大场景的隔阂,开辟新的蓝海,使社交网络重构中国电商格局成为可能。

拼多多之所以发现这片空地并迅速种出果实,固然有运气成分,但更多的是商业模式的创新。众所周知,信息流、物流、资金流是电商三要素,从PC时代到移动时代,尽管物流、资金流进步神速,但变革程度不及信息流,用户获取信息的主要方式从搜索蜕变为基于社交或算法的信息流,Facebook、微信和今日头条是集大成者。拼多多意识到基于社交的信息流对电商影响巨大,于是思考如何将社交与电商有机结合,终于摸索出拼团这一撒手锏,而社交网络已成为互联网基础设施,微信10亿用户为拼多多新电商模式提供裂变土壤。表面上看,拼团与主打人多实惠的团购相似;深究内在,其核心是在信息流当道大背景下,社交关系对电商的一次重构。

2. 三大策略,助力拼多多成就新电商头号玩家

(1)移动互联网下沉

城市下沉是过去几年移动互联网最重要的主旋律。随着智能手机飞入低线城市百姓家,越来越多的底层用户开始涌入移动互联网。这些新涌入的互联网用户大多不知道淘宝、京东为何物,为新电商平台的诞生创造了条件。

(2)商品高性价比策略

跟低线城市用户能在本地集市、商场购买的商品相比,拼多多为低线用户带来琳琅满目商品的同时，还以极高的性价比吸引了低线城市用户。拼多多能够实施低价策略并非仅仅因为早期得益于"假货""山寨货""低质货"，拼多多之所以可以实施低价策略，很大程度上也跟其早期无盈利压力，无须进行流量变现有关。众所周知，商家在淘宝、天猫、京东的流量成本逐年水涨船高，流量成本已经成为商品最重要的成本，远超过商品本身的制造成本。当时未上市的拼多多初生牛犊不怕虎，可以把本可以从商家身上榨取的流量成本让渡给消费者。这样一来，拼多多上的商品价格自然更低了，也就受到了下沉城市群众的欢迎。

（3）拼购的微信裂变力量

微信作为社交平台是下沉最快的移动互联网应用，借助微信网络裂变的能量，拼多多用低门槛拼购即可得到折扣的方式很好利用了用户口碑推荐的力量，一时间拼多多拼购链接在朋友圈、微信群满天飞。拼购的微信裂变力量结合让人震惊的"低价"，用户自然就飞起来了，极低的用户增长成本使拼多多可以更加任性地实施低价策略，分发给能提供低价商品的商家。

拼多多以火箭般的速度蹿升，其年度活跃买家数量从2017年第1季度的6770万人上升到2018年第4季度的4.185亿人，年度人均消费从309元增至1127元，发展之快，令人感慨。

3. 以黑马之势跻身电商行业前三强

2018年7月26日，成立不到三年时间的电商拼多多上市了，从2015年9月上线到登陆纳斯达克，拼多多仅用时2年11个月，刷新了中国互联网企业最快上市纪录。

据科技媒体爆料，拼多多于2018年年初的GMV已经达到了400亿元的销售规模，而京东2017年财报显示，全年GMV为1.3万亿元，平摊到每月也就是1100亿元左右。这就意味着拼多多的交易额已经超过1/3的京东。然而，拼多多在2017年年初的GMV才20亿元，这种高速增长的态势堪称恐怖。

作为一家融合物质消费和精神消费的非传统公司，拼多多致力于成为"Costco+Disney"的结合体。针对C端拼多多通过C2M极致压缩供应链条，省去中间环节，实现"便宜有好货"。针对M端拼多多"少SKU、高订单、短爆发"的模式，被认为最匹配工厂的转型升级，过去3年，拼多多平台上已经诞生了近千家工厂品牌。

继阿里巴巴、京东之后，拼多多也正式赴美成功敲钟，中国电商市场也正式呈现三足鼎立的格局。作为一个后起之秀，能在短时间以如此之快的速度发展与其成立之初差异化的定位是分不开的，避开阿里、京东的直接竞争市场，在两大巨头企业的夹缝中悄然发芽，随着时间的灌溉，逐渐成长为不容易被外界挑战所撼动的参天大树。

第十五章 "缝隙营销"助力品牌冲冠

章节小结

缝隙营销，可以说是为小企业量身定制的竞争战略。在企业尚无实力和大品牌正面竞争时，那么就可以尝试去挖掘存量市场中的缝隙市场，往往大企业看不上的缝隙市场，或许就存在着诸多的商业契机。在该市场中，竞争者本身就少，所以消费者就没有过多挑选的余地，小品牌完全可以借此时机迅速站稳脚跟，实现品牌冲冠。

金熊手表、方舟来拉、白象大骨面、拼多多等品牌正是通过找准市场缝隙，从而在细分市场成功占位，成就了一个品牌的市场地位。在市场品牌竞争越来越白热化，产品日趋同质化的大环境下，品牌突围战就更加需要缝隙营销。

| 下部·新时代新战法的爆发力 |

第十六章
"颠覆式营销"助力品牌冲冠

颠覆带来品牌重生

一、企业为什么需要颠覆

这个时代正以你想象不到的速度在发展。20年前,柯达没有预料到数码相机的时代会如此快地到来;10年前,诺基亚没有抓住智能手机的风口;5年前,苏宁易购还没有掌握到O2O的精髓……面对这个竞争激烈的时代,在机会面前不主动选择自我颠覆,那么企业就会被后来者颠覆。

社交媒体的发展对企业产生了巨大的冲击。之前人们获取信息,大多是单向和线性的,而现在呢?成功的营销模式,已经从正三角(厂商—媒体—用户)变成倒三角(用户发布声音—影响大号内容跟进—普罗大众)。

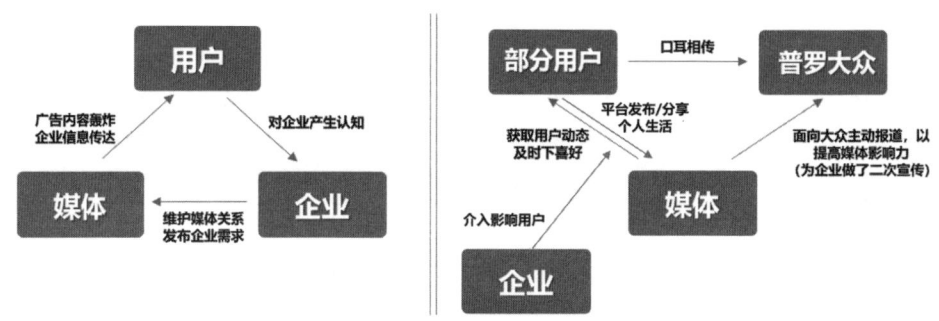

图16-1　用户的触媒习惯在随着时代的变化而变化

这是一个伟大的变革!企业家应将天平的重心从媒体端往用户端偏移,花更多时间去走近用户,与用户进行有效深层次的沟通,从而让用户愿意为品牌主动发声。当这一部分用户达到一个数量级之后,就会影响社交媒体平台的公号,一旦十几个公号跟进报道,传统互联网媒体和传统媒体就会迅速跟上,反过来影响普罗大众,至此热点和潮流形成,营销就成功了一大半。这就是移动社交媒体的营销逻辑。

移动社交时代的本质就是对现实生活的模拟和跟进,人人成族群,众人出圣人。营销不能再玩品牌幻术,而需要真情实意的表达。作为中国首款移动社交饮料的燕小唛,不仅做饮料,其实更关注它所代表的文化认同和社交价值,更关注人与燕麦、人与自然、人与人之间妙趣横生的关联与互动。

2016年春节前，燕小唛做了一次"世界再大，也要回家"的充满深情的表达，不到一周，浏览量就超过了170万次；在2017年3月的一次"替妈妈给孩子送礼物"的微博活动中，短短一周，获得了2157次转发和1605个评论，推广和传播成本，低到你不敢想象。这就是移动社交时代的营销新玩法。

如今的信息传播将不再是自上而下、集中式、一对多的、单向线性传播；取而代之的是互动化、碎片化、生态社群化、多对多交叉的、传播与生产合二为一的立体式网状传播。

传统媒体是"内容与渠道"之间的二元博弈，移动社交时代的颠覆式营销是"魅力人格体和运营平台"的二元博弈。在移动互联网冲击下，媒体的渠道价值大幅贬值，现在的营销要求的是内容、场景和全新的操盘模式。其对企业营销信息的颠覆可归纳为四点。

1.互动颠覆自上而下

移动社交媒体最核心的特点就是"互动"，而互动的本质是平等。传统营销的传播模式是由内而外的线性思维，先提炼企业想要表达什么，然后自上而下地传播出来。没有反馈和沟通，效果当然越来越差。而互动则是即时反馈，随时更新，追求最精准和投资回报率最高的传播方式。在信息爆炸的"互联网+"时代，没有互动和参与就没有营销。

2.碎片化颠覆集中式

传统营销的传播节奏或者是"晚上8点的黄金时段"，或者是三大门户网站都属于集中进攻型的。但移动社交媒体撕裂了受众的时间，每个人时时刻刻都在上线。当然有所谓的饭后睡前等时间节点，但整体上碎裂的零零碎碎毫无规律可循的触媒时间，消费者注意力的碎片化直接导致媒介影响力的碎片化，这简直令传统营销束手无策。

3.社群化颠覆一盘散沙

传统营销的传播对象是个人，是万千个人组成的"一盘散沙"的大众，传统营销的传播策略相当简陋、粗糙，对受众的界定中，只有年龄、薪酬、职业、爱好等简单的特点画像；而移动社交新媒体时代的受众则完全不同。他们已经强大到组建自己的"兴趣帮派"，如微信群。这种非正式组织联系紧密、相互信任，有所谓的意见领袖，但根基脆弱，并且群与群之间没有管理，很难将一个营销内容从一个群有效落地洞穿至另一个群。

4.自产自销和产销融合颠覆产销分离

传统营销是企业和厂商作为营销动作的发出者，如同打猎一样，消费者都是被动"挨枪子"的角色。企业自己生产"弹药"（营销内容），通过传媒（电视、报纸、杂志等）发射出去，中了枪的消费者才会购买产品。而在移动社交时代，在微博、微信等平台并不自己生产内容，内容是用户自己生产、相互消费。企业其实是被排除在外的，既然受众的注意力都开始归集至此，企业无论如何也必须参与其中，借助受众的口耳相传去曝光自己的品牌和卖自己的产品。

二、中国市场需要颠覆

1.中国市场为什么需要颠覆

中国市场是一个不成熟但快速发展的市场，在这个市场上，很多行业存在裂变式、爆发式和跳跃式发展的机遇。在此背景下，企业可以靠口碑、靠服务慢慢地建立、积累品牌美誉度、信誉度，企业这样也可以发展，但面对竞争者的跳跃式发展，企业显得发展速度缓慢，容易错失很多良机。

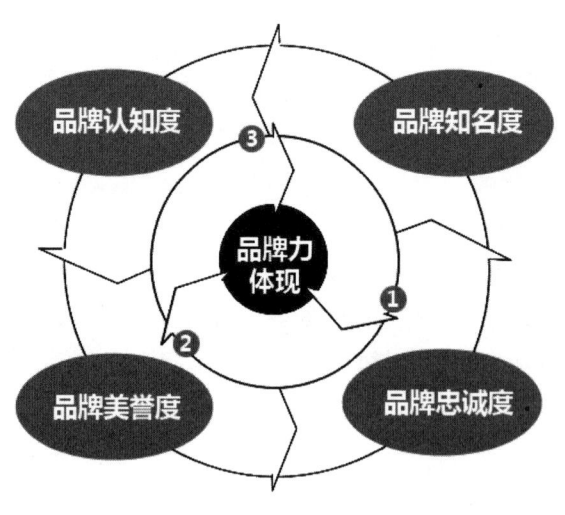

图16-2 品牌力

首先，中国市场许多行业尚未有绝对的优势，在这种情况下，快速打破常规，利用颠覆式营销的手段建立新品类、开发新市场、培育新品牌便显得尤为重要。

其次，中国市场的竞争现在已经逐步发展为国际化竞争，很多行业都由国际品牌占据着领导地位，高筑起了新型企业进入这个行业的壁垒，尽管某个行业已有本土品牌占据领导地位。国际品牌拥有独特的资源和强势的地位，除非它犯了严重的错误,否则后进入者想用传统的营销方法挑战领导品牌在这个行业中的地位将变得极为困难。

2.中国企业的颠覆是否可以靠复制标杆企业的模式取得成功

中国企业的成功借鉴了国外许多标杆企业的经营模式和发展战略,但是,完全依靠对标杆企业的研究,然后在本企业复制,却并不都行得通。

例如,美国通用成功了,韦尔奇成功了,大批效仿者纷纷复制美国通用,复制韦尔奇的做法,但实际上最后成功的企业寥寥无几。事实证明,企业的成功不是走标杆企业的老路,而是走一条看似不合规则的、自己闯出来的新路。

颠覆是一种新的思路,不颠覆就会沉寂,但颠覆也有相当大的风险,企业能否成功还取决于企业是否拥有适应颠覆性变革的配套资源,例如资金、人力等方面。当年的秦池酒,前期采取标王颠覆式的传播方式推广品牌,迅速崛起获得了极大的成功,但后期由于自身资源配置、企业自身管理、渠道管理体系落后失控而造成企业的衰败。

在中国,20世纪80年代末一些兴起的公司都已经销声匿迹了,它们都曾坚持传统、墨守成规,拒绝改变,例如:爱多、小霸王、润迅寻呼机等,而生存下来的公司都是在不断强调变革,甚至对于一些公司来说,颠覆式营销的思考方式可能挽救了它们中绝大多数的生命。

3.移动互联网时代,品牌颠覆成为"新常态"

近年来,随着移动互联网的迅猛发展,微博、微信等社会化媒体后浪推前浪,微店、O2O等电子商务形式不断涌现,越来越多的后进品牌,依托互联网优势,通过新的技术、新的商业思维,改造着传统市场生态环境,实现了颠覆式的发展。

以手机为例,早先摩托罗拉将手机定义为移动电话,通过卓越的通话功能成为行业领先者;而诺基亚认识到,手机的需求正走向娱乐化,消费者希望手机不仅能够打电话,还能实现听音乐、拍照等时尚化的娱乐功能。诺基亚提出"科技以人为本"的理念,引领手机娱乐需求变化,实现了对摩托罗拉的颠覆。到了智能手机时代,手机成为实现多种需求的智能化移动终端,苹果抓住了这一变局,在智能手机领域后来居上,并引领潮流。

三、四大战法颠覆市场

可以说,移动互联网时代,一切稳固的东西都烟消云散,任何"小人物"的力量都不可以忽视,它可以找到一个支点,把行业霸主拉下马;任何大品牌都不可能一劳永逸,它需要时时刷新自己,防止被"小蚂蚁"们颠覆。

1. 技术颠覆

通过自主技术创新，以独特的、突破性的核心技术打破行业格局，形成新的标准。蒸汽机、电力和信息技术等颠覆性技术，带来了人类历史上的三次工业革命，极大地提升了全世界的生产力。如今，移动互联网技术、大数据技术、物联网技术、云计算、3D打印技术、可穿戴设备技术等极具商业颠覆力的新技术，将引领新一轮的市场洗牌，为许多企业带来跳跃式发展的机会。

颠覆性技术最初往往不够成熟，容易遭到主流客户拒绝，反而会被边缘性客户优先采纳。随着性能的不断提升，这些技术有可能颠覆原来的主流技术，最终演变成为主导市场发展的革命性技术。

2. 思维颠覆

思维颠覆，就是跳脱固有的营销思路，以全新的思维重新审视我们的消费者和市场生态，从而创新出新的颠覆性营销模式，开辟出一片蓝海。随着移动互联网时代来临，各种商业要素不断融合重组，有两种方兴未艾的营销新思维，正在颠覆着各行各业。

（1）互联网思维

所谓互联网思维，就是用运作互联网产品的思维和方法来运作品牌，它强调用户至上，深入把握用户需求，用超出预期的商品和服务满足他们的期待，不断地为他们制造惊喜。

用互联网思维做品牌则注重把一款产品做到简单极致，追求最好的用户体验，产品更新换代注重"微创新"，即根据用户的喜好不断地快速改进自己的产品，一次次改进并做到极致；销售渠道上，一般通过网络销售，或者利用网络从线上引流消费者到实体渠道；传播上，强调粉丝参与和口碑，并采用微博、微信等社会化媒体进行传播；盈利模式上，强调"免费"，硬件以成本价出售，基本服务免费，然后依靠增值服务去赚钱。

显然，互联网思维与我们熟知的营销方式有很大不同，对传统营销模式也是很大的颠覆。但是，由于互联网思维适应了当今多屏幕、碎片化时代的特点，具有很强的颠覆性，近几年出现了很多运用互联网思维快速打造品牌的案例，如阿芙精油、马佳佳情趣用品、江小白白酒等，值得每一位营销人思考。

（2）跨界思维

所谓跨界思维，就是跳出行业和认知的界限，多角度、多视野地看待问题，将原本两个或多个不相关的事物结合在一起，打破原有领域中的规则，将创意元素引入到行业资源的整合重组中,带来行业格局的改变。

瑞士Swatch手表将时尚和手表跨界混搭起来,作为"时装表"吸引追求潮流的年轻人,成功为瑞士手表夺回江山;中国台湾地区最大的诚品书店,跨界联姻餐饮、娱乐等领域,将原本只是卖书的地方,打造成一个融购物、休闲、聚会、买书、看书为一体的生活体验场所,颠覆了传统书店的运作方式。

上述案例,都是跨界思维带来的颠覆性效果,这种思维更加适合中小企业和后进品牌,后进品牌在弱小之时,想要快速颠覆行业地位,坐上头把交椅,就必须引进新的思路,通过优势资源的跨界整合,快速突破行业壁垒的封锁。

3.品类颠覆

当人饿的时候,他会先想到"快餐",再想到"麦当劳";当人要买手表时,他会先想到"瑞士手表",再想到"劳力士"。在消费者心智中,真正消费的是品类,然后从这些品类中选择品牌。品类战略,就是在消费者心智中抢占品类,并让这个新品牌等同这个品类,成为该品牌的代表。

随着市场不断成熟,消费者需求不断走向个性化、多元化,原有的品类将逐渐分化,为新进品牌的"弯道超车"创造了环境。新进品牌可以借助品类分化的趋势,在消费者心智中创造新品类,设法成为代表新品类的领导品牌,你就有了成为颠覆强势品牌的先天机会。

4.商业模式颠覆

商业模式是企业价值创造的基本逻辑,也就是企业在一定的价值链或价值网络中如何向客户提供产品和服务,并获取利润。通俗地说,就是企业如何赚钱。

如今,无论是互联网企业,还是传统企业,都越来越注重将新的商业模式引入业务体系,借助商业模式创新,构建自身的独特竞争力,进而对行业构成颠覆性的冲击。

360杀毒软件采用"基本服务免费+增值服务付费"的盈利模式,一举成为杀毒软件的领导者。传统电视机厂商只能通过销售硬件赚钱,而乐视的超级电视,则拥有"硬件收入+内容收入+应用分成+终端广告"四种收入来源,颠覆了传统电视行业单一的盈利模式。

随着新的商业逻辑和相关技术的发展,将会有越来越多类似360、拼多多的新兴企业,创新出越来越多我们从未见过的商业模式,重塑现代商业形态。在这一波商业模式革新的浪潮中,将为执着创新的颠覆者带来契机。

> 案 例

厨之道 | 掀起厨房油烟净化新革命

厨房，是一个家庭的心脏，深受中国传统文化"烟火味"的影响，洗碗、做饭这些貌似平常的家务也蕴含着大道，我们烹调美味，也品味生活。然而现实生活中却有这样的状况：油烟难清洗、烟道堵塞、串味严重、厨房油腻就是常态。

厨之道就在这样的背景下诞生，作为动态物理屏蔽油烟技术的发明者，一直致力于厨房油烟净化的研究，其最新油烟净化技术从动态油烟分离到废油回收，完全颠覆了市场中油烟机就要大吸力的认知标准，在油烟机市场赢来多方好评。

在竞争激烈的家用油烟机市场，厨之道该如何把握优势掀起油烟净化革命呢？

1. 重新定位，掀起油烟机新革命

采纳项目组根据厨之道市场基础及市场布局选择了北京、郑州、深圳三大市场进行调研走访。经过调研，发现油烟机市场已非常成熟，消费者对油烟机大吸力的标准也形成固有认知。各大品牌纷纷推出自动清洗、免清洗、智能等功能的油烟机吸引消费者购买。

定位中最为经典的重新定位理论说道：当发现市场认知成熟，空位机会少之又少时，可通过给已经占据人们心智的竞争对手重新定位来创建空位。

换言之，要想使一个新理念或新产品进入人们的心智，就必须把人们心智里原有的相关观念或产品排挤掉。如七喜的"非可乐"将七喜与可乐市场区隔划分；郭德纲将自己称作"非著名相声演员"，向人们传达自己独特的说相声风格。

确定厨之道重新定位的战略之后，如何为厨之道创造新理念进入人们的心智呢？我们发现，厨之道获得的国家专利技术及其独特的处理油烟方式，具有颠覆传统油烟机市场的革命基因。且在调研中得知，净化油烟是商用油烟机市场普及的一种处理油烟方式的概念。

因此，我们为厨之道确定了"非传统全净化油烟机"。

通过非传统撬动传统油烟机市场，以全净化开创油烟机新品类。这一定位将油烟机划分为非传统与传统油烟机两大品类，不仅传达厨之道的革新基因，也将全净化概念推向市场。基于商用油烟机对净化概念的普及，大大减少厨之道油烟机的传播成本。

那么，消费者心中认为油烟机最重要的是什么呢？通过大量拦截走访及消费者访谈，发现消费者最看重的仍然是健康问题，而油烟机的本质，也是通过处理油烟保证厨房主人健康的功能。因此，聚焦厨之道全净化概念确定"全净化，真健康"

口号。

2.品牌定位战略的全面贯穿

采纳十项基本原则的项链原则中提到：成功的营销必须以品牌战略为核心，将产品、渠道、招商、传播、组织管理等要素贯穿起来，把珍珠串成一条珍珠项链，才有价值！

围绕"非传统全净化油烟机"这一品牌定位，在厨之道油烟机产品系列规划中，我们聚焦"全净化"这一概念，打造五大净化系列——典范纪念款云净系列、中高端博净系列、中端国净系列、标准款家净系列及亲民价格款普净系列，细针密缕地将"全净化"贯穿于整个产品规划之中。

图16-3　厨之道油烟机

塑造厨之道油烟机的"五星价值体系"——烟道不沾油、风机免清洗、抽排更持久、厨房无油烟、环保轻排放，让"五星价值体系"的油烟机成为全净化油烟机的标准，让消费者留下只有全净化油烟机才能满足五星价值体系标准的心智印象。

打造厨之道超级IP——净净。净净形象充分融入了厨之道Logo的基本色及条纹元素，并以精灵可爱的卡通形象拉近厨之道与消费者的距离。

在传播层面，利用消费者猎奇心理，制造一场悬念广告。以"我们想净净"引发全城热议"只知静静，何来净净？"接着由"我们想的净净终于来了"引出厨之道全净化油烟，带出厨之道油烟机"全净化"理念。并由"净净走进千万家"及"净净带领全民净化"活动，将厨之道品牌做到深入人心，让厨之道全净化油烟机走近消费者，让健康环保深入人心。

3.以品牌落地，全方位展现品牌价值

厨之道新办公楼将品牌价值体系一一落地，全方位展现品牌价值，向世人展现神奇。

厨之道搬迁新办公楼，采纳通过对办公室墙面、导视图、产品展示区的创意平面设计,向来访客户、消费者展示厨之道新形象。

图16-4 厨之道品牌打造

2017年12月,厨之道首次招商在安徽举行。招商会上,通过对经销商展示全新厨之道品牌形象,选择标杆经销商分享代理经验及成果,以神奇的净烟效果演示产品,赢得各经销商赞叹。同月,厨之道又紧锣密鼓地参与国际酒店用品展览会,以CCTV-10对油烟机发明的反复宣传吸引眼球,又凭借高端大气的品牌形象展示,在知名展览会中初露锋芒,赢来采购商与经销商的赞誉支持。

图16-5 厨之道产品营销

在采纳与厨之道的共同努力下,厨之道开创了"全净化油烟机"新品类,深挖全净化价值,建立起了以"全净化"为核心的品牌价值体系,并助力厨之道成功举办招商会、展览会,得到客户满意反馈。采纳相信,在双方的积极配合、共同努力下,油烟净化市场必将迎来全新的革命!

大旗光电 | 颠覆城市光文化

大旗光电是LED应用产品专业制造厂商,由于国家产业政策的影响,产品同质化非常严重,大旗光电的产品区隔性不强,跟随仿冒者众多,无法形成技术壁垒。

采纳营销专家帮助大旗光电从城市文化的高度定位品牌，首创性地提出"创意城市光文化"品牌理念，确立以"光文化"产品为核心的产品体系，革新渠道模式，开辟了城市景观照明行业新的方向。

品牌颠覆：创意城市光文化。

在这样一个行业局面面前，大旗光电如果想突围，就必须制定独具特色的发展战略。采纳营销专家将大旗现有的业务和产品进行整合提升，结合艺术感和文化感，以"创意城市光文化"为品牌理念，将品牌从做产品、做工程提升到了城市文化建设层面。这样，不但提升了自身品牌的价值感，也迎合了市政府客户的政策理念。

图16-6　大旗主形象画面

1.产品创新：系列"光文化"产品

菲利浦·科特勒说过一句话："一个伟大品牌的核心是伟大的产品！"采纳营销专家提出打破原有的定制模式，将产品进行模块化分解，形成若干基础形状，再进一步组装构成景观造型，甚至打破现有的平面造型构成3D立体景观，确定了以"光文化"产品为核心的产品体系。除此之外，采纳营销专家还为大旗联系聘请国内著名光环境设计大师李农作为企业规划设计顾问，并促成双方合作，有效提升大旗的景观规划设计能力，增加产品的丰富性，实现差异化。

2.渠道革新："直销+协销+经销"三管齐下

LED照明的终端客户与其他行业不同，大多为市政客户，针对这种群体的特殊性，采纳营销专家为大旗量身定制出全新的渠道模式——三种渠道并行，分别为大旗业务员进行直销，协销商进行协销渠道的开拓，经销商、工程商进行经销代理。招商方面，以品牌推广和新品发布会为主要形式，各类展会、峰会为辅，多种形式相结合，快速拓展渠道市场。

图16-7　媒体报道大旗

案例

看盒马鲜生如何颠覆传统生鲜零售

2016年1月，首家盒马鲜生会员体验店在上海开业，半年以后，它就筹划在上海开10家店并进军北京市场，它的飞跃式成长让生鲜电商和传统商超都看到了一种希望，也感受到了某种压力。那么，盒马鲜生究竟做了什么震动了整个生鲜业？

1. 盒马鲜生由原京东系创立

盒马鲜生虽然2019年才上线，但一经上线就得到业内人士广泛关注。不得不说，背景强大是主因。

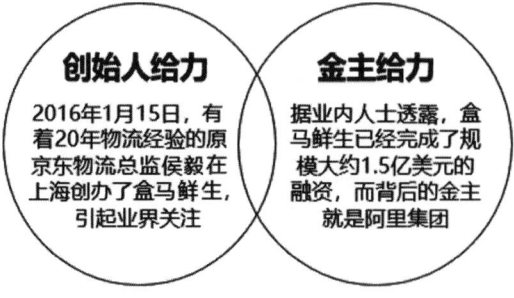

图16-8　盒马鲜生的优势

2.只接受支付宝付款

与其他生鲜商超不同的是，盒马鲜生不接受现金付款，只接受支付宝付款。消费者到店消费时，服务员首先会指导消费者安装"盒马鲜生"的App，然后再注册成为其会员，最后再通过App或者支付宝完成付款。

这样的一个流程看似复杂、麻烦，甚至会影响用户体验，然而据实际的运营效果反馈，这样不仅不会引起用户反感，相反这些注册"盒马鲜生"App并成为会员的用户数据还能为企业带来更多衍生的价值。

一方面，运营方通过支付宝可以完全掌控线下终端消费数据，从用户的消费偏好、消费能力等方面形成大数据、广告、营销价值，以填补O2O成本。另一方面，支付宝支付可以让消费者将"盒马鲜生"App下载到手机里，并成为其会员。这种方式不仅可以增强消费过程的流畅性，更重要的是能够增加与用户的黏性，打造O2O闭环。

3.产品品类丰富

（1）品类丰富

在面积为4500平方米的门店里，盒马鲜生售卖的产品分为肉类、水产、水果蔬菜、南北干货、米面油粮、烘焙、熟食、烧烤以及日式料理等，分区明细，指引清晰，方便顾客挑选。

（2）优质货源

盒马鲜生售卖的商品来自103个国家，超过3000种商品，其中80%是食品，20%是生鲜产品，后者未来可能发展到30%。特别是海鲜区，有来自世界各地的鲜活海鲜，如俄罗斯红毛蟹、波士顿龙虾……

4.生鲜标准化程度高

众所周知，标准化分类、独立包装，是生鲜O2O最难的部分之一。很多传统的线下商超正在努力配合线上平台的销售特点，完善生鲜商品的标准化，但盒马鲜生是从线上开始，就做到了独立包装、明码标价。据了解，盒马鲜生除了以个售卖的生蚝、以条售卖的活鱼，几乎所有商品，到店时已实现了独立包装，从蔬菜、肉类到水果等，并且重量和价格都标得很明确。

5.高效的物流配送

（1）配送标准化

首先，盒马鲜生使用统一的保温、保湿袋对货物进行包装，以此保证生鲜在户外配送时不会因户外天气环境而产生商品外观变化。其次，该店拥有一套自动化运货设备，在店内设置了300多平方米的合流区，从前端体验店到后库的装箱，都是由物流带来传送。所以在门店，消费者头顶就是飞来飞去的快递包裹，下方则是琳琅满目的食品，设置十分新颖。

（2）配送高效率

盒马鲜生宣称5公里内半小时送达。无论是在门店购买，还是在App线上下单，均能保证"5公里范围，半小时送达"。这种配送效率不仅能保证生鲜产品的新鲜度，而且能满足用户的即时性消费需求。

盒马鲜生的布局模型颠覆了传统线下门店的布局逻辑，将互联网基因深深地植入线下实体门店，构建了全渠道新型门店模型，将单纯的线下实体门店转型为线上线下无缝连接的"顾客体验中心 + 物流配送中心 + 商品销售中心 + 顾客服务中心"，成功打破生鲜市场在消费者心中的认知壁垒。

特斯拉丨颠覆百年汽车市场先行者

美国拥有超过百年历史的汽车行业，至今已进入成熟阶段。在这样一个高度同质化竞争的成熟产业中，怎样能够反败为胜，实现颠覆式创新？特斯拉就给出了最完美的答案。

1.技术的颠覆

从特斯拉的技术角度来说。传统的车里面，发动机占据的空间是最大的。而特斯拉一反常规，不要发动机，不要传统的传动设备，有的只是底部的电池，底部的高密度铝合金支架，两个不超过一个西瓜大小的轮子马达。如此简单的装备下，特斯拉车内拥有超大的空间，安全性非常高。当然，在特斯拉成本上，电池的比重较大，电池由锂离子电池组成，也是特斯拉最关键、最核心的技术。

2.用新思维做汽车

除了颠覆性技术，特斯拉的成功还得益于全新的商业思维，从用户体验、渠道、传播、服务方面颠覆传统，创新出一套顺应互联网时代趋势的营销方式。

特斯拉提供8年免费电池维护和更换，用太阳能板建网点，给用户免费使用充电网，意图解决用户充电的顾虑。一块17英寸的显示屏的控制中心，智能手机App端，数字化大脑实时更新操作系统。特斯拉将体验店选址在高端购物中心，体验特斯拉就像去商场试衣服一样方便，如果消费者有兴趣，还可以预约试驾。特斯拉在传统媒体上的经费投放为零，没有电视广告，没有平面媒体广告，有的只是Elon频繁出镜，讲述自己的故事，谈论特斯拉的未来。消费者购买特斯拉需要先预订，用户支付现金后，它再根据预订金生产相应的车，也就是通过这样的模式，它创造了大量的现金流。特斯拉将服务都放在云空间里，实现自我诊断的服务目标，如果问题比较大的话，则可以通过服务中心来解决。

2013年是特斯拉颠覆的开篇，并得到了认可。颠覆性技术与颠覆性商业模式的融合，是特斯拉取得成功的最大支撑。

章节小结

"颠覆"这个词并不是我们哗众取宠的提法，有些人可能认为，将颠覆和营销、品牌组成一个词看起来非常不协调，我能理解他们的想法。通常来说，调研、策略研究、市场分析和逻辑等才是营销的基础，是营销产生预见力和规避风险的主要来源。颠覆是为艺术家、幻想家、改革家、广告人所准备的，颠覆好像是一种冒险，但往往冒险才能开辟出一个新天地。

如果你不是一个善于改革、善于冒险的企业家，也许你不会认为颠覆可以给你带来益处；如果你是一个反传统、希望创新并为之实施的人，那么你一定会发现颠覆的美，那种美非同寻常。

| 下部·新时代新战法的爆发力 |

第十七章
"五感营销"助力品牌冲冠

源于生活的五感

一、无处不在的五感

星巴克——对于众多都市白领来说,是享受、休闲、崇尚知识、小资情调的代名词。路过众多的星巴克,随时都能闻到浓郁的咖啡香;走进店里,伴随着柔和的音乐,品一杯上好咖啡,点一份可口的蛋糕甜点,静享人生。星巴克为顾客打造家与办公室之外最舒适的"第三空间"。

当我们与外界接触时,经常会使用五种器官来感受事物。走进新开张的面包店,会先试吃,品尝面包的口感;买皮鞋时,会先用鼻子闻一下是否有皮革材质特有的气味;买衣服时,会先轻触一下,感受材质的细腻柔软程度。视觉、听觉、嗅觉、味觉、触觉这五个最常使用的器官,简称"五感"。若把五感融入品牌营销中,那便为"五感营销"。

二、无处不在的五感营销

何为五感营销?"五感营销"由美国著名营销大师马汀·林斯壮首先提出,其初衷在于让顾客"感受"到产品,通过具象的色彩、声音、气息、味道、质感来勾勒一幅美好图景,刺激欲望,甚至可以直接决定消费者潜意识的购买行为。

事实上,区别于传统营销,感官营销正在悄悄地俘虏更多的消费者。品牌经营者在营销过程中,利用人体感官的"视觉""听觉""触觉""味觉""嗅觉",开展以"色"悦人、以"声"动人、以"味"诱人、以"情"感人的体验式情景销售谓之感官营销。从本质上来看,感官营销是传统营销与体验营销融合后的一种创新。

同时研究表明,调动人的五种感官,能最大化保证接受一件事物。可以说,在一定程度上,感官营销的出现弥补了二维传播(传统传播手段)的不足与局限性。人的感官具有与生俱来的记忆天赋,会主动地为我们感知这个世界,并会在不知不觉的情况下决定我们对事物的看法。感官营销通过在产品的营销过程中融入能够带给人们感官刺激的成分,让消费者在消费的过程中主动感知产品的属性特点,得到视觉、听觉、味觉、嗅觉、触觉的全方位满足。这种感官体验不是强迫的,而是

"不由自主"的，因此对消费者来说也是最直接、最深刻的。

五种感官具体如何运用呢？

1. 听觉营销

无论你是在家里漫不经心地翻阅好看的时尚杂志，还是在和可爱的宝贝儿嬉闹，电视中传来的伊莱克斯广告的结尾音乐都会在你的记忆中留下印象。数年前提到"微软处理器"这个词，人们会觉得枯燥和迷茫，鲜有人知道处理器是什么。而后"内有英特尔"活动改写了历史，其中"灯，等灯等灯"广告音诞生于1998年，这短而明快的声音从此后便出现在所有英特尔的电视广告中。

这声音可谓是最清晰、最独特、最容易被人记住的，也成了英特尔独特的感官Logo。英特尔是世界上第一个"看不见、听不到、摸不到"，但使用率很高的产品。通过"声音+视觉"作为他们主要的品牌策略，英特尔把属于自己的声音植入全世界消费者的心中。

听不仅能帮助我们识别事物，还会影响到我们的情绪。把不一样的声音一次又一次传达到消费者的感官中，帮助消费者"因声识物"，或因得到美好的视听体验而提升消费兴趣。蓝之象企划公司在服务一家高端酒店客户时，对酒店自助餐厅播放的音乐进行了精心设置，结果不仅前来酒店自助餐厅就餐的顾客大增，而且顾客对就餐环境的满意度也大幅提升。

2. 视觉营销

当提及"麦当劳""肯德基""悉尼歌剧院"这几个词时，你脑海里是否正在闪现金黄色的"M"形门、和蔼可亲的老爷爷标识和似白色风帆的外形？这是因为我们常常通过视觉获得对事物的第一印象。蓝之象企划机构营销工具中所提出的"0.7秒视觉营销攻略"认为，对产品的包装、色彩、象征符号、品牌广告和公司形象等因素都需要有科学的系统性设计，无论是在颜色还是立体形状上，都能带给消费者一目了然的视觉记忆。

聪明的消费者永远不会混淆可口可乐与百事可乐的产品形象。为什么洋河蓝色经典酒能够迅速地在消费者心智中占据位置？为何孩子们总乐意看到穿着红衣服戴着白胡子的老人发出开心的笑？因为在他们的梦中只有圣诞老人的礼物最可爱。

3. 触觉营销

许多人在买东西时很注重"手感"。手感只是触觉的一种，而人的触觉感知来源是多方面的，非常复杂。触觉对人们的购买心理认知产生影响，因此在苹果体验店里，前来感受产品的消费者整日川流不息。调研发现：有49%的消费者表示，坐在驾驶室、手握方向盘的感觉会成为他们购车的主要因素。因此，无论是在产品外观还是质地上，触觉营销要做的就是：为消费者留下舒适或兴奋的触觉感受。可口可乐在初期销售的"曲线瓶"至今被消费者宠爱，成为饮料行业瓶形设计的经典。

4.嗅觉营销和味觉营销

在进入苏荷酒吧时你不仅会被它扑朔迷离的环境所迷惑，同时你还会闻到一种与众不同的香味。这正是经营者在你看不到的位置设置了一些"小玩意儿"，让你的嗅觉发生留恋的记忆。

美国感官营销研究专家马汀·林斯壮曾遇到这样一件事：一个叫奥利维亚的女孩辨认出去掉所有标识的Abercrombie（美国休闲服饰品牌）服饰竟然是通过闻裤子的味道，这令许多人难以置信。其实，在人类的全部感官中，嗅觉是最敏感的，也是同记忆和情感联系最密切的感官。嗅觉营销的制胜之道就是"以味诱人"。新加坡航空公司把美国仙爱尔（Scentair）公司特别调制的"热毛巾上的香水味"作为其专利香味，广泛喷洒在机舱和乘客用品上。这种香味已经成为新航的一张名片。

【案例】

维也纳 | 打造助眠度五感体验

自2013年起，在国家"反浪费"政策导向的冲击下，以如家、7天、汉庭为代表的经济型酒店也纷纷转型升级，推出自己的中高端品牌。2014年无疑是中高端酒店迎来爆发期的一年。面对这双重紧逼，作为国内规模最大的中档酒店维也纳国际酒店，意识到要突破这一重围，必须要建构自己的竞争优势，满足用户核心的需求和期待，要真实地切合到用户体验的痛点。中国中产阶层的人数日益增多，国内商务旅行和休闲出行的需求不断增长，而这部分人群正是中高端酒店的目标客户，努力抓住他们的需求，以他们的需求为基点作为酒店发展的重点。维也纳酒店经过对客户感知度反馈的大量记录与研究发现，客人对睡眠质量这块要求较高，尤其是商务客人，他们普遍认为一晚优质的睡眠对于第二天高效的工作非常重要，充足而优质的睡眠是这些人士出行中最基本甚至是最重要的需求。

鉴于此，维也纳酒店提出新的品牌发展战略，如何在市场上最先发声呢？如何去开展一场关于睡眠主题的营销活动呢？如何深入挖掘维也纳产品的竞争优势？如何在行业内掀起一场关于睡眠文化的风暴？如何将"助眠度全球第一"这个概念烙印在用户心中？带着这些问题，采纳开始了创意的策划。

1.产品：聚焦塑造产品的力量

这个世界不缺好产品，而是缺少塑造产品力量的人。那要怎样才能塑造产品力量呢？20世纪，英特尔开创以数字命名产品，以数字来体现升级换代，迅速获得了整个PC行业的青睐。然后遇上一个问题：市场技术竞争开始同质化，这个策略很快被竞争者模仿，后来当英特尔准备发布新产品i486时，从品牌的源头思考，根据品牌定位与核心价值确立了一个聚焦的营销主题"Intel Inside"，同时将"Intel Inside"可视化，"Intel inside"活动取得了巨大的成功，intel处理器深入人心，成为PC行业的电脑标配。

采纳洞察到，只有聚焦，产品才能有力量。采纳营销团队对维也纳助眠产品深入研究后发现，维也纳有众多助眠产品，共有九种助眠系统，但是却非常分散，没有整合成统一的简洁的理念，从消费者心智记忆上来讲，没有可形成品牌记忆可视化聚集点，这样就与消费者认知形成断层，形成传播阻碍。没有聚焦，好产品也会没有力量。

那么如何聚焦呢？采纳策略：

产品功能聚焦：以人体感官功能为标准，围绕人体的五种感觉，围绕助眠这一核心功能服务，进行产品功能聚焦。

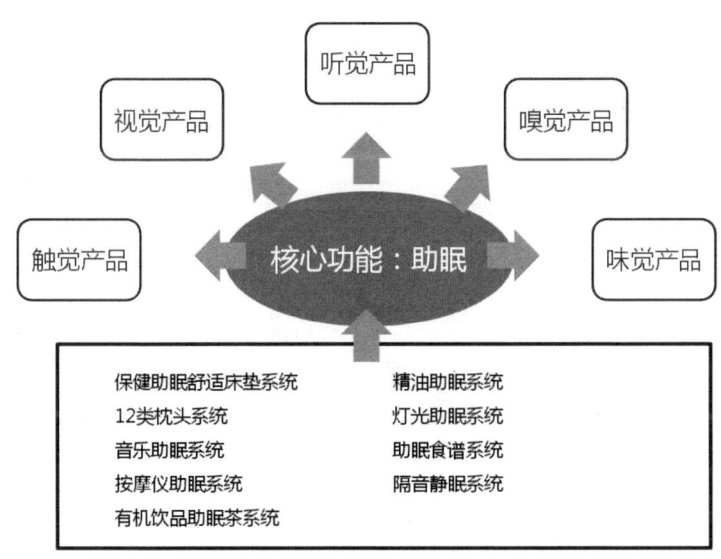

图17-1　维也纳助眠体系

产品再分类：以人的五种感觉来划分维也纳酒店的所有产品，完全整合成五种人体感觉的产品服务，与之不符合的，进行弱化或干脆舍弃其传播，避免影响聚焦。

产品概念化：提炼出强有力的产品概念，并完善丰富其内容，使之丰满。

活动体验传播概念：通过主题营销活动，让用户在活动过程中不断体验到产品的核心功能，形成对聚焦后的产品概念的认同。

图17-2 五感助眠

符号化心智占位：依靠活动传播与用户体验，让用户认同产品概念后，这时候就需要符号化的营销元素实现心智占位，形成品牌记忆。

基于此，采纳专家将产品符号化、视听化聚焦，提出"五感助眠空间"产品概念，且将产品概念视听化，将视听化的符号深深打入消费者脑海，使之成为最有力量的产品符号，成为与用户沟通的强有力纽带，挤占其心智。

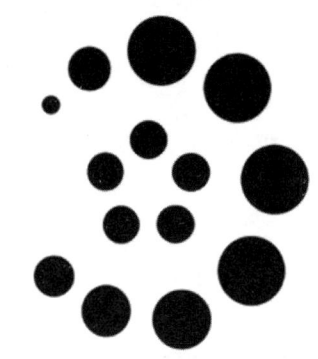

图17-3 五感助眠空间

2.传播：活动产品化与营销主题化

产品概念确定后，围绕产品概念"五感助眠空间"，打造助眠主题营销活动的关键点——"Five senses in"，发起一场"Five senses in"助眠主题营销活动。

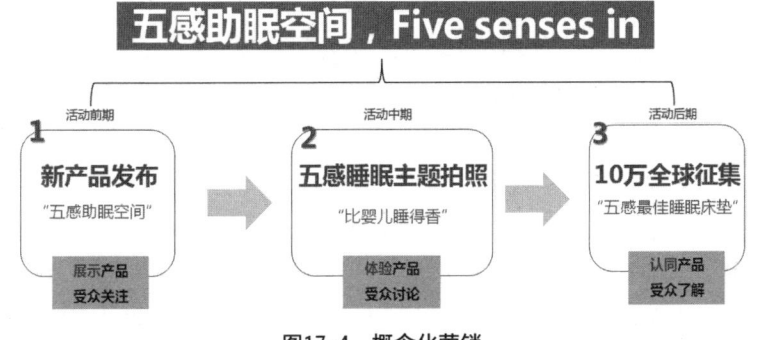

图17-4　概念化营销

三大主题活动：

（1）新品发布会：召开产品发布会，宣布启动"Five senses in"主题营销计划，正式发布维也纳酒店"五感助眠空间"产品。

（2）五感助眠主题拍照大赛：围绕床垫，全网线上线下联动，通过趣味活动"维也纳比婴儿睡得香拍照大赛"吸引消费者参与，活动过程全程报道，吸引大众关注，对后续活动进行造势。

（3）10万全球征集五感最佳睡眠床垫：通过10万元巨额奖金吸引消费者体验维也纳的床垫，从心智上认同维也纳酒店的"愉梦之床"是最好的床垫，并形成口碑效应，舆论导向，夯实维也纳酒店"助眠度全球第一品牌"的行业地位。

打造5S助眠标准体验店：

根据维也纳终端门店助眠体验的执行来评定，是维也纳酒店助眠主题营销计划的一个重要环节，将成为维也纳酒店助眠主题营销计划的一个重要执行标准，也成为衡量维也纳优秀终端门店的标志。

图17-5　五感助眠标准体验店

> **延伸阅读**

新加坡是一个城市国家,所以新加坡是没有国内航线的,但是新加坡航空却办成了世界上首屈一指的航空公司,被评为五星级航空公司。因为其优质的服务,它被誉为全球最舒适和最安全的航空公司。1972年新加坡航空和马来西亚航空分手,分道扬镳后的新加坡航空仅剩10架飞机,但是,它却凭着自己优质的服务脱颖而出,成为世界上广为人知的国家品牌。

任何品牌的营销都希望消费者能够接收它准确的信息,所以很多品牌都在包装和广告宣传上大做文章,毕竟让你的眼睛看到,让你的耳朵听到,这对品牌是非常重要的。可是自媒体时代的到来,人人都踊跃发声,消费者每天都接触大量的信息。在加州大学圣迭戈分校,曾经开展了一个名为"多少信息"的项目研究,研究人员发现,一名美国人每天从电子邮件、互联网、电视和其他媒体获取的信息量是10万多个单词,相当于大脑每秒都要接触23个单词。人的精力毕竟是有限的,海量的信息只会导致用户的关注点分散,就像你刷了一天的朋友圈,最终能记住多少信息呢?

所以,仅仅冲击消费者的视觉和听觉显然是不够的,互联网下半场的营销奥秘是五感营销,哪五感营销呢?眼、耳、鼻、舌、身。从你的视觉、听觉、味觉、嗅觉、触觉这几大方面全方位地包围你。新加坡航空的品牌奇迹就是五感营销非常好的典范。

首先我们来看视觉,第一,要吸引你的眼球。新加坡航空公司在成立之初,就意识到代表一个航空公司最好的形象就是空姐。所以,它专门请法国高级时装设计师结合马来西亚的布裙打造了新加坡航空的"空姐形象",22年后,"新航空姐"得以入驻伦敦杜莎夫人蜡像馆,成为世界上第一个入馆的公司品牌形象。除了极具魅力的新航空姐制服,新航统一的视觉风格也让旅客备受震撼。新航对于工作人员的录用条件非常苛刻,要求形象和模特相仿,具体到面部的某个区域;而且不是让航空公司为你定制制服,而是你要穿得进新航的衣服,这就像水晶鞋和玫瑰花一样,如果你的体重超重了,那你只好离开新航,新航的服装不仅优雅动人,而且还与新航的品牌、机身设计色彩统一搭配。所以,你一想到新加坡航空公司,脑海里就会浮现出新航空姐婉约动人的形象。第二,新航对餐具等机内物品的摆放都有统一的标准,如果旅客将餐盘旋转一定角度,让新航的标志Logo在一个不舒服的位置,空姐会及时发现并将其纠正过来,这有点整齐控的味道,不然这就算空姐的一个工作失误。如此统一搭配的美,一定会让人过目不忘的。

其次就是听觉营销,冲击你的耳膜。除了搭配上的统一,空姐在飞机上任何情

第十七章
"五感营销"助力品牌冲冠

景的对话，以及机长在广播里的通知，都是由广告公司统一撰写，措辞极为礼貌。我们乘坐很多其他航空公司的飞机，经常在飞机晚点的时候听到机长嘟嘟囔囔，非常不专业的声音，让你感觉到，我们还要等很久。新航在每个座位上都配备了"银刃世界"个人娱乐系统：当你戴上耳机，就进入了一个娱乐的世界，有超过200多种不同的娱乐项目，无论是最新电影、热门电视剧，还是互动游戏、各类音乐，同时还可以接入宽带服务、浏览随时更新的卫星新闻，等等。很多航空公司为了解除旅客长途飞行的疲劳，现在都配备了Wi-Fi的服务。当然，一架飞机要想连接到Wi-Fi服务，成本不菲，有人算了一笔账，仅硬件的安装就需要750万元。因为竞争的原因，甚至国内航班以后也可以刷手机了。

再次，是味觉。人在飞行的时候想吃到一个美味的空中餐，那可是一件奢侈的需求。但是，新航在餐饮方面却做得非常到位。新航的美食不仅口味鲜美，而且种类繁多。早在1998年，新航就邀请国际名厨打造"新航国际烹饪顾问团"，为旅客精心设计各色美食。其中，还有一位烹饪大师来自中国。

复次，让你的嗅觉被陶醉。新航不仅仅有美食的诱惑，真正让旅客陶醉的是专用的香水，这种香水是由调香大师斯蒂芬·弗罗里达专门调制，新航空姐的专用香水，这种香水还混合在给旅客提供的热毛巾里。所以，当你乘坐新航时，热毛巾里的香水都会让你上瘾，让你隐隐感觉闻到空姐的香味。这种香水已经被新航注册成商标，不是轻易可以买到的。香味也成了新航的品牌符号。

最后，在触觉上，新航也是独出心裁。当年乔布斯到印度去学禅，就是学到了禅宗对于触觉的重视，后来乔布斯发明的苹果手机，就有一个最大的特点——让你摸起来非常舒服。

在长时间的旅行中，触觉，也就是怎么让自己坐得舒服、睡得舒服是对航空公司的一个高要求。新航的商务舱完全是平躺模式，而且它的睡眠用品都非常高档。新航不只是关注商务舱，经济舱的空间也更加人性化，不像别的航空公司，为了多放几个座位，让大家的座位坐起来非常的不舒服，新航经济舱的宽度由18英寸扩宽到18.5—19.5英寸，机座之间的距离由以前的32英寸变为38英寸，别小看这区区的6英寸，在长途飞行过程中，可以让你的脚放得更舒服，这就直接解决了旅客的痛点，让旅客享受到更多的自由空间。

| 下部·新时代新战法的爆发力 |

第十八章
"潮文化"助力品牌冲冠

21世纪下的杜甫也很潮

一、"杜甫很忙"为何再一次成为热点

"杜甫很忙"图片在很早就已经火过了,但是为何又再一次爆红呢?一方面是社会压力过大,很多学生和上班族借此娱乐消遣一下,毕竟此次疯狂传播的途径是微博,因此面对着快捷的网络传播推荐,所以大家更容易来转发。80后、90后的网友,对杜甫这样的人物非常熟悉,因此,对"杜甫很忙"图片的恶搞,很多一部分是对自己儿时的回忆。

到底什么是潮文化?谈到潮文化,首先会想到"美潮",以Kanye West和Supreme为首的两大"美潮"巨头。你不禁会想,一个明星为何能与Supreme放在一起?但是潮流就是个荒诞的领域,一个标签就足以带动整个潮流界。

Kanye West就是一个标签,尤其是YEEZY,从和NIKE合作一双鞋可以炒到"2W+",且还是潮人必备。所以这是一个人带动了整个潮流圈的典范,当然Kanye上身的衣服又不仅仅限于美潮,各个风格都会去尝试。

二、国潮之风愈演愈烈

潮流=当红明星、流量小生所经常上身的品牌,风格=年轻人追捧的文化。

如果以这个标准进行评判的话,那么国内可以称得上是潮牌的寥寥无几;如果换个角度,以文化、认知作为标准,中国有潮牌吗?

案例

从纽约到巴黎,李宁演绎国潮文化

2019年,国潮屡次刷屏,是因为纽约时装上很多人被阚清子一身李宁潮服圈粉。细看本季李宁潮服,整套设计融入中国风,以"行"为主题,用"徒步者"、"漫游者"和"探索者"三个部分去重新定义都市生活中的我们,体现当代人不断进取的开拓精神。

将中国特有的印记文化水墨画融入流行文化中,打造出具有中国文化特色的潮服。

国潮文化兴起，李宁作为最先改革的运动品牌先锋，在巴黎时装周上早已经崭露头角，成为国潮的先驱者。不久之后，李宁在巴黎时装周的一场秀，再次引起了不小的轰动，积累多年的国潮文化厚积薄发，瞬间成为大家心中的"国货之光"。

而后，迅速以"国潮"崛起的李宁将中国时尚潮流进行到底，在联名席卷时尚圈的潮流之下，紧跟时尚脚步，与不同领域的品牌强强联手，实现"1+1>2"，将品牌的力量无限放大。

三、众品牌迈入国潮，究竟为何？

1.主流文化的引导

在经济发展的今天，东方美学被越来越多的人关注，更多的中国元素被融入国外的一些奢侈品中，成为爆款。国内的主流媒体对中国文化、中国风的普及，如故宫推出的具有中国历史文化内涵的节目《上新了·故宫》，电视剧《延禧攻略》《如懿传》中将中国的历史文化融入节目中，越来越多的人被角色服饰上的中国刺绣工艺、面料等元素吸引。

2.国内消费者的需求

当买国潮成为一种时尚，当用国潮成为一种生活，当晒国潮成为一种自信……追求国潮的年轻人有了自我表达的情绪出口及消费需求，让买国潮、用国潮、晒国潮成为一种年轻时尚的生活方式，让国潮产品的市场占有率越来越大，让中国文化和时尚潮流相融合，中国传统品牌摇身一变成为国潮的主力军，买国潮、用国潮、晒国潮正好契合了当代年轻人的自我表达和精神需求。

3.品牌亟须升级

随着文化潮流升级和消费者的需求变化，品牌想要突破瓶颈摆脱老旧的审美和标签化的问题，就需要让消费者看见品牌形象的变化，这就要求品牌跟随时代潮流，做好品牌升级。让传统文化、品牌理念以及品牌原有调性相融合，奉上符合市场潮流文化的设计，真正做到让品牌年轻化、时尚化，以崭新的面貌投入市场，给当代年轻人耳目一新的感觉。

> 案 例

都市丽人｜都市丽人改写中国内衣史

——都市丽人品牌营销全案纪实

都市丽人诞生于1998年，从深圳步行街的几间街边铺子开始起步，2008年年底全面发力，到2014年，都市丽人在全国的内衣专卖店超过6000家，同年成功登陆香港股市，成为上市公司（港交所：02298）；都市丽人从一家内衣企业成长为集研发、生产、仓储物流、销售、营运于一身的现代化大型品牌运营集团——旗下拥有"都市丽人"、"欧迪芬"、"Freeday（自在时光）"等知名品牌，拥有缤纷派、俪人、丝语、中高端塑身内衣都市丽人的秘密、林志玲联名女神系列Lady Goddess、男士贴身衣物都市锋尚、儿童衣物眯雅佳七大系列，涵盖文胸、内裤、家居服、塑身衣、保暖衣、袜子、内衣配饰等不同种类近万种款式。

在20年的发展历程中，都市丽人一直呈现着蓬勃向上的姿态，经过近几年的快速发展，都市丽人已成为中国贴身衣物的行业龙头，市场占有率多年来稳居榜首。集团管理精益求精，通过质量管理体系（ISO 9001：2008）、环境管理体系（ISO 14001：2004）和职业健康与安全管理体系（OHSAS 18001：2007）认证。2018年下半年以来，都市丽人持续加强渠道、研发、跨品牌合作等方面的战略布局，继续提升产品品质并推动公司收入，都市丽人与上海卡帕体育用品有限公司成立合资公司，线上销售男性贴身衣物及女性运动内衣，此外，公司还在2018年下半年打造全新购物中心门店、与腾讯合作开发智慧零售门店、与11家贴身衣物供应商展开战略合作等项目，广东都市丽人还在2018年9月7日与健盛集团订立框架合作协议。从"深圳的都市丽人"到"中国的都市丽人"，已经逐步成长为"世界的都市丽人"，品牌提倡时尚不是明星专属，都市丽人让你更美更自信，企业使命是帮助每一位都市女性实现打造百变内衣时尚生活的愿望。

虽然内衣行业蕴含很多的发展机遇，但是这个"看上去很美"的行业里也蕴藏一定的危机，尤其是在国内的二、三线甚至四线城市，品牌杂乱、模仿跟风严重、同质化竞争严重等都引发了利润空间下降、库存积压等问题。为了避免这种产品同质化的恶性竞争，都市丽人组建了强大的设计中心，研发适应不同区域、消费部类的差异化产品。2014年，"都市丽人"宣布携手三菱公司，在2014年秋冬新品订货会上合作推出"暖至尊"保暖内衣，采用日本东丽sillwarm超细暖柔纤维，利用"大气囊"尖端科技，形成更大更密的保温隔热网，带给你1.35倍的温暖。黄金比例完美裁剪，勾勒完美曲线，上托提胸、平腹收腰、高弹提臀，让你在舒暖的同时更显瘦。都市丽人不断突破自我，不断地进行品牌的进化，到2019年，都市丽人专卖店在全球发展到近万家，聘请了国际大牌企业职业经理人成为公司高管，其创造的业绩彻底改写了中国内衣发展的历史，它有可能会成为中国第一个内衣销售额过百亿元的企业，这一切奇迹是怎么发生的？想必您一定想知道吧！

第十八章
"潮文化"助力品牌冲冠

2008年年底都市丽人营销变革

2008年是采纳与都市丽人的第一次牵手合作，经过采纳严密的调研诊断发现：都市丽人还是以"产品"+"渠道"的传统销售模式取得了不俗业绩，经营状况较好，但同时也存在一些不足。

（1）产品不断打折，价格走低，完全靠低价吸引消费者，品牌建设欠缺；

（2）品牌战略不清晰，品牌没有清晰的定位，品牌诉求多样、混乱，没有找到品牌价值塑造点，导致品牌资产较低；

（3）专卖店标准化管理一般，就连门头形象都没有统一，五花八门；

（4）加盟商忠诚度较差，买卖别家散货严重；

（5）店员服务较一般；

（6）员工缺乏品牌意识，还是工厂思维，严重限制了企业发展。

那么，都市丽人如何从单一渠道扩张到实施品牌全案的建设？如何360度提升品牌与销量？这些问题成了都市丽人经营发展的重中之重。都市丽人的领导经过反复思考，聘请了深圳市采纳品牌营销顾问公司为其做品牌营销升级的策划工作。

1. 品牌进化论，让品牌茁壮成长

采纳认为都市丽人所遇到的问题就是中国中小企业普遍遇到的问题：缺乏整体品牌战略，走一步看一步，注重产品开发、渠道建设，但是轻视品牌定位、品牌建设。其实品牌营销所有事情都是一件事情——如何确定清晰的品牌战略，而所有的要素以品牌战略为核心进行匹配，整合化推进品牌建设，才能彻底解决都市丽人营销头痛医头、脚痛医脚的现状，都市丽人才能全面升级、进化。

采纳认为品牌是特殊的生命体，一定要寻找到自己的进化点，这个进化点找到了，企业的发展就会走上快速道，否则就会被淘汰，品牌经营完全符合典型的"丛林法则"。在经过全国十几个省市市场调查之后，都市丽人品牌定位日渐清晰、品牌进化的线路图也明确了起来。

我们发现几乎所有的大品牌内衣——A莉芳、D安芬、H歌尔等都走上高端路线，它们进入百货公司，开华丽的专卖店，装修豪华、费用高昂，但是销售业绩没有出现爆炸性的增长，更重要的是这些品牌经常还要被百货公司卡脖子，各种杂费压得企业有时候难以应付。然而更加广阔的、中低端大众市场却无品牌占领，我们认为：随着中国老百姓逐渐富裕，大众市场会出现井喷的消费趋势，都市丽人必须另辟蹊径——不在百货公司高端内衣这片红海竞争，而是另外选择自己的目标市场——立足于品牌大众化的价格定位，以平易近人的亲和姿态出现，定位在"引领大众时尚"上，同时提炼出"分享"的价值概念——好像一位亲切的邻家女孩，她成为大众风尚的指引者，对消费者充满友善与关爱，像好朋友或姐妹一般与消费者分享美丽时尚。这一品牌形象有别于主流品牌高高在上的姿态，而是以一种平等待人的方式与顾客"分享"，满足了大众消费人群需要得到平等、尊重与自信的情感需求。结合内衣时尚美丽的情感诉求，我们提出"分享风尚"的核心价值关键词，重在塑造品牌与消费者好朋友分享美丽的关系。至此，都市丽人品牌从单纯的"性价比高"的产品价值、功效价值、有限服务价值升级到情感、精神层面的价值。

通过全新的品牌战略，使都市丽人品牌与其他品牌形成明显差异区隔，并以此为基础向消费者头脑中输出品牌价值。

2.说得很少，做得很好

通过更加完善的"售卖"+"体验"+"产品"+"分享"的支持体系，更加有力地支撑品牌理念的落地。更加具有识别性的Logo，采用了四叶草与简明的都市丽人字体搭配。而品牌代言人则引入了台湾地区名模——林志玲，为品牌注入势能，占领高度。

图18-1 都市丽人广告

打造"5A风尚分享"平台，以实现都市丽人带领大众风尚的品牌使命。将都市丽人公司从原材料采购到售后服务的整个企业运作流程，归纳为"设计风尚、创造风尚、展示风尚、售卖风尚、体验风尚"5个环节，再将之整合成一个平台。

根据女性各个阶段身体发育的不同特点，针对性细分出三大系列产品，在材质、版型、功能、价格等方面有着明显区隔，无论哪个年龄段的女性都能找到适合自己的内衣。都市丽人设计出在街铺中最亮眼的存在——终端店面形象,将所有的全新元素运用到店内,打造更适合消费者购物的舒适环境。

3.营销进化,四招制胜

(1)成立市场部:让领导的大脑变成公司组织的大脑!

(2)建立标准平台:让普通的员工做一级的事情,营销流程体系化、标准化,推出《内衣营销圣经》。

(3)低成本培训:视频化、手册化。

(4)营销激励:岗位创业,激励员工的自我实现。

2016年,不忘初心,肩负先锋大旗

经过数年的发展,都市丽人已经完全成为大众内衣行业的航母,但随着市场及消费升级,以及商业形态转移,原有的街边店生意模式越来越不能适应新的市场与消费者,都市丽人面临品牌老化、销售动力不足的压力。故再次找到采纳寻求破解之道。

1.新时代下需要勇敢

都市丽人制定全新企业战略规划,深挖当下年轻消费者的需求,解决其痛点痒点,并打造属于都市丽人自己的超级IP,帮助其品牌更好地与年轻消费者互动,实现品牌升级。满足大众需求,增加shopping mall店,提供更加有质感的产品与贴心的服务。

2.初心不变,改写中国女性健康

通过诊断发现,当今内衣的质量与价格已由最初的决定因素变为现如今的基本需求,加上消费者的购买力度增加,会对品牌、产品的服务要求大大提升。并且根据《中国内衣数据报告》调查显示中国有88%的女性不知道如何挑选适合自己的内衣,且市面上又无内衣品牌告知消费者到底该如何选对选好内衣,还在一味地诉求美与性感。所以都市丽人要解决消费者的痛点,重新挽回消费者的心。

"健康+美观=女性最理想的内衣",这是女性都梦寐以求的"NO.1内衣",这也是都市丽人在市场中听到的声音。聚焦消费者的需求点,聚焦帮助女性穿对、穿好内衣的市场需求,提出都市丽人战略"穿对+穿好=都市丽人",并提炼出"不止贴身,更为贴心"的价值主张。

都市丽人就是帮助每一位女性穿对穿好内衣,它是懂内衣、懂女人、懂健康与美的内衣品牌,并且树立"Right & Good"的价值标准,提供更加适合、更能凸显

消费者的产品。从公司内部到外部都倡导这种"Right & Good"的精神。

3.丽家有妞初长成

图18-2　"丽妞"卡通形象

为了更好地将理念传递给消费者，打造超级IP——丽妞，作为其载体，以更加新颖的方式向外传递理念，和年轻人更好地互动。

"丽妞"采用互联网化表现形式，头戴Bra，整体造型与产品完美结合，表情呆萌、搞怪，体现反差萌，性格特点塑造明显，容易取得消费者喜爱。通过多角度的塑造丽妞立体而饱满的形象，让丽妞更好地与年轻人互动，获得情感认同。在传播穿对穿好理念的同时，也让都市丽人通过丽妞品牌符号化，逐渐提高美誉度和忠诚度，成为都市丽人的超级IP，带来流量、现金流、附加值以及溢价，创造商业高价值。

4.携手世界小姐，彰显"丽妞"风范

2017年9月29日，由新丝路集团主办，都市丽人全程总冠名的"因美而生，为美而来"第67届世界小姐中国区总决赛在大连举行。如果说曾凤飞的国风礼服展示象征着中国古老的文化底蕴，那么舞动青春和"遇尚·丽妞"则代表了选手们洋溢的青春活力。都市丽人作为本次大赛的全程总冠名，超级IP"丽妞"也出现在了总决赛的现场，全程彰显丽妞的风范。丽妞也为全新的品牌带来一种年轻、积极、健康的正面形象，与消费者有更强的沟通力，让品牌富有一种人格化、情景化。

图18-3　都市丽人品牌推广

第十八章 "潮文化"助力品牌冲冠

5.品牌实力,向上生长

为满足消费者对于产品与服务更细致的需求,都市丽人将在shopping mall开设"Cosmo lady"形象店,并由采纳为其设计全新的形象店铺,以简约明快的风格亮相在全国各地的商场,为都市丽人增添了一抹年轻时尚的色彩。

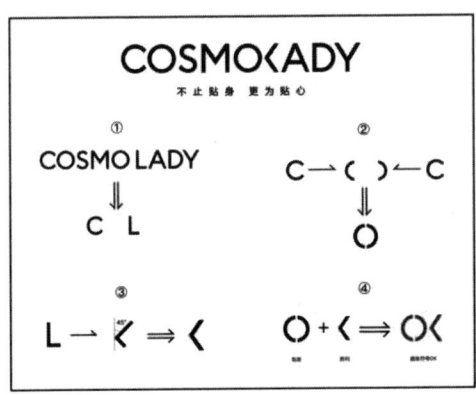

图18-4 Cosmo lady形象店

> 延伸阅读

海澜之家 | 一场"高颜值"营销

2018年,林更新一组吸睛广告大片亮相街头。穿着海澜之家彩色牛仔裤的林更新活力四射,为这个春天更添一丝盎然生机。除了新代言人的倾情演绎,高端大气的电视广告和创意十足的地铁墙也纷纷出街,全新的创意思路让消费者感受到海澜之家"彩牛"更具潮流感的一面。

在"高颜值"的光鲜外表下,是海澜之家不断"更新"的营销思路。近年来,海澜之家不断加快年轻化的步伐。针对面向年轻人群的"彩牛",海澜之家运用互联网思维,布局了一场全方位的"高颜值"营销,成功将其年轻活力的品牌印象渗透给广大消费者。

1.顶尖创意团队操刀　高颜值电视广告横空出世

视觉效果堪比艺术电影的彩牛电视广告,玩转概念化的表现形式和独具特色的镜头语言,如一缕春风拂面,令人耳目一新:运用创意手法将商品形象化,通过CG动画效果呈现颜色鲜艳、形态有趣的"彩牛"。穿梭在现代都会日常场景中的

"彩牛",被打造为"城市新潮牛"的时尚意象。同时,广告中的年轻模特富有时尚朝气的肢体语言,搭配轻松愉悦的音乐以及简约清爽的画面,营造出活泼轻快的影像魅力,进而呈现出海澜之家时尚化与年轻化的品牌新形象。

值得一提的是,此次大片感十足的电视广告是由业内知名的许舜英团队打造。作为华文广告历史中举足轻重的创作革命者,许舜英成功为华语广告开辟出一片新天地,她的"后现代主义"风格更是为人所称道。许舜英团队用独一无二的创意想法和风格鲜明的艺术手段淋漓尽致地展现了彩牛的魅力。作为男装国民品牌,海澜之家不仅给消费者带来最好的穿着体验,与消费者的沟通也致力于做到最好。与顶尖的广告创意团队合作,也彰显了海澜之家精益求精的品牌精神。

2.高颜值代言人打头阵,带你更新时尚魅力

彩牛是海澜之家年轻化道路上的一次勇敢尝试。大胆创新的海澜之家在色彩上做了学问,重新定义了"高颜值"牛仔裤,并将全新的时尚观念渗透给中国年轻男性,唤醒他们内心对时尚潮流的追求。而引导年轻人做出这样一次"出位大胆"的尝试,需要对年轻人有影响力的意见领袖做出示范。海澜之家精准洞察当下年轻群体的娱乐喜好,最终敲定由林更新来担任产品代言人。当红小生林更新不仅有《步步惊心》等大热作品加身,更是炙手可热的网红段子手,深受年轻人喜爱。

自诩为"腿长一米九"的林更新,其个人特质与彩牛完美结合,成功诠释了彩牛的独特活力。不仅如此,林更新及其亲友团——叶祖新和胡夏更是在微博上发起了一场"更新高颜值"号召,进一步激发了广大年轻网友的热情参与。海澜之家最大限度地发挥林更新的明星效应,并在网络平台上充分发酵,实现传播效果的最大化。此次合作也让海澜之家与林更新之间擦出了火花。近日,林更新受邀成为海澜之家又一形象代言人,正式加入海澜之家的大家庭,为海澜之家注入新时尚、新人气的血液,进一步拓展年轻消费者市场。

3.地铁墙的"高颜值时代"释放更多时尚活力

在"Hi-T彩虹墙""多彩羽绒墙"相继引发关注之后,海澜之家再一次重磅推出"缤纷彩牛墙"。地铁创意墙渐渐成了海澜之家的保留节目,每次出现都让原本沉闷单调的地铁站变得多彩有趣。在吸引路人纷纷驻足的同时,也在不经意之间给他们带来好心情。

不断时尚进化中的海澜之家地铁墙越来越走向"高颜值"。从单纯的产品陈列,到融入富有设计感的陈列元素,再到引入声光电装置艺术,比起原先的静态陈列,"缤纷彩牛墙"更多了一份时尚的跃动和活力的释放。与此同时,一如年轻人无限放飞的想象力,此次地铁创意展示更是"大开脑洞":从颜料桶里挤出的颜料,竟然变成彩色牛仔裤!颜料桶概念的融入,也契合了色彩缤纷的主题。"缤纷彩牛墙"不仅是一次"高颜值"的产品陈列,更是一次新奇的营销尝试,海澜之家希望能够借由有趣的声光搭配和色彩演绎,尽情绽放海澜之家时尚活力的品牌印象。

| 下部·新时代新战法的爆发力 |

第十九章
整合！重塑！助力品牌冲冠

品牌重塑

一、品牌重塑的定义

顾名思义，品牌重塑是指品牌的再塑造，是指推翻以前品牌在人们心中的形象，通过重新定位目标消费群体、提高产品质量和服务、运用品牌营销等手段，重新推广品牌形象、提高品牌知名度进而逐步产生品牌号召力，形成品牌效应和品牌核心价值的过程和活动。

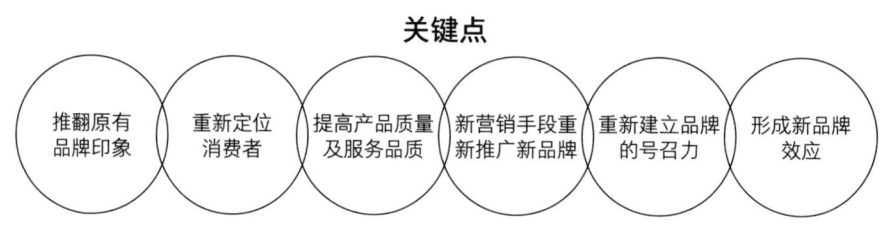

图19-1　品牌重塑

二、品牌重塑的几个种类

1.第一种品牌重塑：为改变老化的品牌形象、赢得新客户而进行的品牌重塑

一个存在多年的成功品牌尽管仍然值得信赖，但却难免因为缺乏活力而无法打动年轻的消费者。当竞争对手以全新的形象出现在客户面前时，那些有着较高的知名度、美誉度而销售额却日渐萎缩的老品牌就有些力不从心。

当下列情况出现时，我们就可以判断品牌已经趋于老化，此时企业必须通过品牌重塑来改变老化的品牌形象并重新赢得客户：

（1）品牌知名度和美誉度较高，认可度却很低。这代表消费者大都知道这个品牌，也知道这个品牌曾经的辉煌，但在消费时却不会购买这个品牌。

（2）产品结构老化，缺乏引导潮流的创新产品，在技术方面由领导者变成了追随者，甚至成为新技术的阻碍者。

（3）营销手段老化，缺乏创新的营销式手段，销售模式、渠道、促销、广告一成不变，缺乏新意。

（4）品牌识别系统老化，缺乏时代感和活力。

（5）广告语老化，让人感到肤浅、毫无新意。

（6）市场占有率下降，与新出现的竞争对手较量时力不从心。

（7）顾客年龄趋于老化。

以上这些信号的出现，代表着表面风光的品牌也许正面临困境，如果此时还不能采取挽救品牌的行动，品牌就有可能像恐龙一样在地球上永远消失。而企业一旦意识到品牌已经存在问题，就要立即对品牌进行一次全面的体检，以期通过一种特别设计的验定方式去发现并定义品牌与消费者之间的关系，从而最终找出威胁品牌生存的真正原因，奥美广告公司把这个过程称为"品牌检验"。

"品牌检验"之后，我们就对消费者心目中的品牌形象有了最直观的了解，就可以考虑开始对老化的品牌进行重塑。改变老化的品牌形象可以通过不断推出新产品、拓展品牌意识、重新定位品牌、改变品牌要素、创造全新品牌识别系统、推出全新广告等多种方式组合运用来实现。

2. 第二种品牌重塑：为战略转型或进入新市场而进行的品牌重塑

品牌是企业在消费者心智中打上的"烙印"，这种烙印代表着一种定位，一种区隔或是一种价值承诺。把一个品牌"烙"到消费者心智中需要企业付出很多努力，而把这个已经"烙"到消费者心智中的品牌抹掉同样会很不容易。

而品牌具有一定的包容性和延展性，在一般情况下，企业可以通过多品牌战略和品牌延伸进入新市场或开展新业务，但品牌的包容性和延展性也是有一定限度的。当企业战略发生重大转型或进入全新市场时，产品与产品组合、目标客户群、品牌定位、营销模式等都会发生巨大变化，这就要求直接面对客户的品牌能够包容这些变化。如果品牌原有的定位与内涵无法包容这些变化，就必须对品牌进行重塑。

图19-2　宝马标识的演变

品牌重塑绝不仅仅是更换品牌标识那么简单。品牌重塑的本质是对品牌核心价值、品牌定位和品牌个性的重塑。柯达更换的不仅仅是标识本身，而是更换了消费者对柯达品牌的品牌联想和品牌意识，当柯达公司针对换标展开的公关与广告宣传活动促使消费者思考柯达换标的真正用意时，品牌重塑的目的就达到一半了。

尽管企业战略发生重大转型或进入全新市场时进行品牌重塑是一种必然选择，但在具体操作时仍需保持谨慎。创建一个强势品牌往往需要巨额的资金投入和几十年的苦心耕耘，贸然去改变原有的品牌标识或品牌定位肯定会使企业面临很大的风险，因为失败的品牌重塑而走向衰落的企业比比皆是。

3.第三种品牌重塑：为业务多元化而进行的品牌重塑

在企业发展的过程中，有可能面临业务多元化的问题，这种战略层面的转变使原本聚焦于专业领域的品牌在品牌形象和品牌定位方面无法包容多元化业务，此时就必然要对品牌进行重塑。品牌形象和品牌定位是企业经营战略的一种外在表现形式，品牌形象和品牌定位必须能够真实反映企业经营战略。

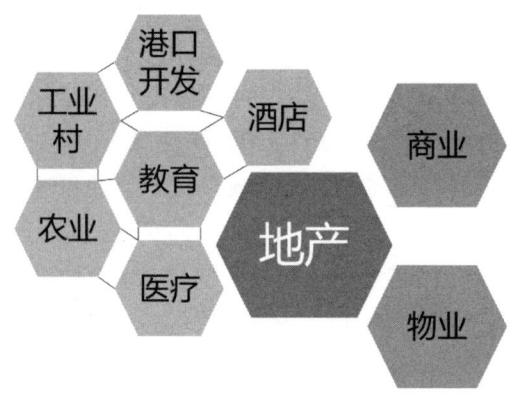

图19-3　品牌多元化

4.第四种品牌重塑：为重组与并购而进行的品牌重塑

企业进行并购或重组时，原来分别独立的两个或两个以上的成功品牌应该如何进行融合？正确回答这个问题也许对任何一个品牌管理者来说都是一种挑战，因为这种决策不但事关重大，而且有时要面对艰难的取舍。

三、并购或重组品牌的三大方式

如果说品牌管理能让品牌健康成长，那么品牌重塑就能让品牌青春永驻。运用科学的品牌知识与品牌管理实践理论对品牌进行长期跟踪与定期检验，在必要的时候进行品牌重塑是那些具有百年历史的强势品牌永葆青春的最大秘诀。

品牌重塑三大方式：

（1）把其他品牌整合在一个品牌旗下。

（2）对原有的两个或两个以上品牌进行组合，形成一个全新品牌。

（3）命名一个全新的品牌。

品牌整合

一、品牌整合的定义

品牌整合是20世纪90年代兴起的一种品牌管理方法，是指为了维持和提高长期竞争优势，企业把品牌管理的重点放在建立企业旗帜品牌上；明确企业旗帜品牌与产品品牌的关系，使品牌家族成员能够相互支持；充分利用企业现有品牌的价值和影响力，进行品牌扩张。

品牌整合主要包括以下四方面的内容：

（1）品牌整合属于品牌战略层面的问题，要求企业高层管理者从战略的高度对待品牌整合；

（2）建立企业旗帜品牌与产品品牌的合理关系，并将现有成功品牌扩展到新的产品或新的市场，拓展品牌的作用范围；

（3）将更多的资源投向企业旗帜品牌的建设，同时要保证整个品牌家族有一个统一的形象；

（4）建立企业旗帜品牌的关键是使企业品牌形象能够代表品牌的实质，并且这种品牌实质能够在产品品牌中得到体现并传达给企业的利益相关者。

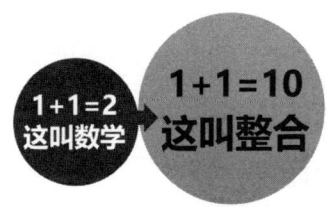

图19-4　品牌整合

二、品牌整合的驱动因素

（1）市场竞争的压力加大。一方面，市场上竞争品牌的数量急剧增多；另一方面，渠道顾客通常只选择那些强势品牌的产品。因此，通过品牌整合打造强势品牌变得刻不容缓。

（2）创建和维持品牌的费用昂贵。创建和维持品牌的费用越来越高，迫使企业通过品牌整合，集中资源打造企业旗帜品牌，从而取得竞争优势。

（3）顾客不仅关注产品本身，而且关心提供产品的企业。从顾客角度看，企业旗帜品牌是顾客购买信心的重要来源；从企业角度看，旗帜品牌最能体现企业文化的精髓，是企业培养忠诚顾客，与顾客建立长期关系的纽带。

（4）品牌家族需要协同作战与有序发展。品牌是使整个营销传播过程紧密联系的黏合剂，只有通过重点创建企业旗帜品牌，适当建立起企业旗帜品牌与产品品牌之间的联系，才能促进企业良性发展。

三、品牌整合之道

品牌整合，就其本质来说，是通过不同企业的联合，实现企业资源要素的优化组合。其中包括对企业固定资产、流动资产、技术等有形资源的重新配置，也包括企业文化、品牌资产等无形资源的整合。

品牌整合对于那些通过企业重组而拥有众多品牌的企业集团无疑是非常必要的。通过外延式扩张形成的企业集团，品牌体系一般缺乏战略规划，显得较为凌乱，各品牌之间关联度很低，缺乏涵盖性。品牌整合就是要将品牌形象分散、品牌涵盖性低的品牌结构打造成品牌形象统一、品牌涵盖性高的"金字塔式"品牌结构。品牌整合的步骤主要包括：明确重组企业的品牌战略；打造重组企业的旗帜品牌；建立品牌之间的适当联系。

四、明确企业品牌战略

在以市场为导向的企业中，品牌只是企业市场战略的一个工具，品牌战略必须服从和服务于企业的营销战略。但对于以顾客为导向，致力于建立持久竞争力的企业来说，品牌战略应该是公司战略层面的问题。因此，要成功实现品牌整合，首先必须明确企业的品牌战略。

五、品牌战略与企业经营战略相关

对于专业化经营的企业，一般适合采取单品牌战略。品牌整合就是将众多品牌整合成一个品牌,以单一品牌占领市场。这种品牌整合模式相对简单。

对于相关多元化的企业,一般适合采取复合品牌战略。品牌整合,就是打造一个企业旗帜品牌,并利用企业旗帜品牌的广泛涵盖性,和众多产品品牌建立适当联系,企业既能利用旗帜品牌的强势影响力,又能利用产品品牌占领细分市场。这种品牌整合模式相对复杂,对企业品牌管理能力的要求较高。

对于不相关多元化的企业,一般适合采取多品牌战略。品牌整合,就是在企业的各个业务领域分别打造具有影响力的品牌,不同业务领域的品牌相关性不强。这种品牌整合模式并不复杂,但对企业的综合管理能力、沟通协调能力、品牌管理能力要求都很高。

六、品牌战略还与产品寿命周期相关

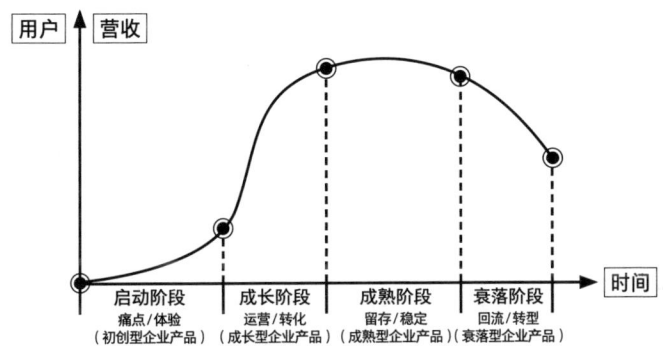

图19-5　品牌生态周期

在产品寿命周期的不同阶段,企业应采取不同的品牌战略。一般在产品处于投入期或成长期,宜以企业旗帜品牌为依托,实行品牌扩张策略,以最大限度扩大产品的市场占有率。这时,品牌管理的重点是强化企业旗帜品牌和产品品牌的联系,以旗帜品牌带动产品品牌。

而在产品处于成熟期及成熟后期,宜以企业旗帜品牌为核心,实行品牌聚焦策略,把企业资源分配到消费者青睐的企业旗帜品牌和少数优秀品牌上,以获得更高的品牌利润率。这就需要进行品牌整合,以最大限度发挥企业旗帜品牌的影响力,将品牌影响转化为市场效果。

七、创建重组企业旗帜品牌

从企业旗帜品牌的选用上来看,它可以是企业的名称,也可以不采用企业名称；从数量上看，它可以只有一个，也可以不止一个，尤其是实行多元化经营的大企业，允许树立不同层次的旗帜品牌。例如，顶新国际集团用"康师傅"作为方便面产品的品牌，用"德克士"作为西式快餐服务的品牌。企业旗帜品牌是整个品牌家族以至整个企业的灵魂，因此，必须由处在战略层的高层管理者负责管理，以得到企业各部门的协调与配合。

重组企业创建企业旗帜品牌一般面临三种选择。一是重新创建一个新品牌作为企业旗帜品牌；二是采取折中办法将已有品牌"合多为一"作为企业旗帜品牌，如乐喜（Lucky，LG化工前身）和金星（Goldstar，LG电子前身）合并重组后打造LG成为企业旗帜品牌；三是选择一个强势品牌作为企业旗帜品牌统领整个重组企业。

三种创建企业旗帜品牌的模式各有利弊：新创品牌有利于平衡原有各品牌之间的利益，但在竞争激烈的市场，新创品牌风险很大，成本很高；将已有品牌"合多为一"看起来是强强联合，其实本质上还是新建品牌，既有很大风险，成本较高，又有诸多限制；选择强势品牌作为企业旗帜品牌统领整个重组企业风险最小，成本最低，但难点是平衡强势品牌和被整合品牌之间的利益关系。

八、建立适当的品牌联系

建立品牌之间联系的关键，除了要分清不同层次的品牌以外，还要找到能够让品牌相互联系的内容。理论上，企业旗帜品牌与产品品牌共享的识别要素包括价值观、文化、创新能力、资金与技术、成功和社会责任、对顾客的关注，等等。在实践中，尤其是当企业进行品牌扩张策略时，更要从顾客感知的角度认真分析顾客对企业旗帜品牌的态度（积极、消极）、企业旗帜品牌与产品品牌之间的适应性（互补性、替代性、转移性）、整合后品牌形象（功能形象、象征形象）的一致性等三个关键因素。

双品牌策略：企业将产品首先以旗帜品牌来命名，在此之后再加上子品牌名称。比如长虹公司就是把"长虹"作为旗帜品牌，把"红太阳""红双喜"等作为下属系列彩电的子品牌。

混合品牌策略：企业为了在推出众多产品的同时，扩大企业旗帜品牌的影响力，往往在子品牌中包含有企业旗帜品牌。比如雀巢在其所有的产品品牌之上都加有"NES"字头，如Nestle（巧克力品牌）、Nescafe（咖啡品牌）、Nestea（茶品牌）等，这样使得雀巢在推出众多产品品牌的同时，也宣传了自己的企业旗帜品牌。

模糊品牌策略：多元化经营的公司，在新产品与主营产品行业形象相距较远时，一般实行模糊品牌策略，使得子品牌中不能明显地看出企业旗帜品牌，但隐含有企业旗帜品牌。比如丰田公司在推出其新车型"凌志"时，这个品牌似乎是独立于丰田旗帜品牌，其成功之处就在于在顾客的意识中仍然认为它属于丰田品牌系列。

> 案例

雷诺 I 开启商务手表新时代

由中国温州的詹氏三兄弟所创的雷诺表，短短几年，已发展为集专业的研发设计、生产制造、营销于一身的钟表企业，连年取得了良好的市场业绩，在全国各地的消费群体中获得良好的口碑。然而随着市场及消费观念的变化，技术与品牌的缺失，都使国产手表难以走上高档奢侈品的路线，只能在中低档市场上抢占市场份额，国产手表同质化现象越来越严重。

雷诺在邀请采纳品牌营销顾问机构为其诊断时，发现其主要存在五大方面的问题：

品牌——品牌形象模糊，核心价值及个性模糊，无法占据消费者的某个心理区间，品牌运营体系无法支持"华贵"诉求，品牌目前的价值感限制了品牌往上走的发展路径；

产品——产品研发处于由模仿到原创的过渡阶段，产品没有形成自己的独特个性；

推广——有零散的推广活动，但缺乏明确的策略指导，没有形成系统的品牌传播；

渠道——雷诺主要在一线城市BC类商场及二线城市驻点，进入一线渠道阻力重重；

终端——终端表现有品质感，但与其他品牌相比同质化程度高，缺乏个性表现。

总之，缺乏品牌资产管理，缺失对品牌的认知，在定位上和市场上存在很大偏差，是其他问题产生的主要根源。

1. 塑造"商务"概念区隔其他竞品

面对手表行业产品同质化严重的现状，雷诺需要采取聚焦策略进入到一个细分市场，从"量多、款全"走向"细化、精深"。用一个明确的概念抢先占领消费者的心智，成为手表市场中某个品类的代表。然而接下来的问题是要进入哪个细分市场呢？采纳营销专家洞察到中国城市化程度越来越高，劳动力向第二、第三产业转移，商务文明时代到来，与之相应的商务经济显示出强大的生命力，商务用品发展空间巨大。继商务男装、商务笔记本、商务手机之后，商务手表有机会成为"商务大家族"的新成员。基于此，采纳将雷诺品牌定位为"新一代商务经典手表"。

图19-6　雷诺品牌广告

2.与商业文明相契合的核心价值

围绕雷诺的品牌定位，该如何对目标消费群体进行价值输出，让雷诺品牌在他们心目中活起来呢？即雷诺品牌的价值系统是怎样的？

在"商务"定位下的雷诺，品牌核心价值既要体现商务用品的本质特点，又要有相应的品牌资源进行支撑，同时要符合未来的发展趋势。定位为"商务"手表的雷诺，核心价值应与"商业文明"相联系。现代商业文明是以契约精神为核心，雷诺，"雷厉风行，一诺千金"，体现的是商业社会当中的高效率和诚信精神。基于此，采纳提炼出品牌核心价值"经典　品质　承诺"。同时品牌主张"我的承诺！雷诺"，放大雷诺自身品牌联想，强调现代商业文明的诚信面，建立"雷诺就是承诺"的等式，引发心理共鸣。

图19-7　雷诺品牌定位

3.进化品牌形象视觉系统

采纳根据品牌视觉调研发现,雷诺表原来的品牌Logo图形中英文不统一,组合比例不协调,标准字设计老土,于是重新设计了品牌Logo形象,与现在的品牌核心价值相契合。同时,还统一了店面终端形象,统一发声,更加系统地传播与推广品牌形象。

图19-8 雷诺品牌Logo和店面形象设计

当雷诺将"承诺"演绎到极致的时候,雷诺就创造了一个全新的商务手表品类,它将不仅仅是一块手表,更是现代商务文明的符号。

·············· 下部——新时代新战法的爆发力小结语 ··············

新时代背景下,品牌冲冠都有哪些新鲜战法?超级IP:让品牌保持鲜活与持久的生命力,实现真正意义上的创造性营销。情感营销:赋能品牌情感,让人无法抗拒。缝隙营销:助您在缝隙里开辟出一条属于自己品牌的康庄大道。颠覆式营销:带来品牌重生。"五感营销":让消费者不由自主地主动感知品牌的魅力。潮文化:契合当代年轻人的自我表达和精神需求,让品牌年轻化、时尚化。重塑、整合:让企业在复杂的市场环境下,避免品牌老化、重新焕发生机。

以上新时代的新战法,企业可以根据自身的实际情况进行借鉴实战。至此品牌冲冠的拉动力、推动力及爆发力,笔者已经全部讲清楚了,如果说上部和中部的拉动力、推动力,这两种"力"缺一不可,是实现品牌冲冠的必备之力,那么下部的爆发力,则是品牌冲冠的机动之力,可以让品牌在一瞬间迸发出巨大的能量,快速占领市场。

尾 声

  品牌消费意识觉醒的不仅仅是消费者,更是越来越多的企业家。品牌的建设是一个内外兼修的漫长过程,这需要企业建立长期的战略规划,持之以恒地努力,品牌冲冠就是要品牌成为某一品类的代名词,成为某一文化的象征,成为消费者首选,成为行业第一,成为领导品牌! 这应该是企业品牌战略的核心,因为:领导品牌是消费者的第一选择。消费者将对品牌表现出极大忠诚度。企业和产品将更容易获得社会认可,有利于企业聚合社会资源并进一步扩大规模。

  领导品牌率先抢占消费者心智后,更容易建立起产品不可逾越的优势,企业将拥有更高的销量和利润。

  领导品牌所带来的利润可帮助企业不断衍生出新的产品和服务,也会给其他同品牌产品带来光环,让企业及产品长期享受一种正面的经济效应影响。

  《品牌冲冠》从品牌的定义演化开始,首先了解品牌的起源、品牌与产品的关系,之后将品牌冲冠的方法分解为九大步骤,一步一步地结合丰富的案例呈现出来,最后奉上新时代背景下,最新的营销手段和案例。可以说,本书是采纳多年品牌营销实践战法的精华,是切实可以助力企业完成品牌冲冠,提高品牌价值与创新能力,最终成为领导品牌的完整理论支撑体系。

  深圳市采纳品牌营销顾问有限公司是由朱玉童先生创立,现旗下拥有深圳采纳、上海采纳、北京采纳三家品牌营销全案策划公司,以及长沙采纳品牌招商策划公司、厦门采纳君道食品营销策划公司等分支机构。厦门采纳君道食品营销策划公司不仅在食品品牌策划方面有所建树,而且设立了"厦门食品秋交会"展会平台,使采纳在食品领域的策划更加完善、深入。

  采纳拥有超过300人的智慧团队。深圳总部拥有数千平方米超大型营销策划基地,可为客户提供营销诊断与市场调研、营销战略规划、品牌规划、产品规划、渠道与商业模式规划、品牌整合传播规划、传统媒体传播规划、市场营销策划方案、招商策划、Logo创意与VI设计、产品包装设计、店面形象系统打造、营销管理体系构建等全程品牌营销顾问服务。

  凭借自身专业的营销管理知识,采纳已为成百上千的企业提供了品牌营销顾问咨询与服务，打造了众多的驰名品牌。自公司成立以来，采纳一直为中国品牌的发展贡献着自身的力量，未来也将一如既往地在新时代背景下，助力更多企业实现品牌冲冠，走向世界舞台。

本书是采纳品牌营销与战法的精华，书中难免出现偏颇之处，希望读者朋友不吝提出指正建议。最后感谢看到这里的你，希望本书已经在帮助你和你的品牌。感谢参与本次出版书籍统筹、编写与校对工作的所有人员，他们是：品牌部余媛梅、杨飞、姜婧、冯远奎、陈旭、肖方琪、张玉娇、刘尧等；新零售的何凌云、苏菲、吴跃等。